高等职业教育房地产类专业精品教材

# 物业财务管理

主　编　熊璐瑛
副主编　张文英　郑文娟　李丽娜
参　编　杨　戎　梁锦河

北京理工大学出版社
BEIJING INSTITUTE OF TECHNOLOGY PRESS

## 内 容 提 要

本书重点介绍了物业服务企业在财务管理中存在的问题及针对这些问题的有效解决措施,对学生在物业服务企业财务管理工作方面有现实指导作用。全书共分为九个模块,主要内容包括解读物业财务管理、物业服务企业筹资管理、资金成本和资金结构、物业服务企业投资管理、物业服务企业营运资金管理、物业服务企业财务预测与财务计划、物业服务企业成本费用管理、物业服务企业营业收入与利润管理、物业服务企业财务分析等。

本书可作为高等院校物业管理等相关专业的教材,也可作为物业管理从业人员的培训用书,还可作为从事物业管理财务工作的财会人员的参考书。

**版权专有　侵权必究**

### 图书在版编目（CIP）数据

物业财务管理 / 熊璐瑛主编. -- 北京：北京理工大学出版社, 2022.5（2022.6重印）

ISBN 978-7-5763-0554-8

Ⅰ.①物… Ⅱ.①熊… Ⅲ.①物业管理—财务管理 Ⅳ.①F293.33

中国版本图书馆CIP数据核字(2021)第217307号

---

出版发行 / 北京理工大学出版社有限责任公司

社　　址 / 北京市海淀区中关村南大街5号

邮　　编 / 100081

电　　话 /（010）68914775（总编室）

　　　　　（010）82562903（教材售后服务热线）

　　　　　（010）68944723（其他图书服务热线）

网　　址 / http://www.bitpress.com.cn

经　　销 / 全国各地新华书店

印　　刷 / 北京紫瑞利印刷有限公司

开　　本 / 787毫米×1092毫米　1/16

印　　张 / 13.5　　　　　　　　　　　　　　　　责任编辑 / 钟　博

字　　数 / 302千字　　　　　　　　　　　　　　　文案编辑 / 钟　博

版　　次 / 2022年5月第1版　2022年6月第2次印刷　　责任校对 / 周瑞红

定　　价 / 42.00元　　　　　　　　　　　　　　　责任印制 / 边心超

图书出现印装质量问题，请拨打售后服务热线，本社负责调换

# 出版说明

## Publisher's Note

　　物业管理是我国实施住房制度改革过程中,随着房地产市场不断发展及人们生活水平不断提高而产生的一种住房管理模式。物业管理与小区公共设施保养维护、社区服务、小区建设,以及提升城市住宅的整体管理水平方面都有千丝万缕的关联。物业管理行业作为极具增长潜力的新兴服务产业,被称作"房地产的第二次开发"。同时,物业管理又是一个劳动密集型行业,可以吸纳大量的劳动力就业,而物业管理的优劣关键在于物业管理服务的品质,服务品质提升的关键又在于企业是否拥有先进的管理体制和优秀的人才。

　　随着我国经济的不断发展,人民生活水平进一步提高,物业管理行业的发展更加规范化、市场化,市场竞争也日趋激烈。高等职业教育以培养生产、建设、管理、服务第一线的高素质技术技能人才为根本任务,加强物业管理专业高等职业教育,对于提高物业管理人员的水平、提升物业管理服务的品质、促进整个物业管理行业的发展都会起到很大的作用。

　　为此,北京理工大学出版社搭建平台,组织国内多所建设类高职院校,包括甘肃建筑职业技术学院、山东商务职业学院、黑龙江建筑职业技术学院、山东城市建设职业学院、广州番禺职业技术学院、广东建设职业技术学院、四川建筑职业技术学院、内蒙古建筑职业技术学院、重庆建筑科技职业学院等,共同组织编写了本套"高等职业教育房地产类专业精品教材(现代物业管理专业系列)"。该系列教材由参与院校院系领导、专业带头人组织编写团队,参照教育部《高等职业学校专业教学标准》要求,以创新、合作、融合、共赢、整合跨院校优质资源的工作方式,结合高职院校教学实际以及当前物业管理行业形势和发展编写完成。

　　本系列教材共包括以下分册:

　　1.《物业管理法规》

　　2.《物业管理概论(第 3 版)》

　　3.《物业管理实务(第 3 版)》

4. 《物业设备设施管理（第3版）》
5. 《房屋维修与预算》
6. 《物业财务管理》
7. 《物业管理统计》
8. 《物业环境管理》
9. 《智慧社区管理》
10. 《物业管理招投标实务》
11. 《物业管理应用文写作》

本系列教材的编写，基本打破了传统的学科体系，教材采用案例引入的方式，以工作任务为载体进行项目化设计，教学方法融"教、学、做"于一体，突出以学生自主学习为中心、以问题为导向的理念，教材内容以"必需、够用"为度，专业知识强调针对性与实用性，较好地处理了基础课与专业课，理论教学与实践教学，统一要求与体现特色以及传授知识、培养能力与加强素质教育之间的关系。同时，在本系列教材的编写过程中，我们得到了国内同行专家、学者的指导和知名物业管理企业的大力支持，在此表示诚挚的谢意！

高等职业教育紧密结合经济发展需求，不断向行业输送应用型专业人才，任重道远。随着我国房地产与物业管理相关政策的不断完善、城市信息化的推进、装配式建筑和全装修住宅的推广等，房地产及物业管理专业的人才培养目标、知识结构、能力架构等都需要更新和补充。同时，教材建设是高等职业院校教育改革的一项基础性工程，也是一个不断推陈出新的过程。我们深切希望本系列教材的出版，能够推动我国高等职业院校物业管理专业教学事业的发展，在优化物业管理及相关专业培养方案、完善课程体系、丰富课程内容、传播交流有效教学方法方面尽一份绵薄之力，为培养现代物业管理行业合格人才做出贡献！

北京理工大学出版社

# 前言

PREFACE

随着房地产业的持续升温,物业服务行业作为其延伸产业也得到了迅速的发展。物业服务企业不同于其他企业,具有其独特的经营模式及服务对象,且具有涉及范围广的特点。物业财务管理作为物业服务企业管理的重要组成部分,是物业服务企业在资金运行过程中进行的管理,包括整个物业经营、出租、管理服务收费等资金的筹集、使用、耗费、收入和分配,加强财务管理和经济核算,提高经济效益,开源节流,从而使物业不断保值、增值。保证物业财务管理的正常运行,对于物业服务企业的经营发展具有重要的意义,是确保物业服务企业在激烈的行业竞争中脱颖而出的重要保障。

"物业财务管理"是高等院校物业管理专业的主干课程。通过本课程的学习,要求学生在充分理解和熟悉财务管理的基本概念、基本理论和分析方法的基础上,了解物业服务企业财务决策过程及影响财务决策各因素之间的相互关系,理论联系实际,运用有关的原理、分析方法解决物业服务企业财务管理中所遇到的实际投资和筹资问题,具有分析和解决财务、金融问题的基本能力;能正确计算及判断物业服务企业相关财务事项,正确运用财务信息进行简单财务指标分析,了解和掌握物业服务企业财务日常管理的基本要求和方法,正确编制物业服务企业财务计划及运用计算工具进行简单财务预测,具有运用所学财务管理知识适应会计管理工作和相关领域工作的能力。

本书遵循高等院校物业管理相关专业的人才培养目标和要求,突出专业特色。本书编写过程中,在相关案例的搜集、素材的整理上,注重与学生将来的工作环境、生活氛围匹配;在内容选择上注重知识体系的严谨,突出必需、够用,强化对学生综合能力与综合素质的培养,从而为学生今后的可持续发展打下良好的基础。

本书内容在保证系统性的基础上体现了先进性,并通过较多的例题、思考题和练习题来加强对学生动手能力的培养。全书通过"知识目标—能力目标—案例导入—模块小结—思考与练习"的形式，构建了一个"引导—学习—总结—练习"的教学全过程，给学生的学习和老师的教学做出了引导，并使学生能从更深的层次思考、复习、巩固所学的知识。

本书由广东建设职业技术学院熊璐瑛担任主编，由广东建设职业技术学院张文英、重庆航天职业技术学院郑文娟、吉林交通职业技术学院李丽娜担任副主编，吉林交通职业技术学院杨戎和保利物业服务股份有限公司东莞公司梁锦河参与编写。本书编写过程中，参阅了国内同行多部著作，部分高等院校教师也提出了很多宝贵意见，在此，一并表示衷心的感谢！

本书编写过程中，虽经推敲核证，但限于编者的专业水平和实践经验，仍难免存在疏漏或不妥之处，恳请广大读者指正。

编　者

# 目录 CONTENTS

**模块一　解读物业财务管理** ··········································································· 1
　　单元一　认识物业财务管理 ······································································· 2
　　单元二　物业服务企业财务管理的内容、目标和职能 ·············································· 4
　　单元三　物业服务企业财务管理的任务与基本环节 ················································· 8
　　单元四　物业服务企业财务管理环境 ······························································ 10

**模块二　物业服务企业筹资管理** ··································································· 16
　　单元一　物业服务企业筹资概述 ·································································· 17
　　单元二　筹集资金的渠道 ·········································································· 19
　　单元三　物业服务费的测算 ······································································· 22

**模块三　资金成本和资金结构** ····································································· 40
　　单元一　资金成本 ················································································· 41
　　单元二　杠杆原理 ················································································· 46
　　单元三　资金结构 ················································································· 50

**模块四　物业服务企业投资管理** ··································································· 56
　　单元一　认识物业服务企业投资管理 ···························································· 57
　　单元二　资金时间价值 ············································································ 59
　　单元三　现金流量的估算 ········································································· 65
　　单元四　项目投资评价基本方法 ································································· 69
　　单元五　物业服务企业其他投资 ································································· 79
　　单元六　风险分析 ················································································· 89

## 模块五　物业服务企业营运资金管理 … 99

### 单元一　营运资金概述 … 100
### 单元二　现金管理 … 102
### 单元三　应收账款管理 … 108
### 单元四　存货管理 … 115

## 模块六　物业服务企业财务预测与财务计划 … 125

### 单元一　物业服务企业财务预测 … 126
### 单元二　财务预算的编制 … 132

## 模块七　物业服务企业成本费用管理 … 138

### 单元一　物业服务企业成本管理概述 … 138
### 单元二　成本费用预测 … 142
### 单元三　成本费用预算 … 148
### 单元四　成本费用的控制和考核 … 150

## 模块八　物业服务企业营业收入与利润管理 … 155

### 单元一　营业收入管理 … 156
### 单元二　利润分配 … 161

## 模块九　物业服务企业财务分析 … 168

### 单元一　物业服务企业财务分析概述 … 169
### 单元二　财务指标分析 … 173
### 单元三　物业服务企业财务状况综合分析 … 184

## 附录 … 188

### 附录1　物业服务收费管理办法 … 188
### 附录2　住宅专项维修资金会计核算办法 … 190
### 附录3　复利现值系数表 … 203
### 附录4　复利终值系数表 … 204
### 附录5　年金现值系数 … 206
### 附录6　年金终值系数表 … 207

## 参考文献 … 208

# 模块一 解读物业财务管理

### 知识目标

1. 了解财务管理的概念;熟悉财务活动及财务企业的财务关系。
2. 了解物业服务企业财务管理的内容;熟悉物业服务企业财务管理目标及职能。

解读物业财务管理

3. 熟悉物业服务企业财务管理的任务;掌握物业服务企业财务管理的基本环节。
4. 熟悉物业服务企业财务管理环境。

### 能力目标

1. 能够正确分析企业的财务关系,能够协调不同利益主体在财务管理目标上的矛盾,妥善处理财务关系。
2. 理解财务管理在企业中的重要地位,能够正确分析企业的财务环境,为科学决策提供依据。

### 案例导入

次贷风暴,金融海啸,最终冲击到了实体经济。然而并非所有的实体企业都受到沉重的打击,那些风险意识强,保持资产、资金结构合理,保持较高现金流动性的,特别是管理层与普通职工和谐相处的企业,在这次危机中,非但危时未乱,反而将此作为发展良机,浴火重生,发展壮大了自己。这一切都取决于他们平日合理的财务活动和财务关系。他们通过科学合理的财务管理规划保证并发展了自己。

讨论:物业服务企业的财务关系有哪些?

模块一　解读物业财务管理

# 单元一　认识物业财务管理

## 一、财务管理的概念

### 1. 财务

财务是指企业在再生产活动中客观存在的资金运动及其所体现的经济利益关系。企业的再生产过程,一方面表现为使用价值的生产和交换过程;另一方面表现为价值的形成和实现过程。商品的价值是借助于货币加以计量的,以货币表现的商品的价值和价值运动过程称为资金或资金运动;企业的资金及其运动过程称为企业财务。企业财务以价值的形式综合反映企业生产经营过程。

### 2. 财务管理

财务管理是基于再生产过程中客观存在的财务活动和财务关系而产生的,是企业组织财务活动、处理与各方面财务关系的一项经济管理工作。

### 3. 物业服务企业财务管理

物业服务企业是按照法定程序成立并具有相应资质条件,经营物业管理业务的企业型经济实体,是独立的企业法人。物业服务企业财务管理是指物业服务企业按照资金运动的规律和国家财经政策,规划和控制资金运动,处理企业与各方面财务关系的一项经济管理活动。物业服务企业财务管理就是遵循资金运动的客观规律,遵照国家的方针、政策、法规及节约的客观需要,正确组织和监督各项经济活动,正确处理各方面的财务关系,有效地使用各项资金,提高资金使用效果,维护财经纪律,促进增产节约、增收节支,努力完成各项财务指标,以取得最佳经济效益。

## 知识链接

**物业服务企业财务管理的特点**

物业服务企业经营活动的专业性决定物业服务企业财务管理具有以下特点:

(1)物业服务企业财务管理是一项综合性的价值管理。物业服务企业管理在实行分工、分权的过程中形成了一系列专业管理。财务管理主要是运用价值形式对经营活动实施管理。通过价值形式,把物业服务企业的一切物质条件、经营过程和经营结果都合理地加以规划与控制,达到企业效益不断提高、财富不断增加的目的。因此,财务管理既是物业服务企业经营管理的一个独立方面,又是一项综合性的价值管理。

(2)物业服务企业财务管理能迅速反映评价企业经营状况及结果。物业服务企业所开展的各项经营活动的质量和效果,最终都可以通过揭示资金运动过程和结果的各项财务指标反映出来。同样,透过对相关财务指标的分析与评价,就可以看出企业在筹措资金、有效使用资金、控制成本费用支出及增加收入等方面的效率和效果,进而为促进企业有效开展经营活动,不断提高经济效益提供思路和对策。

（3）物业服务企业财务管理与企业各方面形成了广泛的经济关系，这种经济关系也称为财务关系。其包括物业服务企业与投资者、受资者、债权人、债务人、税务机关之间的关系，以及物业服务企业与职工之间、内部各部门之间的财务关系。

## 二、财务活动

财务活动是指企业资金的筹集、投放、使用、收回及分配等一系列行为。其中，资金的投放、使用和收回可统称为投资。

拥有一定数额的资金，是进行生产经营活动的必要条件。企业生产经营过程，一方面表现为物资的不断购进和售出；另一方面则表现为资金的支出和收回。企业经营活动不断进行，也就会不断产生资金的收支。企业资金的收支构成了企业经济活动的一个独立方面，这便是企业的财务活动。物业服务企业财务活动可分为以下四个方面。

### 1. 筹资活动

物业服务企业为了提供物业服务，必须占有或支配一定量的资金，无论是设立物业服务企业还是进行企业扩张，物业服务企业都需要从各种渠道以各种方式筹集资金，这是资金运动的起点。筹资是指物业服务企业为了满足投资和用资的需要筹措与集中所需资金的过程。

物业服务企业筹资可以有两种不同性质的资金来源：一是物业服务企业权益资金，目前我国大多数物业服务企业主要以吸收投资者直接投资和留存收益转增资本方式取得权益资金。少数规模较大的物业服务企业还可以通过发行股票方式取得权益资金，虽然这一方式还不普遍，但却是今后物业服务企业最有前途也将是最主要的权益资金来源。二是债务资金，目前我国大多数物业服务企业可以通过向银行借款、利用商业信用等方式取得资金，达到国家规定的物业服务企业还可以发行债券筹措资金。筹资既表现为取得资金，也包括资金退出企业，如偿还借款、支付利息、支付股利及支付其他各种筹资费用。由筹资引起的财务活动是物业服务企业财务管理的内容之一。

### 2. 投资活动

物业服务企业取得资金后，必须将资金投入使用，以谋求最大的经济效益，否则就无法实现筹资的目的。从一般企业投资来讲，投资可分为广义和狭义两种投资。广义的投资是指企业将筹集到的资金投入使用的过程，既包括企业内部使用资金过程，如购置流动资产、固定资产、无形资产等，也包括对外投放资金，如购买股票、债券等；狭义的投资仅指对外投放资金。从我国目前来看，大多数的物业服务企业少有或者说没有对外投资，基本上是对内投放使用资金。这里所说的物业服务企业投资就是指物业服务企业对内投放资金。它包括对内投资形成的各种资产或收回投资时产生的资金收入。这种物业服务企业投资而产生的资金运动和由此引起的财务活动是物业服务企业财务管理的重要内容之一。

### 3. 资金营运活动

物业服务企业在提供管理、经营、服务过程中，会发生一系列的资金收付。首先，物业服务企业要从事建筑管理、设备管理、区域内交通管理、消防管理、安全管理、绿化管理及清洁管理等基本管理活动。经营活动在物业管理中有两种情况：一种情况是在属于全体业主共有权益的场所、场地和设备设施范围内，管理开展的出租等经营活动，收益应纳入物业服务费；另一种情况是在为业主提供特约服务和其他有偿服务的过程中，管理利用自有资金和能力在全

模块一 解读物业财务管理

体业主权益范围之外开展的其他经营活动。这些活动都消耗人力、物力和财力,表现为工资支出、材料消耗等各种费用的发生,是资金消耗过程。同时,在管理、经营和服务中也会有物业管理费收入等各种收入、收回资金。如果物业服务企业现有资金不足,不能满足物业服务企业管理经营需要,还要采取短期借款方式来筹措资金。上述活动都会产生物业服务企业的资金收付,由此引起的财务活动叫作资金营运活动。它也是物业服务企业财务管理的重要内容之一。

**4. 分配活动**

物业服务企业通过投资或资金经营可以取得相应收入,在补偿成本、缴纳税费后,应依据现行的法规及有关制度对剩余收益予以分配。广义的分配是指对营业收入的分配,在一定会计期间取得的营业收入,首先要弥补经营管理消耗,缴纳流转税、所得税,其余成为企业净利润,净利润要提取公积金和改善职工福利,分别用于扩大积累、弥补亏损和改善职工集体福利设施,其余利润作为投资者的收益分配,可分给投资者,也可暂时留存企业或作为投资者的追加投资;狭义的分配是指对企业的净利润的分配,是广义分配所述的后一部分。

分配的进行,资金或是退出或是留存企业,都必然地影响企业的资金运动,不仅影响物业服务企业的资金规模,还影响物业服务企业的资金结构,依法分配、合理确定留存比率是物业服务企业财务管理的重要内容之一。

### 小提示

物业服务企业财务活动的四个方面相互联系,相互依存,不可分割,既有联系又有区别,构成了物业服务企业完整的财务活动,也是物业财务管理的基本内容。

### 三、物业服务企业的财务关系

财务关系是指企业在组织财务活动中与各有关方面发生的经济关系。物业服务企业的经营活动是整个社会再生产活动的重要组成部分,伴随着经验活动而发生的资金筹集、运用、利润分配等一系列财务活动,必然与企业上下左右各方面有着广泛的联系。企业的财务关系可概括为几个方面:企业与所有者之间的财务关系;企业与债权人之间的财务关系;企业与债务人之间的财务关系;企业与国家之间的财务关系;企业内部各部门之间的财务关系;企业与职工之间的财务关系等。

## 单元二 物业服务企业财务管理的内容、目标和职能

### 一、物业服务企业财务管理的内容

物业服务企业经营管理与服务过程表现为价值运动或资金运动的过程,而资金运动过程的各个阶段总是与一定的财务活动相对应,或者说,资金运动形式是通过一定的财务活动内容来实现的一系列行为。由于物业服务企业财务管理是以物业服务企业的财务活动及其所

引起的财务关系为对象的,资金的筹集、资金的投放与使用、资金的收入与分配构成了物业服务企业财务活动的内容。结合我国物业服务企业财务管理的实际,以物业经营管理过程中的资金的流转为对象,企业资金流转的起点和终点是货币资金,其他资产都是货币资金在流转过程中的转化形态,成本和费用是资金的耗费,收入和利润是资金的来源。具体而言,物业服务企业财务管理的内容主要包括货币资金管理、实物资产管理、债权和债务管理、成本费用管理、收入和利润管理、财务分析等。

### 知识链接

#### 物业服务企业财务管理的原则

物业服务企业财务管理的原则是指物业服务企业组织财务活动、处理财务关系的准则。其是从物业服务企业财务管理的实践中概括出来的、体现财务管理活动规律的行为规范,是对财务管理的基本要求。物业服务企业财务管理一般应遵循以下原则:

(1)资金结构优化原则。资金结构优化原则是指企业在筹集资金时适当安排自有资金和借入资金的比例,在运用资金时合理配置长期资金与短期资金的原则。物业服务企业在筹集资金时,应适当安排自有资金比例,正确运用负债经营。由于借款利息可在所得税前列入财务费用,对企业留利影响较少,因此既能够提高自有资金利润率,又可缓解自有资金紧张的矛盾。但是,如果负债过多,则会发生较大的财务风险,甚至由于丧失偿债能力而面临破产。

(2)收支平衡原则。收支平衡原则是指在企业财务管理中,使资金的收支在数量上和时间上达到动态的协调平衡的原则。其是物业服务企业财务管理的一项基本原则,只有实现了财务收支的动态平衡,才能更好地实现企业财务管理的目标。在物业服务企业财务管理实践中,现金的收支计划、企业证券投资决策,都必须在这一原则指导下进行。

(3)成本效益原则。成本效益原则是指对企业生产经营活动中的所费与所得进行比较分析,使成本与收益得到最优的组合,以谋取更多的盈利。

(4)利益关系协调原则。利益关系协调原则是指企业在收入及利润分配方面,一定要从全局出发,正确处理国家利益、企业利益和职工利益之间可能发生的矛盾,维护好有关各方面的合法权益,协调好他们的经济利益,这样才能保证物业服务企业实现财务管理目标。

## 二、物业服务企业财务管理的目标

### 1. 物业服务企业财务管理目标的含义

物业服务企业财务管理的目标又可称之为物业服务企业的理财目标,是指物业服务企业组织财务活动、处理财务关系所要达到的根本目的,是物业服务企业财务管理活动所希望实现的结果。其是评价物业服务企业理财活动是否合理有效的基本标准,是企业财务管理工作的行为导向,是财务人员工作实践的出发点和归宿,决定着物业服务企业财务管理的基本方向。从根本上说,物业服务企业财务管理的目标取决于企业生存和发展的目的。

### 2. 物业服务企业财务管理目标的设置要求

科学地设置企业财务管理目标,对优化企业理财行为、实现企业财务管理的良性循环具有重要的意义。物业服务企业财务管理目标的设置应符合以下要求：

（1）财务管理目标的设置，必须要与物业服务企业整体发展战略相一致，符合企业长期发展战略的需要，体现企业发展战略的意图。

（2）财务管理目标应具有相对稳定性。相对稳定性是指尽管随着一定的政治、经济环境的变化，财务管理目标可能会发生变化，人们对财务管理目标的认识也会不断深化。但由于财务管理目标是企业财务管理的根本目的，是与企业长期发展战略相匹配的。因此，在一定时期内，应保持相对稳定。

（3）财务管理目标应具有层次性。财务管理目标的层次性是指总目标的分解，即把企业财务的总目标分解到企业的各个部门，形成部门目标。财务目标的分解应该与企业战略目标的分解同时进行，以保证财务目标的落实与企业战略目标的落实相一致。

### 3. 物业服务企业财务管理目标的种类

根据现代企业财务管理理论和实践，最具代表性的物业服务企业财务管理目标主要有以下几种模式：

（1）利润最大化。利润最大化的观点认为利润代表了企业新创造的财富，利润越多则说明企业的财富增加得越多，越接近企业的目标。但是，这种观点也存在着一定的缺陷：第一，利润最大化未能区分不同时间的报酬，未能考虑资金的时间价值；第二，利润最大化没有考虑所获利润和投入资本额的关系；第三，利润最大化未能考虑风险因素，高额利润往往需要承担过大的风险；第四，利润最大化往往会使物业服务企业财务决策带有短期行为的倾向，即只顾实现目前的最大利润，而不顾及物业服务企业的长远发展。

（2）每股收益最大化。每股收益是指归属于普通股东的净利润与发行在外的普通股股数的比值。它的大小反映了投资者投入资本获得回报的能力。每股收益最大化作为物业服务企业财务管理的目标，可以解决利润最大化目标不能反映物业服务企业获得的利润额同投入资本额之间的投入产出关系的问题，能够正确衡量物业服务企业的经济效益水平，对于不同资本规模物业服务企业之间或同一物业服务企业不同时期之间可以做出盈利水平比较，从而为管理者经营决策提供一定的依据。但是，与利润最大化目标相同，每股收益最大化目标仍然没有考虑资金的时间价值和风险因素，也没有能够避免物业服务企业的短期行为，该目标也可能会导致与物业服务企业长期发展的目标不一致。

（3）企业价值最大化。投资者建立企业的重要目的是创造尽可能多的财富。这种财富首先表现为企业的价值。企业价值就是企业的市场价值，是企业所能创造的预计未来现金流量的现值，反映了企业潜在的或预期的获利能力和成长能力。投资者在评价企业价值时，是以投资者预期投资时间为起点的，并将未来收入按预期投资时间的同一口径进行折现，未来收入的多少按可能实现的概率进行计算。可见，这种计算办法考虑了资金的时间价值和风险问题。企业所获取收益越多，实现收益的时间越近，取得的报酬风险越小，则企业的价值或股东财富越大。这种观点存在的问题是：第一，对上市公司而言，股价的高低不能完全体现企业价值的大小；第二，法人股东对股价的敏感程度较差；第三，非上市公司需要进行专门的评估才能确定其价值，而评估又会受到评估标准及方式的影响。虽然企业价值最大化存在着种种不足之处，但是企业价值最大化有利于体现物业服务企业管理的目标，而且它考虑了资金的时间价值和风险价值，因此，一般认为它是一个比较合理的财务管理目标。

模块一　解读物业财务管理

### 知识链接

**所有者与经营者的矛盾和解决方法**

企业价值最大化直接反映了企业所有者的利益,与企业经营者没有直接的利益关系。对所有者来讲,他所放弃的利益也就是经营者所得的利益。在西方,这种被放弃的利益也称为所有者支付给经营者的享受成本。但问题的关键不是享受成本的多少,而是在增加享受成本的同时,是否更多地提高了企业价值。因而,经营者和所有者的主要矛盾就是经营者希望在提高企业价值和股东财富的同时,能更多地增加享受成本;而所有者和股东则希望以较小的享受成本支出带来更高的企业价值或股东财富。为了解决这一矛盾,应采取让经营者的报酬与绩效相联系的办法,并辅之以一定的监督措施。

(1)解聘。解聘是一种通过所有者来约束经营者的办法。所有者对经营者予以监督,如果经营者未能使企业价值达到最大,就解聘经营者。为此,经营者会因为害怕被解聘而努力实现财务管理目标。

(2)接收。接收是一种通过市场来约束经营者的办法。如果经营者经营决策失误、经营不力,未能采取一切有效措施使企业价值提高,该公司就可能被其他公司强行接收或吞并,相应经营者也会被解聘。为此,经营者为了避免这种接收,必须采取一切措施提高股票市价。

(3)激励。即将经营者的报酬与其绩效挂钩,以使经营者自觉采取能实现企业价值最大化的措施。激励有两种基本方式:一种是"股票选择权"方式。它是允许经营者以固定的价格购买一定数量的公司股票,当股票的价格越高于固定价格时,经营者所得的报酬就越多。经营者为了获取更大的股票涨价益处,就必然主动采取能够提高股价的行动。另一种是"绩效股"形式。它是公司运用每股利润、资产收益率等指标来评价经营者的业绩,视其业绩大小给予经营者数量不等的股票作为报酬。如果公司的经营业绩未能达到规定目标,经营者也将丧失部分原有持有的"绩效股"。这种方式使经营者不仅多为"绩效股"而不断采取措施提高公司的经营业绩,而且为了使每股市价最大化,采取各种措施使股票市价稳定上升。

## 三、物业服务企业财务管理的职能

物业服务企业财务管理职能是指财务管理本身自有的职责和功能。具体可归纳为以下四个方面:

(1)规划职能。企业财务管理的规划职能是指物业服务企业的财务管理人员对未来财务管理活动所进行的规划和安排。这种规划和安排要以物业服务企业的财务会计资料、发展方向和对内外部环境的分析为基础,对未来的财务管理工作事先拟定好具体目标、内容、步骤和措施,用来指导企业的经济活动,如用水用电指标、物业经营面积、维修资金年度预算等。

(2)组织职能。企业财务管理的组织职能是指物业服务企业为了完成财务目标,合理组织财务管理活动中的各种要素、各个环节和各个方面,进行合理的分工和协作,合理调配物业服务企业的各种资源,处理和协调好财务管理活动中企业与部门之间、企业与员工之间的财务关系,使之成为一个科学合理的、财务管理活动协调有序的整体。物业服务企业财务管理组织职能具体可划分为建立合理的组织机构,确定各部门的职责范围和信息流通渠道,选择科学的理财方式,以及正确选拔和配备财务管理人员,制定合理有效的财务管理制度和会计核算制度等内容。

(3)控制职能。企业财务管理的控制职能是指物业服务企业的财务管理人员为能够完成财务管理规划目标而采取的一系列行为。具体来看,财务管理控制就是按照财务管理规划目标对公司的财务管理活动进行监督、检查,将财务管理活动的实际成果与财务管理规划目标对照,发现差异,找出原因,采取措施,纠正财务管理规划执行中的偏差,以确保财务管理规划目标的实现。

(4)评价职能。企业财务管理的评价职能是指借助于对会计核算所生成的财务指标的分析,评价物业服务企业经营目标及财务目标的完成情况,检查企业在经营活动中及财务管理各环节存在的问题及取得的成绩,以便于总结经验,改善管理。物业服务企业财务评价既是对本期工作的总结,又为下期的各项工作提供了思路和措施,更是开展预测与决策的基础。

## 单元三　物业服务企业财务管理的任务与基本环节

### 一、物业服务企业财务管理的任务

企业财务管理的基本任务是以国家法律、法规、方针政策和财务制度为依据,根据市场经济的要求,运用科学的方法,组织企业财务活动,正确处理企业与各方面的财务关系,促进经济效益提高,保证全面完成企业的经营目标。物业服务企业财务管理的基本任务有以下五个方面:

(1)参与企业经营决策。企业的经营决策关系到企业总体发展的方向,是决定企业成功与否的关键。财务管理的综合性及财务指标对企业经营活动的价值反映,决定了财务管理参与企业决策的必然性。因此,物业服务企业的财务部门必须从降低耗费、用好资金、提高效益的要求出发,对企业各项经营方案进行分析和评价。以选择经济上较优的方案,确保方案的可行和经营目标的实现。

(2)合理配置资金。物业服务企业财务管理者要合理调度资金,实现资金在各环节的协调平衡。要统一规划企业的长短期投资,分析投资项目的性质和可行性程度,合理确定企业的投资方向和投资规模,根据宏观经济发展形势和企业的总体发展战略,以及企业的资金状况,制订长短期投资计划,确定投资对象和投资金额。

(3)加强成本管理。在保证物业管理与服务质量的前提下,不断降低物业管理与服务过程中的成本和费用,增加企业的盈利,是物业服务企业经营活动的一项根本任务,也是财务管理部门责无旁贷的任务。因此,物业服务企业的财务管理应积极建立健全各项成本费用的管理制度,加强对成本费用的控制,提高管理与服务的效率,节约人力、物力消耗,降低成本费用水平。

(4)合理分配所得。物业服务企业财务收益分配要求处理好各种经济关系,要注重利润分配和维护生产发展潜力的协调。这不仅对于正确处理国家、企业、个人的经济利益关系有着重要的意义,而且直接关系到企业的生存和发展,直接影响到职工的生产积极性和主动性,关系到企业经济效益的好坏。

(5)加强财务监督。财务监督是物业服务企业财务管理的一项重要职能,财务主管部门和财务部门应以国家的方针政策、财经纪律、财务制度、预算、财务计划、经济合同等为依据,进行财务监督和财务检查,以保证全面完成企业的任务。财务监督是通过财务收支和财务指标对企业的生产经营活动进行审查与控制。

## 二、物业服务企业财务管理的基本环节

财务管理的环节是指企业为了达到所定的财务管理目标而进行财务管理工作的步骤与一般程序。物业服务企业财务管理的基本环节包括财务预测、财务决策、财务预算、财务控制及财务分析与评价五个部分。

### 1. 财务预测

财务预测是根据企业财务活动的历史资料,考虑现实的要求和条件,对企业未来的财务活动和财务成果做出科学的预计与测算。其作用是通过测算各种生产经营方案的效益,为决策提供可靠的依据;通过预计财务收支的发展变化情况,确定经营目标;通过测定各项定额和标准,为编制预算提供服务。财务预测一般要经过的步骤有:确定预测目标;收集和整理信息;运用一定方法进行计算;对不同方案进行比较,并提出最佳方案。

### 2. 财务决策

财务决策是指财务人员在财务目标的总体要求下,运用专门的方法从各种备选方案中选择出最佳方案。在市场经济条件下,财务管理的核心是财务决策,财务预测是为财务决策服务的,财务决策关系到企业的成败。财务决策一般要经过的步骤有:确定决策目标;提出备选方案;选择最优方案。

### 3. 财务预算

财务预算是指企业根据各种预测信息和各项财务决策确立的预算指标与编制的财务计划。财务预算是以财务决策确立的方案和财务预测提供的信息为基础编制的,是财务预测和财务决策的具体化,是控制财务活动的依据。财务预算的编制步骤一般包括:分析财务环境,确定预算指标;协调财务能力,组织综合平衡;选择预算方法,编制财务预算。

### 4. 财务控制

财务控制就是对预算和计划的执行进行追踪监督、对执行过程中出现的问题进行调整和修正,以保证预算的实现。实行财务控制是落实预算任务、保证预算实现的有效措施。财务控制一般要经过的步骤有:制定控制标准,分解落实责任;实施追踪控制,及时调整误差;分析执行情况,搞好考核奖惩。

### 5. 财务分析与评价

财务分析主要是根据核算资料,运用特定方法,对企业财务活动过程及其结果进行分析和评价的一项工作。财务分析既是对已完成的财务活动的总结,也是财务预测的前提,在财务管理的循环中起着承上启下的作用。财务分析是评价和衡量企业、部门及各级管理人员经营业绩的重要依据,是挖掘潜力、改进工作、实现财务管理目标和企业战略目标的重要手段,是合理实施企业决策的重要步骤。财务分析与评价一般要经过的步骤有:收集资料,掌握信息;进行对比,做出评价;分析原因,明确责任。

模块一 解读物业财务管理

> **知识链接**

**物业服务企业财务管理的一般业务流程**

企业财务管理的一般业务流程是指企业财务人员遵循财务管理工作的一般规律,对企业资金营业过程中的日常业务进行管理和控制的具体程序和步骤。主要包括:对企业资金运用的整个过程进行控制;融资方案设计与决策;全面预测编制;企业利润分配;编制财务分析报告等。一线财务管理人员应对企业单位资金运用的整个过程进行常规管理。对于一个"投资项目",应依次进行日常财务管理,包括:对项目进行可行性分析和财务预测;对项目投资方案进行设计与决策;项目融资方案设计与决策;编制项目的预测;对项目运行过程的控制;制订项目的利润分配方案;对项目做出财务分析报告,从而形成企业日常财务管理的一般业务流程。

## 单元四 物业服务企业财务管理环境

企业财务管理的环境又称理财环境,是影响企业财务管理工作的一系列因素的总和。物业服务企业财务活动在相当大程度上受理财环境的制约,如技术、市场、物价、金融、税收等因素,对物业服务企业财务活动都有重大的影响。只有在理财环境的各种因素作用下实现财务活动的协调平衡,企业才能生存和发展。对物业服务企业财务管理影响较大的理财环境主要有经济环境、金融环境和法律环境。

### 一、经济环境

经济环境是指物业服务企业在进行财务活动时所面临的宏观经济状况。其主要包括经济周期、经济发展水平、通货膨胀、市场竞争、宏观经济政策等。

**1. 经济周期**

在市场经济条件下,经济发展与运行带有一定的波动性,一般经历复苏、繁荣、衰退和萧条几个阶段的循环,这种循环叫作经济周期。在经济周期不同的阶段,物业服务企业的财务活动会受到不同的影响,因此,企业也需要相应采用不同的财务管理策略,克服其不同阶段的不利影响,顺应其不同阶段的客观要求,以实现财务管理的目标。

**2. 经济发展水平**

我国近几年来经济发展速度一直在8%左右,这一经济发展速度是衡量企业理财水平的一个标准,要使企业跟上社会的发展速度,并保持其在同行业中的地位,企业的发展速度不能低于8%。为了使物业服务企业发展速度与经济发展速度保持同步,财务管理就必须筹集大量资金,同时,在企业发展管理上倾注精力。

**3. 通货膨胀**

通货膨胀对物业服务企业理财的影响表现在:企业资金需求不断膨胀;资金供应持续性短缺;货币性资产因不断贬值会产生购买力损失,而持有货币性负债会因贬值产生购买力收益;实物性资产,如原材料、产成品、固定资产等会相对升值,产生持有收益。

### 4. 市场竞争

在市场经济的大环境下,企业和企业之间的竞争是不可避免的,将涉及企业设备、人才、技术、管理等多个方面。有竞争才能有进步、有发展。对物业服务企业管理人员来说,竞争既是机会也是挑战,为了在竞争中赢取对手,企业往往会扩大投资、引进人才。若竞争成功,企业的盈利就会增加,从而更上一个台阶;若竞争失败,企业则将面临重重困难和严峻的考验。

### 5. 宏观经济政策

政府具有较强的调控宏观经济的职能,其制定的国民经济的发展规划、国家的产业政策、经济体制改革的措施、政府的行政法规等,对企业的财务活动都有重大影响。国家对某些地区、某些行业、某些经济行为的优惠、鼓励和有利倾斜构成了政府经济政策的主要内容。从反面来看,政府政策也是对另外一些地区、行业和经济行为的限制。物业服务企业在财务决策时,要认真研究政府政策,按照政策导向行事才能趋利除弊。另外,政府政策会因经济状况的变化而进行调整。企业在财务决策时如为这种变化留有余地,甚至预见其变化的趋势,对企业理财将大有好处。

## 二、金融环境

金融市场环境的变化对企业财务管理有着十分重要的影响,因为企业总是需要资金从事投资和经营活动。而资金的取得除自有资金外,主要从金融机构和金融市场取得。金融政策的变化必然影响企业的筹资、投资和资金运营活动。影响物业服务企业财务管理的主要金融环境因素有金融市场、金融机构和利率等。

### (一)金融市场

#### 1. 金融市场的定义

金融市场是指资金供应者和资金需求者双方通过金融工具进行交易的场所。广义的金融市场,是指一切资本流动的场所,包括实物资本和货币资本的流动。广义的金融市场的交易对象包括货币借贷、票据承兑和贴现、有价证券的买卖、黄金和外汇买卖、办理国内外保险、生产资料的产权交换等。狭义的金融市场,一般是指有价证券市场,即股票和债券的发行和买卖市场。

#### 2. 金融市场的功能

金融市场的主要功能有:转化储蓄为投资;改善社会经济福利;提供多种金融工具并加速流动,使中短期资金凝结为长期资金;提高金融体系竞争性和效率;引导资金流向。

#### 3. 金融市场的组成

金融市场由主体、客体和参加人组成。主体是指银行和非银行金融机构,它们是金融市场的中介机构,是连接筹资人和投资人的桥梁;客体是指金融市场上的买卖对象,如商业票据、政府债券、公司股票等各种信用工具;金融市场的参加人是指客体的供给者和需求者,如企业、事业单位、政府部门、城乡居民等。

#### 4. 金融市场的分类

金融市场是以资金交易为对象的市场。其主要分类方式如下:

模块一　解读物业财务管理

(1)按营业的性质可分为外汇市场、资金市场和黄金市场三大类。

(2)按时间长短可分为货币市场和资本市场。货币市场是指资金的短期市场(通常为一年以内);资本市场是指资金的长期市场(通常在一年以上)。

(3)按证券发行或交易过程可分为初级市场和二级市场。初级市场又称为一级市场、发行市场,是由新证券第一次发行而形成的市场;二级市场又称为交易市场,是由已发行证券买卖而形成的市场。

(二)金融机构

社会资金从资金供应者手中转移到资金需求者手中,大多要通过金融机构。金融机构包括银行业金融机构和其他金融机构。我国现行金融机构体系的特点是:由中国人民银行、中国银行业监督管理委员会、中国证券监督管理委员会、中国保险监督管理委员会作为最高金融管理机构,对各类金融机构在金融业分业经营的条件下实行分业监督。具体构成是:各类商业银行;政策性银行;保险公司;证券公司;信用合作机构;信托投资公司;金融租赁公司等。

(三)利率

利率也称利息率,是利息占本金的百分比指标。从资金的借贷关系看,利率是一定时期内运用资金资源的交易价格。资金作为一种特殊商品,以利率为价格标准的融通,实质上是资源通过利率实行的再分配。因此,利率在物业服务企业资金分配及财务决策中起着重要的作用。

**1. 利率的类型**

利率可按照不同的标准进行分类,常见分类方法如下:

(1)按照利率的形成机制不同,可分为市场利率和法定利率。市场利率是指根据资金市场上的供求关系,随市场自由变动的利率;法定利率是指由政府金融管理部门或中央银行确定的利率。

(2)按利率之间的变动关系,可分为基准利率和套算利率。基准利率是指在多种利率并存的条件下起决定作用的利率,基准利率在我国是中国人民银行对商业银行贷款的利率;套算利率是指在基准利率确定后,各金融机构根据基准利率和借贷款项的特点而换算出的利率。

(3)按利率与市场资金供求情况的关系,可分为固定利率和浮动利率。固定利率是指在借贷期内固定不变的利率;浮动利率是指在借贷期内可以调整的利率。一般来说,在通货膨胀条件下采用浮动利率,可使债权人减少损失。

**2. 利率的组成**

(1)纯利率。纯利率是指没有风险和通货膨胀情况下的均衡点利率。

(2)通货膨胀补偿率。通货膨胀补偿率是指由于持续的通货膨胀会不断降低货币的实际购买力,为补偿其购买力损失而要求提高的利率。

(3)风险报酬率。风险报酬率包括违约风险报酬率、流动性风险报酬率和期限风险报酬率。

## 三、法律环境

企业财务管理的法律环境是指影响财务管理的各种法律因素。财务管理是一种社会行为,必然要受到法律规范的约束。按照法律规范的层次性和强制程度,物业服务企业财务管理的法律环境可以做如下分类:

(1)财务法律制度。企业财务法律制度表现为三个方面:一是财务管理工作必须遵循的各项法律,如《中华人民共和国民法典》《中华人民共和国建筑法》《中华人民共和国公司法》《中华人民共和国会计法》《中华人民共和国商业银行法》《中华人民共和国证券法》《中华人民共和国票据法》《中华人民共和国仲裁法》等;二是财务管理工作必须遵循的规定和条例,如企业会计准则、国有企业财产监管条例、国库券条例、股票发行与监管条例、工程登记管理条例、企业债券管理条例、企业财务报告条例等;三是财务管理工作必须执行的各种规章、制度,包括企业财务制度、不同时期各级政府发布的有关财务管理工作的通知,以及对有关财务问题的处理意见等。

(2)企业组织法律制度。企业必须依法成立,组建不同的企业,要依照不同的法律规范。它们包括《中华人民共和国公司法》《中华人民共和国全民所有制工业企业法》《中华人民共和国外资企业法》《中华人民共和国中外合资经营企业法》《中华人民共和国中外合作经营企业法》《中华人民共和国合伙企业法》等。这些法律规范既是企业的组织法,又是企业的行为法。

(3)税收法律制度。税法是国家法律体系中一个重要部分,是国家利用法律的形式,组织财政收入、调节国民经济、进行宏观调控的重要工具和特殊手段。建筑企业中涉及的税收项目主要包括增值税、企业所得税、印花税等。

### 案例分析

雷曼兄弟公司在成立初期,公司主要从事利润比较丰厚的棉花等商品的贸易,公司性质为家族企业,且规模相对较小,其财务管理目标自然是利润最大化。在雷曼兄弟公司从经营干洗、兼营小件寄存的小店逐渐转型为金融投资公司的同时,公司的性质也从一个地道的家族企业逐渐成长为在美国乃至世界都名声显赫的上市公司。由于公司性质的变化,其财务管理目标也随之由利润最大化转变为股东财富最大化。

股东财富最大化是通过财务上的合理经营,为股东带来最多的财富。当雷曼兄弟公司选择股东财富最大化为其财务管理目标之后,公司迅速从一个名不见经传的小店发展成闻名于世界的华尔街金融巨头,但同时,由于股东财富最大化的财务管理目标利益主体单一(仅强调了股东的利益)、适用范围狭窄(仅适用于上市公司)、目标导向错位(仅关注现实的投价)等原因,雷曼兄弟最终也无法在此次百年一遇的金融危机中幸免于难。股东财富最大化对于雷曼兄弟公司来说,颇有成也萧何,败也萧何的意味。曾经拥有158年悠久历史的美国第四大投资银行——雷曼兄弟(Lehman Brothers)公司因金融危机正式申请依据以重建为前提的美国联邦破产法第11章所规定的程序破产,即所谓破产保护。雷曼兄弟公司,作为曾经在美国金融界中叱咤风云的巨人,在此次爆发的金融危机中也无奈破产。

思考:与利润最大化的财务管理目标相比,股东财富最大化无疑更为科学和合理。为何

模块一 解读物业财务管理

雷曼兄弟最终轰然倒下？

分析：在利润最大化的财务管理目标指引之下，雷曼兄弟公司开始转型经营美国当时最有利可图的大宗商品期货交易，其后，公司又开始涉足股票承销、证券交易、金融投资等业务。雷曼公司每一次业务转型都是资本追逐利润的结果，然而，由于公司在过度追求利润时忽视了对经营风险的控制，从而为其最终破产埋下隐患。雷曼兄弟公司破产的原因，从表面上看是美国过度的金融创新和乏力的金融监管所导致的全球性的金融危机，但从实质上看，则是公司一味地追求财务最大化，而忽视了对经营风险进行有效控制。

## 模块小结

财务管理是企业管理的一个组成部分，它是根据财经法规制度，按照财务管理原则，组织企业财务活动，处理财务关系的一项经济管理工作。简单地说，财务管理是组织企业财务活动，处理财务关系的一项经济管理工作。本模块主要介绍了物业财务管理的基本概念、物业服务企业财务管理的内容和目标、物业财务管理的任务与基本环节、物业服务企业财务管理环境。

## 思考与练习

### 一、填空题

1. _____是指企业在再生产活动中客观存在的资金运动及其所体现的经济利益关系。
2. _____是基于再生产过程中客观存在的财务活动和财务关系而产生的，是企业组织财务活动、处理与各方面财务关系的一项经济管理工作。
3. _____是指物业服务企业按照资金运动的规律和国家财经政策，规划和控制资金运动，处理企业与各方面财务关系的一项经济管理活动。
4. _____是指企业资金的筹集、投放、使用、收回及分配等一系列行为，其中资金的投放、使用和收回可统称为投资。
5. 物业服务企业财务管理的基本环节包括_____、_____、_____、_____及_____与评价五个部分。
6. 对物业服务企业财务管理影响较大的理财环境主要有_____、_____和_____。
7. 影响物业服务企业财务管理的主要金融环境因素有_____、_____和_____等。
8. _____是利息占本金的百分比指标。

### 二、选择题

1. 物业服务企业财务活动可分为（　　）方面。
   A. 筹资活动　　　　B. 现金流量活动　　　　C. 投资活动
   D. 资金营运活动　　E. 分配活动

2. 物业服务企业财务管理的内容主要包括（　　）。
   A. 货币资金管理　　　　　B. 债权和债务管理　　　　C. 成本费用管理
   D. 收入和利润管理　　　　E. 分配资产管理
3. 物业服务企业财务管理一般应遵循（　　）原则。
   A. 资金结构优化原则　　　B. 收支平衡原则　　　　　C. 股份收益平衡原则
   D. 成本效益原则　　　　　E. 利益关系协调原则
4. 根据现代企业财务管理理论和实践，最具代表性的物业服务企业财务管理目标主要有（　　）几种模式。
   A. 利润最大化　　　　　　B. 收支平衡最大化　　　　C. 成本效益最大化
   D. 每股收益最大化　　　　E. 企业价值最大化
5. 金融市场按营业的性质划分为（　　）。
   A. 外汇市场　　　　　　　B. 资金市场　　　　　　　C. 黄金市场
   D. 货币市场　　　　　　　E. 资本市场

### 三、简答题

1. 简述物业服务企业的财务关系。
2. 物业服务企业财务管理目标的设置应符合哪些要求？
3. 物业服务企业财务管理职能具体归纳为哪几个方面？
4. 物业服务企业财务管理的基本任务有哪几个方面？
5. 资金的利率通常由哪几部分组成？
6. 按照法律规范的层次性和强制程度，物业服务企业财务管理的法律环境可分为哪几类？

# 模块二 物业服务企业筹资管理

### 知识目标

1. 了解物业服务企业筹资的概念、动机；熟悉物业服务企业筹资的原则及程序。

2. 掌握物业管理启动费的筹资、物业管理维修资金的筹集、物业质量保证金的筹集、特约服务费的筹集及企业筹资方式。

3. 熟悉物业服务费的测算方式、物业服务费的测算方法、权益资金的筹集。

物业服务企业
筹资管理

### 能力目标

能确定企业最优资金结构并做出筹资决策；明确各类资本来源的特性、条件、优点及缺点。

### 案例导入

××××年7月始，SOHO中国就开始在大宗交易市场上叫卖3个项目，分别是位于静安区曹家渡板块的静安广场、位于虹口区的海伦广场及虹口SOHO。

据统计，静安广场对外报价为4.2万元/平方米左右，虹口区两个项目的对外报价均为3.2万元/平方米左右。按照交易价格，静安广场单价为2.85万元/平方米，海伦广场单价为1.82万元/平方米。

市场认为两项目的销售均价较预期低，瑞信认为外界误解该交易结构：因两项出售均以股权转让的形式进行，同时转让相关递延税项，故实际销售均价其实是较高，并创周边地区均价历史新高。

该行估计，已出售写字楼部分平均利润率为12%，虽较两三年后预期利润率18%为低，但此出售有助消除营运及经济风险。瑞信指出，更重要的是，透过这次出售所得的资金，SOHO中国将变成净现金状况，有助抵抗市场信贷收紧，并为其收购土地提供灵活性。

莱坊国际研究咨询部董事杨悦晨认为，海伦广场所处的四川北路写字楼目前实际成交租金在5元/平方米/天左右。曹家渡的租金也不高，板块仅一个悦达889品质较好，写字楼租金在7元/平方米/天左右,而该板块很多品质不高的写字楼租金都低于5元/平方米/天。

事实上,建设持有模式,将占用企业的大量资本,销售额的下滑也会提高公司的债务融资需求。这个效应将抵消海伦广场完工后有望产生的租金收入。SOHO中国原计划将该资产作为长期投资持有。

分析人士认为,出售两个本计划持有的项目,实质上是SOHO中国面对时下局势和公司自身情况的选择。

SOHO中国CEO张欣说,三年前,SOHO中国斥资154亿在上海购入7个项目,其中包括这次出售的2个项目。"自去年六月以来,中国的'钱荒'问题愈演愈烈,到现在,银行惜贷,流动性出现严重问题。SOHO中国迅速调整策略,减少新项目收购。持有充足的现金成为重中之重,这就是我们出售两个项目的原因。"

她续称,这些充裕的现金,将用于更优质的项目资产。目标尤其是上海和北京的黄金地段的优质资产。

如果说,商业模式的转变,必然导致了销售额的下降,但同时,SOHO投资物业的租金收入尚不容乐观。

一名资深租赁人士说,上海的写字楼市场非常成熟,品质一般的写字楼在租赁市场上很难获得好的入驻率。以前东海广场租赁8 000平方米,可能要和10个业主对话。据了解,目前SOHO中国的租赁项目中,除位于大陆家嘴地区的世纪广场项目接近满租外,SOHO前门大街项目的入住率只有73%,银河SOHO为77%。

3月5日,花旗发布报告称,关注SOHO中国未来数年加快完成写字楼项目,在执行上存在挑战,从当前项目观察,如世纪广场及前门等的租金表现平凡,而凌空SOHO及望京3座的预售或可进一步印证情况。

花旗认为,SOHO中国的长期策略或许正确,但转型成功与否仍有待证实。而且需要4至5年时间才能提升租金至具规模水平。在缺乏短期催化剂和估值高昂之下,评级维持"沽售",目标价由6.36元降至5.6元。

## 单元一　物业服务企业筹资概述

### 一、物业服务企业筹资的概念

企业进行生产经营活动必须拥有一定数量的资金。物业服务企业自主筹集资金是社会主义市场经济发展的需要,也是房地产经营管理体制改革的一项重要内容。过去,传统的房屋管理资金少部分来源于收取福利性的低租金,大部分来源于政府的大量财政拨款、补贴,渠道不多,形式单一,政府财政负担很重。随着多功能全方位的物业管理的开展,多种经济成分的物业服务企业蓬勃兴起,物业服务企业自主筹集资金的活动日益广泛地开展起来。

### 二、物业服务企业筹资的动机

物业服务企业筹资的基本目的是维持自身的生存与发展,而每一次具体的筹资活动通常又受到特定动机的驱使。物业服务企业筹资的具体动机可分为以下几个方面：

（1）筹资的创建动机。筹资的创建动机是企业在创建时为了满足经营活动所需的铺底资金而产生的筹资动机。物业服务企业创建时，一般要按照自身所确定的经营规模核定固定资产和流动资金的需求量，并筹措相应的资本金。这一类筹资行为对物业服务企业的设立有启动作用，是物业服务企业顺利成立的必要保证。

（2）筹资的发展动机。筹资的发展动机是企业因扩大经营规模或追加对外投资的需要而产生的追加筹资的动机。处于成长期、具有良好发展前景的物业服务企业通常会产生这种筹资动机。这种动机产生的直接后果是企业资产总额与资本总额的增加。

（3）调整资金结构动机。资金结构是指企业各种资金的构成及比例关系。任何企业都希望具有合理和相对稳定的资金结构，但由于在资金结构中任何项目及其数额（绝对额、相对额）的变化都可能会引起资金结构的变动，进而引起资金结构的不合理，物业服务企业就需要采用不同的筹资方式筹集资金以调整其资金结构，使之趋于合理。

（4）混合性筹资动机。混合性筹资动机是企业既为了扩大经营规模又需要改变原有的资金结构而产生的筹资动机。这种筹资动机的结果既能增大物业服务企业的资产总额，又能调整物业服务企业的资本结构。

## 三、物业服务企业筹资的原则

为了有效地筹集企业所需的资金，提高筹资的综合效益，物业服务企业筹资必须遵循以下基本原则：

（1）规模合理原则。筹集资金的目的是保证生产经营所需的资金需要。资金不足，自然会影响生产经营发展，而资金过剩，则可能导致资金使用效益的降低。所以，物业服务企业在筹集资金之前，就要合理确定资金的需要量，在此基础上拟订筹集资金计划，"以需定筹"。即按企业投资项目必不可少的资金需要量和为保证生产经营正常、高效运行的最低需要量来确定资金筹集量。

（2）筹措及时原则。企业在不同时点上资金的需要量不尽相同，因此，物业服务企业在筹集资金时，既要考虑数量因素又要熟知资金时间价值的原理和计算方法，要合理安排资金的筹集时间，适时获取所需资金；既要避免过早筹集资金形成资金投放前的闲置，又要防止取得资金时间滞后，错过资金投放的最佳时机。

（3）来源合法原则。资金的来源渠道和资金市场为企业提供了资金的源泉和筹资场所，它反映资金的分布状况和供求关系，决定着筹资的难易程度。物业服务企业筹集资金的来源必须遵守国家法律、财经法规，维护各方的经济权益。

（4）筹集方式经济原则。在确定了筹资数量、筹资时间、资金来源的基础上，企业在筹资时还必须认真研究各种筹资方式。物业服务企业要筹集资金必然要付出一定的代价，不同筹资方式条件下的资金成本有所不同，因此要对各种筹资方式进行研究、分析、对比，选择既经济又可行的最佳筹资方式，以降低综合资金成本，最大限度地避免和分散财务风险。

## 四、筹资决策的一般程序

为了减少企业筹资的盲目性，选择合适的筹资方式，节约资金成本，必须按照科学的程序

进行筹资决策。筹资决策的一般程序包括以下几个步骤:

(1)确定资金投向,预测资金需要量。确定资金投向是合理筹集资金的先决条件。企业应当通过市场调查和预测,了解自身生产经营活动是否适合市场需要,并据此确定资金投向,制订投资方案。在此基础上,进一步确定投资的资金需要量。

(2)盘点自有资金。企业利用借入资金进行生产经营,可以利用财务杠杆作用提高自有资金的利润率;但是负债比重过大,会导致企业财务结构脆弱,财务风险过大,甚至会由于丧失偿债能力而破产。因此,企业进行投资时,应当首先利用企业内部自有资金满足投资需要,不足部分再采用其他方式从外部筹得。

(3)拟定筹资方案。要实现筹资目标,往往可以有多种途径和方法,因此必须提出一定数量的可供选择的筹资方案。这不仅可以为决策者提供较大的选择余地,有利于筹资决策科学化,而且能够为应对可能出现的各种情况提供相应的方案,使决策者有较大的回旋余地。

(4)对筹资方案进行评估。对提出的各种筹资方案,应当采用科学的方法进行判断、分析和论证,评价各种筹资方案的优劣。

(5)确定最佳投资方案。根据对各种筹资方案的评估结果,并结合企业目前和未来的生产引进情况,确定相对最优的筹资方案。

## 单元二 筹集资金的渠道

### 一、物业管理启动费的筹资

物业管理启动费是指物业服务企业在物业管理投标成功后,接管物业从事前期介入所需的用于添置设备设施、办公用品、人员培训、工资及前期介入活动中标的管理费用等。这部分资金按有关规定由房地产开发公司提供,用于物业管理的启动。

物业管理启动费的收取比例,新建物业一般由房地产公司按建筑安装总造价的1‰~2‰拨付给物业服务企业,具体标准由地方政府根据当地的实际情况确定。

《企业财务通则》规定:"企业可以接受投资者以货币资金、实物、无形资产、股权、特定债权等形式的出资。其中,特定债权是指企业依法发行的可转换债券、符合有关规定转作股权的债权等。"可见,筹资渠道的增加,使企业资本金的筹集方式也成多样化。目前,我国企业取得资金的渠道主要有以下几个方面:

(1)国家财政的资金。国家财政资金是国家对企业的投资,是指有权代表国家投资的政府部门或机构,以国有资产向物业服务企业投资而形成的资金。国家财政资金具有广阔的源泉和稳固的基础,是国有物业服务企业筹资的重要渠道。

(2)银行信贷资金。银行对企业的各种贷款,是物业服务企业最为重要的资金来源。我国银行可分为商业性银行和政策性银行两种。商业银行是以营利为目的、从事信贷资金投放的金融机构,它主要为企业提供各种商业贷款;政策性银行是为特定企业提供政策性贷款。

(3)非银行金融机构资金。非银行金融机构包括信托投资公司、保险公司、金融租赁公司、企业集团的财务公司、基金公司等。虽然非银行金融机构财力比银行小,但资金供应比较灵活方便,而且还提供有关融资的服务,所以这种融资渠道具有广阔的发展前景。

(4)其他企业资金。其他企业往往有部分暂时闲置的资金,甚至可长时间腾出部分资金,用于企业之间相互融通。它们对物业服务企业投入资金包括投资入股、购买债券及各种商业信用等方式,既有长期稳定的合作,又有短期的资金融通。

(5)居民个人资金。企业职工和城乡居民的结余货币,作为"游离"于银行及非银行金融机构等之外的个人资金,可用于对物业服务企业投资,构成社会闲散资金的来源渠道,从而为物业服务企业所用。

(6)企业自留资金。企业内部资金主要有通过提取盈余公积金和保留未分配利润而形成的资金。这是物业服务企业内部形成的筹资渠道,比较便捷,有盈利的企业通常都可以加以利用。随着物业服务企业经济效益的提高,企业自留资金的数额将日益增加。

## 二、物业管理维修资金的筹集

维修基金包括房屋共用部位维修基金和共用设施设备维修基金。房屋共用部位维修基金是指专项用于房屋共用部位大修理的资金;共用设施设备维修基金是指专项用于共用设施设备大修理的资金。

维修基金可通过以下途径收取。

### 1. 向业主收取

具体可分为公有住房出售和商品房出售两种情况。

(1)公有住房出售。业主按照所拥有物业的建筑面积交存住宅专项维修资金,每平方米建筑面积交存首期住宅专项维修资金的数额为当地房改成本价的2%。售房单位按照多层住宅不低于售房款的20%、高层住宅不低于售房款的30%,从售房款中一次性提取住宅专项维修资金。

(2)商品房出售。商品住宅的业主、非住宅的业主按照所拥有物业的建筑面积交存住宅专项维修资金,每平方米建筑面积交存首期住宅专项维修资金的数额为当地住宅建筑安装工程每平方米造价的5%~8%。直辖市、市、县人民政府建设(房地产)主管部门应当根据本地区情况,合理确定、公布每平方米建筑面积交存首期住宅专项维修资金的数额,并适时调整。

### 2. 向开发建设单位收取

从长远看,只有对物业进行良好的维护管理,保证其使用功能正常发挥,才能实现开发建设单位的经济利益,实现物业的价值和使用价值。另一方面,良好的物业管理也提高了开发建设单位的信誉和知名度。因此,开发建设单位在将物业移交委托给物业服务企业时,就必须支付一定数额的维修基金,这是开发建设单位不可推卸的责任和义务。

由于全国各地经济发展水平、市场发展程度、思想观念、经济承受力等均有差别,加上物业管理的性质、对象、类型不同,对物业管理的要求也不同,因而维修资金的收取标准也各不同,做法各异。有的开发商按房屋建筑面积综合造价(按多层住宅2%、高层住宅3%)计提,据此确定维修资金;有的开发商从开发项目的总投资中提取1%~2%作为维修资金;有的地区规定以销售价的百分比作为维修资金;有的地区规定以房价的7%作为维修资金。一般来说,向开发商收取的维修资金的标准应按不同物业服务企业的性质、类型、服务对象分别制定。

有人提出:一般商品住宅,按房地产物业总建筑面积综合造价(多层住宅按3%、高层住宅按 6%)计提,由开发商将房产物业移交给物业服务企业时支付,或由开发商按销售额的 2%~4%划拨给物业服务企业。高级住宅公寓、花园别墅及商业、办公用房、工业货仓用房的维修资金,可按略高于一般用房标准向开发商收取。具体实施时可增加 10%~30%。

### 3. 向物业的出售者收取

由于各种原因,目前尚无统一的向房屋物业的出售者收取维修资金的标准:一般商品住宅房屋物业出售者可按销售款的 2%~4%缴纳维修资金;公有房屋出售后,多层住宅的出售者一次性按房款的 6%缴付,高层住宅的出售者则一次性按售房款的 12%缴付。高层住宅电梯和水泵等共同设备的大修与更新费用,应由出售者从售房款中划拨一定的经费。而高级公寓、花园别墅、商业、办公用房,则可按略高于一般商品住宅的 10%~30%的标准缴付。

**小提示**

维修基金必须专款专用,只能用于物业共用部位和共用设施设备的更新与大、中修。因此,必须加强对维修基金使用的管理。

维修基金归全体业主所有,委托物业管理公司代管,实际使用时须经业主委员会批准。为了防止物业服务企业的短期行为,或因解聘物业服务企业而影响维修基金的使用安全,也可以由业主委员会负责维修基金的管理和使用,做到专款专用。

## 三、物业质量保证金的筹集

质量保证金是指开发商在向物业服务企业移交房地产物业时,向物业服务企业缴纳的保证物业质量的资金,用于交房后保修期(一般为 2 年)内被管物业的保修。其范围限于室内装饰、水电管线、隐蔽工程及室外建筑公共设施等因建造质量问题所引起的返修。

质量保证金的缴纳有多种方法,它可以留在开发商处,由物业服务企业在接受业主报修、组织施工后实报实销;也可以由开发商一次性缴纳给物业服务企业,保修期满后结算,多退少补;也可以采取包干办法一步到位,盈亏由物业服务企业负担。具体运用哪种方法,物业服务企业可视自身情况与开发商协商决定。

## 四、特约服务费的筹集

为满足各种不同层次业主的消费需求,物业服务企业除提供日常综合管理服务外,还要根据业主的具体需要,开设各种特约服务项目,收取特约服务费。例如,业主的室内部分、底层围墙和自用阳台等属房屋所有人自修范围的,物业服务企业可接受委托,办理这些日常修缮养护和室内装修装潢等业务,实施有偿服务,除料工费外,还可收取 5%~10%的代办管理费,体现微利的服务性收费。其次,物业服务企业利用自己良好的服务态度,高质量的服务水平和管理服务经验,开展全方位、多功能、多层次的综合性特约服务,如组织家庭服务,代聘保姆,代聘家教,代订车船机票,家庭清洁、消毒打蜡,代为复印、传真,代订牛奶,代订书报杂志等。若物业服务企业没有能力满足业主的特种需要,可代业主寻找专业服务公司,委托专业服务公司提供特种服务,物业服务企业可以收取一定的代办费用。总之,在收取特约服务费时,应遵循"谁受益、谁付款"和"保本微利"的原则。

## 五、企业筹资方式

筹资方式是指企业筹集资金所采取的具体形式。筹资渠道是客观存在的,但筹资方式是企业主管的自主行为。如何选择合理的筹资方式是企业筹资管理的主要内容。通过了解筹资方式的各种类别和特点,选择适当的筹资方式,可以降低筹资成本,并提高筹资效益。目前我国物业服务企业筹资方式一般有以下几种:

(1) 吸收直接投资。吸收直接投资即企业按照"共同投资、共同经营、共担风险、共享利润"的原则直接吸收国家、法人、个人投入资金的一种筹资方式。

(2) 发行股票。发行股票,即股票公司通过发行股票筹措权益资金的一种筹资方式。

(3) 银行借款。向银行借款是指企业根据借款合同向银行及非银行金融机构借入的,并按规定日期还本付息的款项,是企业筹集长短期借入资金的主要方式。

(4) 商业信用。商业信用是指商品交易中以延期付款或预收款方式进行购销活动而形成的借贷关系。它是企业之间的直接信用行为,是企业筹集短期借入资金的一种重要方式。

(5) 发行债券。发行公司债券,即企业通过发行债券筹措负债资金的一种筹资方式。

(6) 融资租赁。融资租赁也称资本租赁或财务租赁,是区别于经营租赁的一种长期租赁形式,是指出租人根据承租人对租赁物和供货人的选择或认可,将其从供货人处取得的租赁物,按融资租赁合同的约定出租给承租人占用、使用,并向承租人收取租金,最短租赁期限为一年的交易活动,它是物业服务企业筹集长期负债资金的一种方式。

### 小提示

一定的筹资方式可以适用于多种筹资渠道,也可能只适用于某一种特定的筹资渠道;同一种渠道的资金也可能采取不同的筹资方式取得。因此,企业筹集资金时,还必须将两者结合在一起,研究两者的合理配合。

# 单元三  物业服务费的测算

物业服务费是物业服务企业接受物业所有人或使用人的委托,依据物业服务委托合同,对物业的房屋建筑及其设备、市政公用设施、绿化、卫生、交通、治安和环境容貌等管理项目进行维护、修缮与整治,并向物业所有人或使用人提供综合性服务所收取的费用。物业服务费测算是整个投标过程中最重要的一部分,是投标成功与否的关键所在。

## 一、物业服务费的测算方式

《物业服务收费管理办法》规定,业主与物业服务企业可以采用包干制或酬金制等形式约定物业服务费用。

**1. 物业服务费用酬金制**

物业服务费用酬金制是指在预收的物业服务资金中按约定比例或约定数额提取酬金支

付给物业服务企业,其余全部用于物业服务合同约定的支出,结余或不足均由业主享有或承担。

物业服务费用酬金应以预收的物业服务资金为计提基数,计提基数和计提比例通过物业服务合同约定。在物业管理服务过程中产生的归属于业主的其他收入也可计提酬金,但应经业主大会同意并在物业服务合同中专门约定。其他收入包括产权归全体业主的停车场收入、成本费用在物业管理项目机构列支的其他经营收入等。

在酬金制下,物业服务企业提供物业服务的经济利益仅仅局限于按固定的金额或比例收取的酬金,扣除酬金及物业服务支出后结余的资金为全体业主所有。对业主而言,物业服务费用的收支情况较为透明,避免了收费与服务不相符的情况,保护了业主合法权益;对物业服务企业而言,由于酬金是按照预收的物业服务资金提取,具有相对的固定性,可以使企业在一定程度上规避收支不平衡的经营风险。在酬金制条件下,物业服务企业应当向全体业主或业主大会公布物业服务资金年度预决算,并每年不少于一次公布物业服务资金的收支情况。

酬金制预收的物业服务资金包括物业服务支出和物业服务企业的酬金。目前,非住宅项目或高档住宅小区多采取酬金制的收费方式。

### 2. 物业服务费用包干制

物业服务费用包干制是指由业主向物业服务企业支付固定物业服务费用,盈余或亏损均由物业服务企业享有或承担的物业服务计费方式。

实行包干制的物业服务企业在与业主签订物业服务合同时应明确服务费额度和服务内容、服务质量标准,并明确在此前提下的盈余或亏损是由物业服务企业承担的,企业的经济效益与其管理服务、成本控制、经营运作能力紧密相关。

在包干制下,物业服务企业作为一个独立的企业法人,自主经营、自负盈亏、风险自担、结余归己。但业主可以对物业服务企业是否按合同要求的内容和质量标准提供服务进行监督,对物业管理工作提出改进建议。物业服务企业应本着诚信公平原则,主动接受业主监督,保证服务质量并不断改进。

包干制物业服务费的构成包括物业服务成本、法定税费和物业服务企业的利润,实践中,普通住宅小区多采用包干制的收费方式。

## 二、物业服务费的测算方法

下面以实行包干制的物业服务企业为例,介绍物业管理服务费的测算方法。

服务收费的测算可用一个简单的公式来表示:

$$X = \sum_{i=1}^{12} X_i \,(i = 1, 2, \cdots, 12)$$

式中　$X$——物业服务收费标准[元/(月·m$^2$)];

　　　$X_i$——各分项费用收费标准[元/(月·m$^2$)];

　　　$i$——分项项数;

　　　$\sum$——表示对各分项费用算术求和。

### 1. 管理、服务人员的工资社会保险和按规定提取的福利费等——$X_1$

该项费用是指物业服务企业的人员费用。其包括基本工资,按规定提取的福利费、加班费和服装费;不包括管理、服务人员的奖金。奖金应根据企业经营管理的经济效益,从赢利中提取。

(1)基本工资$F_1$(元/月)。各类管理、服务人员的基本工资标准根据企业性质、参考当地平均工资水平确定。

(2)按规定提取的福利费$F_2$(元/月)。包括以下四项:

1)福利基金。按工资总额的14%计算;

2)工会经费。按工资总额的2%计算;

3)教育经费。按工资总额的1.5%计算;

4)社会保险费。包括医疗保险、工伤保险、养老保险、失业保险、住房基金(含住房公积金)等。其中,待业保险按工资总额的1%计算;医疗保险、工伤保险、养老保险和住房基金根据当地政府的规定由企业确定。

上述的假定条件是福利费中养老金按管理人员年平均工资总额的25%计提,医疗保险、住房公积金等费用按11%计提。

上述四项费用之和即按规定提取的福利费。

(3)加班费$F_3$(元/月)。加班费按人均月加班2天,再乘以日平均工资计算。日平均工资按每月22个工作日计算。

(4)服装费$F_4$(元/月)。按每人每年2套服装计算,其服装标准由企业自定。住宅小区物业服务企业一般应不超过中档服装标准,计算出年服装费总额后再除以12个月,即得每月服装费。

该项费用测算方法是根据所管物业的档次、类型和总建筑面积先确定各级各类管理、服务人员的编制数;然后确定各自的基本工资标准,计算出基本工资总额;再按基本工资总额计算上述各项的金额;汇总后即每月该项费用的总金额,最后分摊到每月每平方米建筑面积。其测算公式为

$$工资、社会保险和福利费 X_1 = \frac{月基本工资总额+各项福利费、社会保险费+加班费+服装费}{总建筑面积}$$

$$= \frac{F_1+F_2+F_3+F_4}{S} [元/(月·m^2)]$$

式中 $S$——总建筑面积($m^2$)。

**2. 共用部位、共用设施设备日常运行、维修及保养费——$X_2$**

该项费用包括小区楼宇内共用部位如过道、门厅、楼梯及小区道路环境内的各种土建零修费;各类公共设施设备如室外上下水管道、电气部分、燃气部分等的日常运行、维修及保养费;小区内及楼宇内公共照明费等;不包括业主拥有房产内部的各种设备、设施的维修、养护、更换与更新费用;公共设施设备的大、中修费用;电梯的运行、保养与维修费用;公用天线保养维修费用;高压水泵的运行、维修费用;冬季供暖费。这些费用按国家和当地的现行规定与标准分别向产权人及使用人另行收取。

成本法测算:先分别测算各分项费用的实际成本支出,然后再求和。该项总费用大致包括以下各分项:

(1)公共建筑及道路的土建零修费$F_1$(元/月)。

(2)给水排水设备日常运行、维修及保养费$F_2$(元/月)。包括:

$$电费 = W \times 24 \times a \times 30 \times P_电$$

式中　$W$——设备用电总功率；

　　　24——每天小时数；

　　　$a$——使用系数＝平均每天开启时间/24；

　　　30——每月天数；

　　　$P_电$——电费单价（元/度）。

(3) 电气系统设备维修保养费 $F_3$（元/月）。

(4) 燃气系统设备维修保养费 $F_4$（元/月）。

(5) 消防系统设备维修保养费 $F_5$（元/月）。

(6) 公共照明费包括大厅、门厅、走廊的照明及路灯、装饰灯（含节日装点灯）费用 $F_6$（元/月）。

$$电费 = (W_1 \times T_1 + W_2 \times T_2 + \cdots) \times 30 \times P_电$$

式中　$W_1$——每天开启时间为 $T_i$（小时）的照明电器的总功率（kW/h）；

　　　$T_1$——每日开启的时间（h）。

维修保养费：上述各项的维修保养费均是一个估算和经验值。

(7) 不可预见费 $F_7$（元/月）可按 8%～10% 计算(1)～(6)项的不可预见费。

(8) 易损件更新准备金（元/月）是指一般共用设施设备的更新费用，如灯头、灯泡、水龙头等。不包括重大设施设备的更新费用。其测算公式为

$$F_8 = \frac{\sum(M_i + I_i)}{12 \times Y_i}$$

式中　$M_i$——一般共用设施的购置费，包括照明系统、给水排水系统、电气系统、消防系统等；

　　　$I_i$——各设施的安装费用；

　　　$Y_i$——各设施的正常、安全使用年限。

此项费用也可分别计入各相关项目的维修保养费，而不单独列出。

将上述 8 项费用求和后，再除以总建筑面积，即得每月每平方米应分摊的费用。其计算公式为

$$X_2 = \frac{\sum_{i=1}^{8} F_i}{S}$$

### 3. 绿化养护费——$X_3$

绿化养护费是指小区环境内绿化的养护费用。其包括绿化工具费（如锄头、草剪、枝剪、喷雾器等）、劳保用品费（手套、口罩、草帽等）、绿化用水费、农药化肥费用、杂草杂物清运费、补苗费、小区环境内摆设的花卉等项费用。

(1) 成本法。绿化养护费包括以下各分项：

1) 绿化工具费 $F_1$（元/年）；

2) 劳保用品费 $F_2$（元/年）；

3) 绿化用水费 $F_3$（元/年）；

4) 农药化肥费 $F_4$（元/年）；

5)杂草清运费 $F_5$(元/年);

6)景观再造费 $F_6$(元/年)。

景观再造费包括补苗费、环境内摆设花卉等费用。

上述各项费用通常按年估算,除以 12 个月和总建筑面积即得出每月每平方米应分摊的绿化养护费。

$$X_3 = \frac{\sum_{i=1}^{6} F_i}{12 \times S} [元/(月 \cdot m^2)]$$

(2)简单测算法。按每平方米绿化面积确定一个养护单价,如 0.10~0.20 元/(月·m²),乘以总绿化面积再分摊到每平方米建筑面积。

绿化面积用总建筑面积除以容积率再乘以绿化覆盖率计算,也可按实际绿化面积计算。

绿化员工的定编人数可以根据各地实际情况确定,考虑到季节的变化、气候条件,植被树木养护的难易程度等,通常每 4 000~6 000 m² 绿化面积设绿化工 1 人。

绿化养护费计算公式为

$$X_3 = \frac{绿化面积 \times 养护单价}{总建筑面积} [元/(月 \cdot m^2)]$$

$$绿化面积 = \frac{绿化面积 \times 养护单价}{容积率} \times 绿化覆盖率(m^2)$$

### 4. 清洁卫生费——$X_4$

清洁卫生费是指楼宇内共用部位及小区内道路环境的日常清洁保养费用。其包括以下各分项:

(1)清洁工具购置费(如垃圾桶、拖把等)$F_1$(元/年);

(2)劳保用品费 $F_2$(元/年);

(3)卫生防疫消杀费 $F_3$(元/年);

(4)化粪池清掏费 $F_4$(元/年);

(5)垃圾外运费 $F_5$(元/年);

(6)清洁环卫所需之其他费用 $F_6$(元/年)。

可按实际情况匡算出各项年总支出,求和后再分摊到每月每平方米建筑面积。

$$X_4 = \frac{\sum_{1}^{6} 各项费用年支出}{12 个月 \times 总建筑面积} = \frac{\sum_{i=1}^{6} F_i}{12 \times S} [元/(月 \cdot m^2)]$$

### 5. 秩序维护费——$X_5$

秩序维护费是指封闭式小区公共秩序的维持费用。其包括以下几项:

(1)保安器材装备费 $F_1$(元/年)。

1)保安系统日常运行电费、维修与养护费;

2)日常保安器材费(如对讲机、警棍等);

3)更新储备金。计算公式为

$$更新储备金 = (M_{保} + I_{保})/Y$$

式中 $M_保$——保安系统购置费；

$I_保$——保安系统安装费；

$Y$——保安系统正常使用年限。

(2) 保安人员人身保险费 $F_2$(元/年)。

(3) 保安用房及保安人员住房租金 $F_3$(元/年)。

按实际情况匡算各项年总支出，求和后再分摊到每月每平方米建筑面积。

$$X_5 = \frac{年总支出}{12 个月 \times 总建筑面积} = \frac{\sum_{i=1}^{3} F_i}{12 \times S} [元/(月 \cdot m^2)]$$

### 6. 办公费——$X_6$

办公费是指物业服务企业开展正常工作所需的有关费用。其包括以下几项：

(1) 交通费(含车辆耗油、维修保养费、车辆保险费、车辆保养费、车辆养路费等) $F_1$(元/年)；

(2) 通信费(电话费、传真费、上网费、电报费等) $F_2$(元/年)；

(3) 低值易耗办公用品费(如纸张、笔墨、打印复印费) $F_3$(元/年)；

(4) 书报费 $F_4$(元/年)；

(5) 广告宣传社区文化费 $F_5$(元/年)；

(6) 办公用房租金(含办公用房水电费) $F_6$(元/年)；

(7) 其他杂项 $F_7$(元/年)。

上述各项费用一般先按年进行估算，汇总后再分摊到每月每平方米建筑面积。对已实施物业管理的住宅小区，可依据上年度的年终决算数据得到该值。办公费计算公式为

$$X_6 = \frac{年各项费用之和}{12 个月 \times 总建筑面积} = \frac{\sum_{i=1}^{7} F_i}{12 \times S} (元/月 \cdot m^2)$$

另外，办公费(包括文具、办公用品杂费、交通邮电费及公共关系费用)按管理人员工资的25%计提：

$$办公费 = 管理人员年工资总额 \times 25\%$$

### 7. 物业服务企业固定资产折旧——$X_7$

该项费用是指物业服务企业拥有的各类固定资产按其总额每月分摊提取的折旧费用。各类固定资产包括以下几项：

(1) 交通工具(汽车、摩托车、自行车) $F_1$(元)；

(2) 通信设备(电话机、手机、传真机等) $F_2$(元)；

(3) 办公设备(桌椅、沙发、计算机、复印机、空调机等) $F_3$(元)；

(4) 工程维修设备(管道疏通机、电焊机等) $F_4$(元)；

(5) 其他设备 $F_5$(元)。

按实际拥有的上述各项固定资产总额除以平均折旧年限，再分摊到每月每平方米建筑面积。其计算公式为

$$X_7 = \frac{\text{固定资产总额}}{\text{平均折旧年限} \times 12 \text{个月} \times \text{总建筑面积}}$$

$$= \frac{\sum_{i=1}^{5} F_i}{5 \times 12 \times S} [\text{元}/(\text{月} \cdot \text{m}^2)]$$

固定资产平均折旧年限一般为 5 年。

### 8. 物业共用部位、共用设施设备及公众责任保险费用——$X_8$

投保物业及公众责任险的费用按保险公司有关规定计算。

$$X_8 = \frac{\text{年度总投保费}}{12 \text{个月} \times \text{总建筑面积}} = \frac{\sum F_i}{12 \times S}$$

### 9. 经业主同意的其他费用——$X_9$

其他因物业管理而发生的合理的、必要的支出,并经业主同意的费用。

$$X_9 = \frac{\text{年度其他费用}}{12 \text{个月} \times \text{总建筑面积}} = \frac{\sum F_i}{12 \times S}$$

公众责任险又称普通责任险,主要承保被保险人在公共场所进行生产、经营或其他活动时,因发生意外事故而造成的他人人身伤亡和财产损失,依法应由被保险人承担的经济赔偿责任。随着我国法律制度的逐步健全,机关、企事业单位及个人在经济活动过程中常常因管理上的疏忽或意外事故造成他人人身伤亡或财产损失,依照法律须承担一定的经济赔偿责任,伴随着公众索赔意识的增强,此类索赔逐渐增多,影响当事人经济利益及正常的经营活动顺利进行。公众责任险正是为适应上述机关、企事业单位及个人转嫁这种风险的需要而产生的。公众责任险可适用于工厂、办公楼、旅馆、住宅、商店、医院、学校、影剧院、展览馆等各种公众活动的场所。

公众责任险的形式很多,主要有普通责任险、综合责任险、场所责任险、电梯责任险、承包人责任险等。

对所管辖物业共用部位、共用设施设备,物业服务企业为其投保,即财务保险。

上述 9 项费用总和就是物业服务成本或物业服务支出总费用。即

$$\text{物业服务成本} = (\text{前 9 项之和}) = \sum_{i=1}^{9} X_i$$

除物业服务成本外,物业服务企业还应考虑企业缴纳的法定税费及物业服务企业的利润等内容。

### 10. 法定税费

物业服务费中包含的法定税费主要包括增值税、城市维护建设税和教育费附加等。目前,此项费用的计算为前九项费用与法定税率的乘积。法定税率总体上为 5%～6%。

(1) 增值税。

1) 计税依据。物业服务企业代有关部门收取的热化费、水费、电费、燃气费、有线电视收视费、维修基金、房租的行为,属于增值税"服务业"税目中的"代理"业务。因此,对物业服务企业代有关部门收取的上述费用不计征增值税,对其从事此项代理业务取得的手续费收入应当征收增值税。对其从事物业服务取得的各种收入,应按照服务业税目 3%～6%税率计算征收增值税。

2)代收费用。

①对物业服务企业不征增值税的代收基金,是指原建设部、财政部发布的《住宅专项维修资金管理办法》中规定的住宅专项维修资金。

②对物业服务企业不征增值税的代收房租,凭其与代收房租委托方实际房租转交结算发生额认定。

③对物业服务企业超出上述认定范围的代收款项,一律视同其相关业务收入或价外收入,照章征收增值税。

④物业服务企业从事物业服务取得收入后,必须向付款方开具由地方税务机关统一印制的服务专业发票。

3)计算公式。

$$年应纳税额=目标物业的年营业额×税率$$

(2)城市维护建设税。城市维护建设税的计税依据是纳税人实际缴纳的增值税税额。按物业服务企业所在地区是市区、县镇、农村而有所不同,其税率分别为 7%、5%、1%。其计算公式为

$$年应纳税额=目标物业年应缴增值税税额×税率$$

(3)教育费附加。教育费附加的计税依据是纳税人实际缴纳增值税的税额,附加率为 3%。其计算公式为

$$年应缴教育费附加=目标物业年缴增值税税额×费率$$

## 11. 企业的利润

利润也称净利润或净收益,即物业服务企业收入和费用的差额。利润是物业服务企业完成招标文件和投标文件中规定的任务应收的酬金。利润是企业最终的追求目标,企业的一切生产经营活动都是围绕着创造利润进行的。利润是企业扩大再生产、增添机械设备的基础,也是企业实行经济核算,使企业成为独立经营、自负盈亏的市场竞争主体的前提和保证。因此,对于物业服务企业来说,无论采用包干制还是酬金制,合理确定利润水平对企业的生存和发展是至关重要的。

随着市场经济的发展,将给予企业利润计算更大的自主权,按目前国内的通行做法,利润率应是实际发生服务费用的 5%~15%。

在投标报价时,企业可以根据自身的实力、投标策略,以发展的眼光来确定一个合适的利润水平,即使本企业的投标报价具有竞争力,又能保证其他各方面利益的实现。

**案例——某物业管理服务有限公司 2018 年度物业管理运营费用测算报告**

一、人员编制和薪酬支出(含社会保险各种福利等)

人员编制和薪酬支出(含社会保险各种福利等)见表 2-1。

表 2-1 人员编制和薪酬支出

| 序号 | 项目 | 人数/人 | 工资标准/(元·月$^{-1}$) | 总额/(元·月$^{-1}$) |
|---|---|---|---|---|
| 一 | 公司管理层员工:9 人 | | | |
| 1 | 副经理 | 1 | 5 500 | 5 914 |
| 2 | 综合管理部主管 | 1 | 4 000 | 6 023 |
| 3 | 工程维修部主管 | 1 | 4 500 | 6 697 |

续表

| 序号 | 项目 | 人数/人 | 工资标准/(元·月⁻¹) | 总额/(元·月⁻¹) |
|---|---|---|---|---|
| 4 | 秩序维护部主管 | 1 | 4 000 | 6 023 |
| 5 | 客户服务部主管 | 1 | 4 000 | 6 023 |
| 6 | 环境保洁部主管 | 1 | 4 000 | 6 023 |
| 7 | 绿化班班长 | 1 | 3 000 | 4 863 |
| 8 | 仓库管理员 | 1 | 3 600 | 5 559 |
| 9 | 品质管理员 | 1 | 3 000 | 4 863 |
| 小计:51 988 元/月　总计:623 856 元/年 ||||||
| 二 | 工程维修部:18 人 |||||
| 1 | 维修电工 | 5 | 3 800 | 28 955 |
| 2 | 值班电工 | 8 | 3 500 | 43 544 |
| 3 | 综合维修工 | 5 | 3 800 | 28 955 |
| 小计:101 454 元/月　总计:1 217 448 元/年 |||||
| 三 | 秩序维护部:29 人 |||||
| 1 | 门岗 | 10 | 2 200 | 39 550 |
| 2 | 巡逻岗 | 15 | 2 400 | 62 805 |
| 3 | 监控室 | 4 | 3 300 | 20 924 |
| 小计:123 279 元/月　总计:1 479 348 元/年 |||||
| 四 | 环境绿化部:32 人 |||||
| 1 | 综合保洁员 | 24 | 2 200 | 94 440 |
| 2 | 绿化员 | 8 | 2 400 | 33 336 |
| 小计:127 776 元/月　总计:1 533 312 元/年 |||||
| 五 | 客户服务部:3 人 |||||
| 1 | 客户助理 | 2 | 3 000 | 9 726 |
| 2 | 会务管理 | 1 | 3 000 | 4 863 |
| 小计:14 589 元/月　总计:175 068 元/年 |||||
| 物业体系 2018 年度人力薪酬总成本约:5 029 032 元 |||||

注:物业管理架构为五个职能部门,用工总数 91 人。

## 二、公共设施、设备日常运行、能耗费

公共设施、设备日常运行、能耗费见表 2-2。

**表 2-2　公共设施、设备日常运行、能耗费**

| 序号 | 项目 | 测算依据 | 电价/度 | 金额/(元·月⁻¹) |
|---|---|---|---|---|
| 1 | 电梯费用(一期) | 12 kW/台×8 h/d×30 d×0.85 | 0.85 | 16 560 |
| | 电梯费用(二期) | 12 kW/台×8 h/d×30 d×0.85 | 0.85 | 38 250 |
| 2 | 公共部分照明(庭院) | 约 22 kW/d×30 d×0.85 | 0.85 | 6 732 |
| 3 | 景观射灯 | 约 30 Wh×60 盏×6 h/d×30 d×0.85 | 0.85 | 2 754 |
| 4 | 污水泵站(地下) | 约 25 kW/d×30 d×0.85 | 0.85 | 3 825 |
| 5 | 弱电(监控、消防) | 约 60 kW×2 h/d×30 d×0.85 | 0.85 | 3 672 |

续表

| 序号 | 项目 | 测算依据 | 电价/度 | 金额/(元·月$^{-1}$) |
|---|---|---|---|---|
| 6 | 公共区域声控灯(楼道)等 | 约 50 kW/d×30 d×0.85 | 0.85 | 7 650 |
| 7 | 消防泵等 | 约 350 kW/d×30 d×0.85 | 0.85 | 8 925 |
| 8 | 停车场系统、周界系统 | 约 60 kW/d×30 d×0.85 | 0.85 | 15 300 |
| 9 | 公共部分用水费 | 月度、年度对比 | 5.35 | 230 400 |
| 10 | 其他 | 约 150 kWh/d×30 d×0.85(含 D1 楼中央空调) | 0.85 | 30 600 |
| | | 小计:153 468/月 总计:1 841 616/年 | | |

### 三、绿化管理维护费

绿化管理维护费见表 2-3。

表 2-3 绿化管理维护费

| 序号 | 项目 | 测算依据 | 金额/(元·年$^{-1}$) |
|---|---|---|---|
| 1 | 绿化工具费 | 440 元/人/年×9 人(约) | 3 960 |
| 2 | 劳保用品费 | 400 元/人/年×9 人(约) | 3 600 |
| 3 | 农药化肥费(加油料) | 估计 | 15 000 |
| | 总计:22 560/年 | | |

### 四、保洁环境卫生费

保洁环境卫生费见表 2-4。

表 2-4 保洁环境卫生费

| 序号 | 项目 | 测算依据 | 金额/(元·年$^{-1}$) |
|---|---|---|---|
| 1 | 工具购置费 | 约 400 元/(人·月)×24 人 | 115 200 |
| 2 | 劳保用品费 | 约 600 元/(人·月)×24 人 | 172 800 |
| 3 | 消毒、消杀、除四害 | 约 5 元/(户·年)×260 户 | 1 300 |
| 4 | 生活垃圾外运 | 按同类园区比较,约每年:5 万元 | 50 000 |
| 5 | 装修垃圾外运 | 能和收上来的费用持平 | |
| 6 | 保洁器具的保养 | 按同类园区比较,约每年:2 万元 | 20 000 |
| 7 | 清冰雪的费用 | 按同类园区比较,约每年:1 万元 | 10 000 |
| | 总计:369 300/年 | | |

### 五、秩序维护费

秩序维护费见表 2-5。

表 2-5 秩序维护费

| 序号 | 项目 | 测算依据(公式) | 金额/(元·年$^{-1}$) | 备注 |
|---|---|---|---|---|
| 1 | 日常杂费 | 约 60 元人/年×30 人 | 1 800 | |
| 2 | 服装 | 500 元/人/年×30 人 | 15 000 | 2 年 |
| 3 | 对讲机 | 800 元/部×15 部 | 12 000 | 3 年 |
| 4 | 物品物料 | 30 元人/年×30 人 | 900 | |
| | 总计:29 700 元/年 | | | |

## 六、日常维修、房屋修缮、设备保养费

日常维修、房屋修缮、设备保养费见表 2-6。

表 2-6 日常维修、房屋修缮、设备保养费

| 序号 | 项目 | 测算依据(公式) | 金额/(元·月$^{-1}$) | 备注 |
| --- | --- | --- | --- | --- |
| 1 | 日常维修(含工器具) | 按 140 356 元/年÷12 月 | 11 696 | 二期质保期内不计 |
| 2 | 房屋修缮 | 按 25 000 元/(年·面积)÷12 月 | 2 083 | 二期质保期内不计 |
| 3 | 设备保养 | 按 20 000 元/年÷12 月 | 1 667 | 二期质保期内不计 |
| 4 | 电梯保养 | 5 400 元/年×5 台÷12 月 | 2 250 | 二期质保期内不计 |
| 5 | 电梯年检 | 6 000 元/年×5 台÷12 月 | 2 500 | 二期质保期内不计 |
| 6 | 不可预见,紧急维修 | 约 20 000 元/年÷12 月 | 1 667 | |
| | | 总计:235 356/年 | | |

## 七、办公费用(含客户服务部)

办公费用(含客户服务部)见表 2-7。

表 2-7 办公费用(含客户服务部)

| 序号 | 项目 | 测算依据(公式) | 金额/(元·月$^{-1}$) | 备注 |
| --- | --- | --- | --- | --- |
| 1 | 日常办公费用 | 约 6 088 元/年÷12 月 | 507 | |
| 2 | 客户服务费用(含会务) | 10 000 元/年÷12 月 | 833 | |
| 3 | 消防演习经费 | 约 3 000 元/年÷12 月 | 250 | |
| 4 | 大型节日装饰费 | 约 5 000 元/年÷12 月 | 417 | |
| | | 总计:24 088 元/年 | | |

## 八、法定税费

经营收入的 3% 约 218 000 元/年。

## 九、不可预见费用

不可预见费用见表 2-8。

表 2-8 不可预见费用

| 序号 | 项目 | 测算依据(公式) | 金额/(元·月$^{-1}$) | 备注 |
| --- | --- | --- | --- | --- |
| 1 | 不可预见临时费用 | 面积×用工×12 月 | 2 000 | |
| | | 总计:24 000 元/年 | | |

## 十、物业费、车位费收入

1. 依据招商部招入计划;2018 年度房屋租赁率按照 100% 计算,物业服务费按照 6 元/(月·平方米),可收费面积为 86 820 平方米×6 元/(月·平方米)×12 个月;物业管理费收入约 6 251 040 元/年。

2. 规划车位约 400 个,按照每个车位每月 260 元停车服务费计算:400 个×260 元/月,停车服务费收入约 1 248 000 元/年。

## 十一、物业管理费支出、收入对比表(年)

物业管理费支出、收入对比表(年)见表 2-9。

表2-9 物业管理费支出、收入对比表(年)

| 序号 | 项目 | 年支出金额/元 | 备注 |
|---|---|---|---|
| 1 | 员工薪酬 | 5 029 032 | |
| 2 | 设备、设施用电 | 1 611 216 | |
| 3 | 绿化管理维护费 | 249 360 | |
| 4 | 保洁环境卫生费 | 369 300 | |
| 5 | 秩序维护费用 | 29 700 | |
| 6 | 服装费用测算 | 8 626 | |
| 7 | 日常维修房屋修缮、设备保养费 | 235 356 | |
| 8 | 办公费用(含客户服务部) | 24 088 | |
| 9 | 法定税费 | 218 000 | |
| 10 | 不可预见费用 | 24 000 | |
| | 支出总计:7 798 678元/年 | | |
| 11 | 物业管理服务费 | 6 251 040 | |
| 12 | 停车服务费 | 1 248 000 | |
| | 收入总计:7 499 040元/年 | | |

十二、经费收支盈亏分析表(年)

经费收支盈亏分析表(年)见表2-10。

表2-10 经费收支盈亏分析表(年)

| 分类 | 金额/元 | 备注 |
|---|---|---|
| 收入 | 7 499 040 | |
| 支出 | 8 802 278 | |
| 亏盈 | -1 303 238 | |

十三、产业园应向物业公司支付的费用

(1)产业园应付给物业企业前期开办费。开办费一般都用于物业公司至进驻新的物业管理区域开展的物业服务工作。依据《物业管理条例》第四十一条。

(2)产业园应拨付给物业企业专项维修基金。依据《物业管理条例》第五十三条。

(3)产业园应付给物业企业未出售或未租赁出的空置房屋物业管理服务费(按照房屋实际交付时间)。依据《物业服务收费管理办法的通知》第十六条。

## 三、权益资金的筹集

权益性资金的筹集也称自有资金的筹集,是指物业服务企业通过吸收直接投资、发行股票等方式筹集资金。

### (一)吸收直接投资

吸收直接投资是指物业服务企业按照"共同投资、共同经营、共担风险、共享利润"的原则直接吸收国家、法人、个人投入资金的一种筹资方式。吸收投资中的出资者都是物业服务企业所有者,他们对企业拥有经营管理权,并按出资比例分享利润、承担损失。

### 1. 吸收直接投资的种类

物业服务企业吸收直接投资可分为吸收国家直接投资（主要为国家财政拨款）、吸收企业事业单位等法人的直接投资、吸收企业内部职工和城乡居民的直接投资、吸收外国投资者与我国港澳台地区投资者的直接投资，分别形成国家资本金、法人资本金、个人资本金和外商资本金。

### 2. 吸收直接投资的形式

物业服务企业在采用吸收直接投资方式筹集资金时，投资者可以用货币资金、实物、无形资产等作价出资。

(1) 以货币资金出资。以货币资金出资是吸收直接投资中一种最重要的出资方式。有了货币资金，便可获取其他物质资源。

(2) 以实物出资。实物出资是指投资者以房屋、建筑物、设备等固定资产和材料、商品等流动资产作价所进行的投资。出资实物的价格可以由资产评估机构评估确认，也可以由出资各方协商确定。

(3) 以工业产权出资。以工业产权出资是指投资者以专有技术、商标权、专利权等无形资产所进行的投资。

(4) 以土地使用权出资。投资者也可以用土地使用权来进行投资。土地使用权是按有关法规和合同的规定使用土地的权利。

### 3. 吸收直接投资的程序

物业服务企业吸收直接投资一般应按以下程序进行：

(1) 确定吸收直接投资的数量。企业新建或扩大规模而吸收直接投资时，应当合理确定所需吸收直接投资的数量。国有独资物业服务企业的增资须由国家授权投资的机构或部门决定；合资或合营物业服务企业的增资须由出资各方协商决定。

(2) 选择吸收直接投资单位。企业在吸收投资之前，要对各投资方做一些调查和了解，选择最合适的合作伙伴。

(3) 签署协议。筹资企业与投资者商定投资意向和具体条件后，便可签署投资协议。由于投资者投资的数额不同，从而享有的权益和承担的风险也不同。因此，企业在吸收直接投资时必须与各投资者签署具有法律效力的投资合同或协议，以明确各投资者之间的权利和责任。对于国有企业，应当由国家授权投资的机构或部门签署创建或增资拨款决定；对于合资企业，应当由合资各方签订协议，明确各方投资比例。

(4) 共同分享投资利润。出资各方有权对企业进行经营管理。但如果投资者的投资占企业资金总额的比例较低，一般并不参与经营管理，他们最关心的是投资报酬问题。因此，企业在吸收投资后，应按合同中的有关条款，从实现的利润中对吸收的投资支付相应的报酬。企业要妥善处理与投资者的利益分配，以便与投资者保持良好的关系。

### 4. 吸收直接投资的优缺点

吸收直接投资的主要优点如下：

(1) 能够增强企业信誉。吸收直接投资属于企业自有资金，与借入资金相比，它能够提高企业的信誉和借款能力。

(2)有利于尽快形成生产能力。吸收直接投资可以直接获取投资者的先进设备和先进技术,有利于尽快形成生产能力,尽快开拓市场。

(3)有利于降低财务风险。可根据企业的经营状况向投资者支付报酬,没有固定的财务负担,比较灵活,所以财务风险较小。

吸收直接投资的主要缺点如下:

(1)资本成本高,因为要给所有者带来丰厚的回报。

(2)由于该筹资方式没有以证券为媒介,产权关系有时不够明晰,也不便于产权交易。

(3)投资者资本进入容易出来很难,难以吸收大量的社会资本参与,筹资规模受到限制。

## (二)发行普通股

### 1. 股票的含义

普通股股票简称普通股,是股份有限公司发行的代表着股东有平等的权利、义务,不加特别限制,股利不固定的股票。普通股股票是最基本的股票,通常情况下股份有限公司只发行普通股股票。

### 2. 股票的特征

股票的具体形式是股票证书,具有以下性质:

(1)法定性。股票是经过国家主管部门核准发行的,具有法定性。

(2)收益性。投资者凭所持有的股票,有权按公司章程从公司领取股息和分享公司的经营权利,股票持有者还可以利用股票获取差价和保值。

(3)参与性。股东有权出席股东大会,选举公司的董事会,参与公司的经营决策,权力大小取决于其持有的股票份额的多少。

(4)风险性。认购股票必须承担一定的风险,因为股票的盈利要随着股份有限公司的经营状况和盈利水平上下浮动,并且受到股票交易市场的行情影响。

(5)无限期性。在股份有限公司的存续期间,股票是一种无限期的法律凭证,它反映着股东与股份有限公司之间比较稳定的经济关系。

(6)可转让性。股票是流通性很高的证券,股票可以在股票市场上,作为买卖对方和抵押品随时转让。

(7)价格波动性。股票的波动性是指股票价格经常与股票票面价值不一致。

### 3. 普通股股票分类

根据不同标准,可以对股票进行不同的分类。普通股股票分类见表2-11。

表2-11 普通股股票分类

| 序号 | 分类标准 | 内容 |
| --- | --- | --- |
| 1 | 按股票发行时是否记名分类 | 股票按发行时是否记名可分为记名股票和无记名股票。<br>(1)记名股票,是指在股票票面和公司置备的股东名册上记载股东名称及有关内容的股票。分配股利时,由企业书面通知股东,记名股票的转让会受到一定限制,需办理过户手续。<br>(2)无记名股票,是指在股票上不记载股东姓名或名称的股票。这类股票的转让、继承无须办理过户手续,只要将股票交付受让者,就发生转让效力。 |

续表

| 序号 | 分类标准 | 内容 |
| --- | --- | --- |
| 2 | 按股票票面有无标明金额分类 | 按股票是否标明金额可分为面值股票和无面值股票。<br>(1)面值股票,是指在股票的票面上标有一定金额的股票。股票面值的主要功能是确定每股股票在公司所占有的份额;另外,还表明在有限公司中股东对每股股票所负有限责任的最高限额。<br>(2)无面值股票,是指在股票的票面不标注金额,只标注所占公司股本总额的比例或股份数的股票。无面值股票的价值随着公司财产的增减而变动,而股东对公司享有的权利和承担义务的大小,直接依据股票标明的比例而定 |
| 3 | 按股票发行对象和上市地区分类 | 按发行对象和上市地区分类,可将股票分为A股、B股、H股和N股等。在我国内地有A股、B股。A股是以人民币标明票面金额并以人民币认购和交易的股票;B股是以人民币标明票面金额,以外币认购和交易的股票。另外,还有H股和N股。H股为香港上市的股票;N股是在纽约上市的股票 |

### 4. 普通股股东的权利

普通股股票的持有人叫作普通股股东。普通股股东一般具有以下权利:

(1)经营管理权。普通股股东具有对公司的经营管理权。出席或委托代理人出席股东大会,并依公司章程规定行使表决权,这是普通股股东参与公司经营管理的基本方式。

(2)分享盈余权。分享盈余也是普通股股东的一项基本权利,即普通股股东经董事会决定后有从净利润中分得股息和红利的权利。

(3)股份转让权。股东持有的股份可以自由转让,但必须符合《中华人民共和国公司法》、其他法规和公司章程规定的条件和程序。

(4)优先认股权。优先认股权,即普通股股东可优先于其他投资者购买公司增发新股票的权利。

(5)剩余财产分配权。当公司解散、清算时,普通股股东对剩余财产有要求权。剩余财产清偿的顺序,首先用来清偿债务,然后支付优先股股东,最后才能分配给普通股股东。

### 5. 普通股股票发行

(1)股票的发行方式。股票发行方式是指企业通过何种途径发行股票。总的来讲,股票发行方式可分为如下两类。

1)公开间接发行。公开间接发行是指通过中介机构,公开向社会公众发行股票。这种发行方式的发行范围广,发行对象多,还有助于提高发行公司的知名度和扩大其影响力。

2)不公开直接发行。不公开直接发行是指不公开对外发行股票,只向少数特定的对象直接发行,因而不需经中介机构承销。我国股份有限公司采用发起设立和以不向社会公开募集方式发行新股的做法,就属于股票不公开直接发行。

(2)股票的销售方式。股票的销售方式是指发行主体向社会公开发行股票时所采取的销售方式。股票的销售方式主要有以下两种:

1)自销。自销是指发行公司将股票直接销售给认购者。

2)委托承销。委托承销是指发行公司将股票销售业务委托给证券经营机构代理。这种销售方式是发行股票所普遍采用的。《中华人民共和国公司法》规定,发起人向社会公开募集股份,应当由依法设立的证券公司承销,签订承销协议。

(3)股票发行定价。股票的发行价格是股票发行时所使用的价格,也就是投资者认购股票时所支付的价格。以募集设立方式设立的公司首次发行股票的价格,由发起人决定;公司增资发行新股的股票价格,由股东大会做出决议。普通股发行价格的确定方法主要有市盈率法和现金流量折现法等。

1)市盈率法。市盈率是指股票的每股市价与每股盈利的比率,反映投资者愿意以大于每股盈利若干倍的价格来购买股票。上市公司一般根据同行业的参考市盈率,结合公司的盈利预测来确定公司的股票投资价值,即每股市价。目前,我国上市公司多采用此法定价。

2)现金流量折现法。现金流量折现法是指股票价值等于预期未来可收到的全部现金性股息的现值之和。这种方法适用于对公司未来收益能做出准确判断的情况。

《中华人民共和国公司法》规定,股票发行价格可以按票面金额,也可以超过票面金额,但不得低于票面金额。

### 6. 普通股筹资的优点及缺点

(1)普通股筹资的主要优点如下:

1)能提高股份有限公司的信誉。发行股票筹集的资金同样属于企业自有资金,与其他借入资金相比,它能够提高企业的信用程度和负债能力,能够为债权人提供更大的保障。

2)没有固定利息负担。公司有盈余,并认为适合分配股利,就可以分给股东;公司盈余较少,或虽有盈余但资金短缺或有更有利的投资机会,就可少支付或不支付股利。

3)可降低公司的财务风险。普通股股票没有到期日,没有固定的股利负担,视公司的盈利状况而定,这自然可降低公司的财务风险。

(2)普通股筹资的主要缺点如下:

1)资金成本较高。一般来说,普通股筹资的成本要大于债务资金。这主要是股利要从净利润中支付,而债务资金的利息可在税前扣除。另外,普通股的发行费用也比较高。

2)容易分散公司的控股权。普通股股东有投票表决权,持股比例达到一定水平后就可对投票结果产生较大影响,从而影响董事会组成或分配方案的通过与否,进而影响到公司的重大决策。另外,当公司增发新普通股时,新股东的加入意味着原股东的持股比例相应下降,原股东对公司的控股权分散。

### 知识链接

**物业服务费的测算依据**

(1)《中华人民共和国价格法》《物业服务收费管理办法》《物业管理条例》及各地方政府制定的物业服务收费管理办法。

(2)招标文件及标前会议问题答疑等招标补充通知。

(3)开发建设单位的规划假设思路及入住业主的需求。

(4)物质询价及分包询价结果,已掌握的市场价格信息。

(5)有定价权限的政府价格主管部门根据物业服务等级标准等因素,定期公布的相应基准价及其浮动幅度。

(6)竞争态势的预测和盈利期望。

(7)投标企业物业服务的成功经验。

## 案例分析

×××物业公司是一家上市公司,专业服务于各大高档小区。近年来,我国经济快速发展,居民掀起购房和装修热,对公司来说需求旺盛,公司收入增长迅速。公司预计在北京及周边地区的市场潜力较为广阔,销售收入预计每年将增长50%～100%。为此,公司决定在××年底前在北京郊区建成一座新厂。公司为此需要筹措资金5亿元,其中2 000万元可以通过公司自有资金解决,剩余的4.8亿元需要从外部筹措。××年8月31日,公司总经理召开总经理办公会议研究筹资方案,并要求财务经理提出具体计划,已提交董事会会议讨论。

公司在××年8月31日的有关财务数据如下:

(1)资金总额为27亿元,资产负债率为50%。

(2)公司有长期借款2.4亿元,年利率为5%,每年年末支付一次利息。其中6 000万元将在2年内到期,其他借款的期限尚余5年。借款合同规定公司资产负债率不得超过60%。

(3)公司发行在外普通股3亿股。

另外,公司××年完成净利润2亿元。××年预计全年可完成利润2.3亿元。公司适用的所得税税率为33%。

假定公司一直采用固定股利率分配政策,年股利率为每股0.6元。

随后,公司财务经理根据总经理办公会议的意见设计了两套筹资方案,具体如下:

方案一:以增发股票的方式筹资4.8亿元。

公司目前的普通股每股市价为1元。拟增发股票每股定价为8.3元,扣除发行费用后,预计净价为8元。为此,公司需要增发6 000万股股票以筹集4.8亿元资金。为了给公司股东以稳定的回报,维护其良好的市场形象,公司仍将维持其设定的每股0.6元的固定股利分配政策。

方案二:以发行公司债券的方式筹资4.8亿元。

鉴于目前银行存款利率较低,公司拟发行公司债券。设定债券年利率为4%,期限为10年,每年付息一次,到期一次还本,发行总额为4.9亿元,其中预计发行费用为1 000万元。

讨论:上述两种筹资方案的优点、缺点,并从中选出较佳的筹资方案。

分析:分析两种筹资方案的优点、缺点如下。

1.优点

(1)公司不必偿还本金和固定的利息。

(2)可以降低公司资产负债率。以××年8月31日的财务数据为基础,资产负债率将由现在的50%降低42.45%[(27×50%)÷(27+4.8)]。

2.缺点

公司现金股利支付压力增大。增发股票会使公司普通股增加6 000万股,由于公司股利分配采用固定股利政策(即每股支付0.60元),所以,公司以后每年需要为此支出现金流量3 600万元,比在发行公司债券方式下每年支付的利息多支付现金1 640万元,现金支付压力较大。

如果选择方案一:企业资产负债率将上升,还本付息压力大,2年共需支付利息9 000万元,同时6亿元本金需要归还。

如果选择方案二:集团在二级市场上出售乙上市公司的股权,变现速度快;无还本付息压力;实施方案二可提升集团当年利润。

模块二 物业服务企业筹资管理

## 模块小结

在筹资中,要合理运用各筹资渠道和方式,及时足额筹集所需资金,充分发挥财务杠杆效应,保持合理的筹资结构,从而确保企业的竞争实力。本模块主要介绍物业服务企业筹资概述、筹集资金的渠道、物业管理服务费的测算。

## 思考与练习

### 一、填空题

1. 物业管理启动费的收取比例,新建物业一般由房地产公司按建筑安装总造价的_____拨付给物业服务企业。
2. 维修基金包括_____和_____。
3. _____是指开发商在向物业服务企业移交房产物业时,向物业服务企业缴纳的保证物业质量的资金,用于交房后保修期(一般为 2 年)内被管物业的保修。
4. 为满足各种不同层次业主的消费需求,物业服务企业除提供日常综合管理服务外,还要根据业主的具体需要,开设各种特约服务项目,收取_____。
5. _____是指企业筹集资金所采取的具体形式。
6. 《物业服务收费管理办法》规定,业主与物业服务企业可以采用_____或_____等形式约定物业服务费用。
7. 物业服务费中包含的法定税费主要包括_____、_____和_____等。
8. _____是指物业服务企业通过吸收直接投资、发行股票和利用留守收益等方式筹集资金。

### 二、选择题

1. 物业服务企业筹资的具体动机可分为( )几个方面。
   A. 筹资的创建动机　　　　B. 筹资的发展动机　　　　C. 调整资本结构动机
   D. 混合性筹资动机　　　　E. 政策性筹资动机
2. 目前我国企业取得资金的渠道主要有( )方面。
   A. 国家财政的资金　　　　B. 银行信贷资金　　　　C. 非银行金融机构资金
   D. 居民个人资金　　　　　E. 企业组合贷款资金
3. 维修基金可通过( )途径收取。
   A. 向业主收取　　　　　　B. 向开发建设单位收取　　C. 向物业的承包者收取
   D. 向物业的出售者收取　　E. 向经纪商收取

### 三、简答题

1. 为了有效地筹集企业所需的资金,提高筹资的综合效益,物业服务企业筹资必须遵循哪些基本原则?
2. 筹资决策的一般程序包括哪几个步骤?
3. 目前我国物业服务企业筹资方式一般有哪几种?

# 模块三 资金成本和资金结构

资金成本和
资金结构

### 知识目标

1. 了解资金成本的概念、作用;熟悉资金成本的计算。
2. 了解杠杆效应的含义;掌握经营杠杆、财务杠杆、复合杠杆的概念及计量。
3. 了解资金结构的概念;熟悉影响资金结构的因素,最佳资金结构的确定。

### 能力目标

能够运用杠杆效应进行筹资管理。

### 案例导入

××公司业务发展很快,营业额年增长率达到10%,急需增加资金。公司领导要求财务经理制定筹资金的预案。有关资料如下:

1. 公司现有资本情况:

股本　　　　　1 900 万元
资本公积　　　 150 万元
盈余公积　　　 350 万元
未分配利润　　 140 万元
长期负债　　 2 900 万元
合计　　　　 5 440 万元

2. 在证券市场上,该公司普通股每股高达26元,扣除发行费用,每股净价为24.5元。预计每股股利为2.5元。收益年增长率为5%。若公司的资产负债率提高至70%以上,则股价可能出现下跌。

3. 公司尚有从银行取得贷款的能力,但是,银行认为该公司进一步提高资产负债率后,风险较大,要求负债利率从6%提高到8%。公司所得税税率为33%。

假如你是财务经理,你将怎样制定筹资预案呢?

## 单元一 资金成本

### 一、资金成本的概念

资金成本是指企业为筹集和使用资金而付出的代价。在市场经济条件下,资金作为一项特殊商品有其使用价值,筹资者融资以后,还需要为资金所有者的让渡使用价值而付出一定的代价。资金成本从其构成来看,主要包括资金筹集费用和资金使用费用两部分。

(1)资金筹集费用是指企业在资金筹集阶段为获得资金而支付的各项费用,如借款时所支付的手续费,发行股票、债券所支付的咨询、评估、审计及发行费等。

(2)资金使用费是指使用资金而支付的费用,包括支付给投资者的无风险报酬和风险报酬两部分,如银行借款、发行债券的利息支出,发行股票的股利支出等。

资金成本可以用绝对数表示,也可用相对数表示。但在财务管理中,一般用相对数表示,即表示为用资费用与实际筹得资金(即筹资数额扣除筹资费用后的差额)的比率。其计算公式为

$$资金成本=\frac{每年的用资费用}{筹资数额-筹资费用}$$

#### 小提示

式中,年用资金费用是企业实际负担的费用。对于利息来说,由于其在所得税前扣除,起到了抵减所得税的作用,因此,其实际由企业负担的用资费用为利息×(1-所得税税率);而对于股息股利,是在所得税后列支,全部由企业承担,其实际由企业负担的用资费用就是股息股利。

### 二、资金成本的作用

在企业财务管理中,资金成本可以在多方面加以应用,但主要用于筹资决策和投资决策。

(1)资金成本是比较、选择筹资方案的依据。企业筹措资本的方式多种多样,它们的筹集费用和使用费用也不同。通过比较不同筹资方式的资金成本,可以从中选择出资金成本较低的筹资方式来确定筹资方案。

(2)资金成本是企业选用筹资方式的参考标准。企业可以利用的筹资方式是多种多样的,在选用筹资方式时,需要考虑的因素很多,但必须考虑资金成本这一经济标准。

(3)资金成本是影响企业筹资总额的重要因素。随着筹资数额的增加,资金成本不断变化。当企业筹资数额很大,资金的边际成本超过企业承受能力时,企业便不宜再增加筹资数额。因此,资金成本是限制企业筹资数额的一个重要因素。

(4)资金成本还可作为评价企业经营成果的依据。资金成本在一定程度上成为判断企业经营业绩的重要依据,只有在企业资金利润率大于资金成本率时,投资者的收益期望才能得

到满足,才能表明企业经营有方,否则被认为是经营不利。

## 三、资金成本的计算

企业筹集和使用的各种资金都要计算资金成本。资金成本按计算对象的不同可分为个别资金成本、加权平均资金成本和边际资金成本。

### (一)个别资金成本的计算

个别资金成本是指使用各种长期资金的成本。其主要包括长期借款资金成本、债券资金成本、优先股资金成本、普通股资金成本和留存收益资金成本等。前两者为债务资金成本;后三者为权益资金成本。

**1. 银行借款成本**

银行借款付出的代价是利息,利息列作财务费用,计入当期损益。由于支付利息后减少了企业所得税,可以少缴所得税,而且银行借款手续费很少,可以不予考虑。其成本计算公式为

$$银行借款成本 = \frac{借款额 \times 借款年利率 \times (1-所得税税率)}{借款额 \times (1-筹资费率)} \times 100\%$$

【例3-1】 某公司向银行申请为期三年的借款1 000万元,借款年利率为5%,所得税税率为25%,筹资费率为0.1%,则其筹资成本为

$$银行借款成本 = \frac{1\,000 \times 5\% \times (1-25\%)}{1\,000 \times (1-0.1\%)} \times 100\% = 3.75\%$$

**2. 债券成本**

债券成本中的利息在税前支付,具有减税效应。债券的筹资费用一般较高,这类费用主要包括申请发行债券的手续费、债券注册费、印刷费、上市费及推销费用等。债券成本的计算公式为

$$债券成本 = \frac{年利息 \times (1-所得税税率)}{债券筹资金额 \times (1-债券筹资费率)} \times 100\%$$

【例3-2】 某公司债券面额为500元,发行价为480元,年利率为12.6%,每年付息一次,发行费用占发行价的比率为0.8%,企业所得税税率为33%,则公司债券的资金成本为

$$债券成本 = \frac{500 \times 12.6\% \times (1-33\%)}{480 \times (1-0.8\%)} \times 100\% = 8.86\%$$

**3. 普通股成本**

普通股的资金成本主要包括股东的股利和发行费用。普通股成本的确定方法主要采用股利贴现模型法、资本资产定价模型法、债券收益加风险溢价法等。

(1)股利贴现模型法。股利贴现模型的基本形式为

$$P_0 = \sum_{t=1}^{n} \frac{D_t}{(1+K_C)^t}$$

式中  $P_0$——普通股筹资净额,即普通股发行价格减去发行费用;

$D_t$——普通股第 $t$ 年的股利;

$K_C$——普通股投资必要报酬率,即普通股资金成本率。

如果现金红利以年增长率 $g$ 递增,且增长率 $g$ 小于投资者要求的收益率,则有

$$K_s = \frac{D_1}{P_0} + g$$

**【例 3-3】** 某公司发行面值总额为 1 450 万元普通股股票,每股面值为 1 元,发行价为每股 2.89 元,下一年的股利率为 28%(按票面金额计算),以后每年增长 5%。发行完毕,发行费用为实收金额 4 190.5 万元的 6%。则普通股成本为

$$普通股筹资成本 = \frac{1\ 450 \times 28\%}{4\ 190.5 \times (1-6\%)} \times 100\% + 5\% = 15.31\%$$

(2) 资本资产定价模型法。资本资产定价模型的含义可以简单描述为:普通股投资的必要报酬率等于无风险报酬率加上风险报酬率。用公式表示为

$$K_C = R_f + \beta(R_m - R_f)$$

式中　$R_f$——无风险报酬率;

　　　$R_m$——市场平均报酬率;

　　　$\beta$——股票的市场风险系数。

在已确定无风险报酬率、市场平均报酬率和某种股票的 $\beta$ 值后,就可以测算该股票的必要报酬率,即资金成本率。

(3) 债券收益加风险溢价法。用债券收益加风险溢价法计算普通股股票筹资的资金成本计算公式为

$$K_s = K_b + RP_c$$

式中　$K_b$——债务成本(长期借款成本、债券成本);

　　　$RP_c$——股东比债权人承担更大的风险所要求的风险溢价。

$RP_c$ 主要取决于普通股相对于债券而言的风险程度大小。一般只能从经验获得信息,资本市场经验表明,公司普通股的风险溢价对公司的债券而言,绝大部分在 3%~5%。这种方法有其特定的用途,当公司不发放现金股利时,这种方法就无从应用。

**【例 3-4】** 某公司债券的资本成本率为 9%,根据该公司普通股的风险状况分析该公司股票的投资风险报酬率为 5%,求该公司股票的资本成本率。

$$K_C = 9\% + 5\% = 14\%$$

### 4. 优先股资金成本

优先股资金成本是指优先股的固定股利支出。其资金占用费是向股东分派的股利和股息,而股息是以所得税后净利支付的,因此不存在抵减所得税的作用。优先股资金成本率的计算公式为

$$K_P = \frac{D}{P(1-f)}$$

式中　$K_P$——优先股资金成本率;

　　　$D$——优先股年股利(按面值和规定利率确定);

　　　$P$——优先股筹资数额(按发行价格确定);

　　　$f$——优先股筹资费用率。

**【例 3-5】** 某公司按面值发行 100 万元的优先股,筹资费率为 4%,每年支付 12% 的股利,则优先股成本为

$$K_P = \frac{100 \times 12\%}{100 \times (1-4\%)} \times 100\% = 12.5\%$$

### 5. 留存收益资金成本

留存收益资金成本与普通股资金成本的计算基本相同,但不用考虑筹资费用,留存收益成本计算公式为

$$K_e = \frac{D_1}{V_0} + g$$

式中　$K_e$——留存收益资金成本率;
　　　$D_1$——第一年股利;
　　　$V_0$——留存收益资金。

【例 3-6】某公司用留存收益 50 万元转增普通股,预计当年股利率为 12%,以后每年增长 3%。则该留存收益的资金成本为

$$K_e = \frac{50 \times 12\%}{50} + 3\% = 15\%$$

> **小提示**
>
> 在资本资产定价模型和无风险利率加风险溢价法下,留存收益的资金成本和普通股的资金成本相同。

### (二) 加权平均资金成本的计算

加权平均资金成本又称综合资金成本,是指分别以各种资金成本为基础,以各种资金占全部资金的比重为权数计算出来的综合资金成本。其计算公式为

$$K_w = \sum W_j K_j$$

式中　$K_w$——加权平均资金成本;
　　　$W_j$——第 $j$ 种资金占总资金的比重;
　　　$K_j$——第 $j$ 种资金的成本。

【例 3-7】某公司账面反映的长期资金共 500 万元,其中长期借款为 100 万元,债券为 50 万元,普通股为 250 万元,留存收益为 100 万元,其资金成本分别为 6%、9%、12%、11%。加权平均资金成本为

$$K_w = 6\% \times 100/500 + 9\% \times 50/500 + 12\% \times 250/500 + 11\% \times 100/500 = 10.3\%$$

### (三) 边际资金成本的计算

边际资金成本是指资金每增加一个单位而形成的成本。企业追加筹资时往往要用边际资本成本来决策。当企业资本筹集方式不止一种时,综合资本的边际资金成本也是按加权平均计算的,称为加权平均边际资金成本。边际资金成本的计算步骤如下:

(1) 确定目标资本结构,确定每种资金占总资金的比重。其一旦确定,在今后的筹资过程中保持不变。

(2) 计算个别资金的资金成本,计算其不同规模条件下的资金成本率。

(3) 计算筹资总额分界点和划分与之相对应的筹资范围。

(4) 分组计算追加筹资数额的边际资金成本。

**【例 3-8】** 某企业为了满足追加投资的需要,拟筹集一定金额的长期资金来源。通过资金市场状况和企业有关条件的分析,得到了各种筹资方式下筹资规模与资金成本关系方面的资料,见表 3-1。

表 3-1  各种筹资方式下筹资规模与资金成本之间的关系

| 筹资方式 | 资金成本分界点/万元 | 个别资金筹资范围/万元 | 资金成本/% |
|---|---|---|---|
| 长期借款 | 100<br>200 | 100 以内<br>100~200<br>200 以上 | 5<br>6<br>7 |
| 长期债券 | 150<br>300 | 150 以内<br>150~300<br>300 以上 | 6<br>7<br>8 |
| 普通股票 | 300<br>600 | 300 以内<br>300~600<br>600 以上 | 12<br>13<br>14 |

通过分析,确定追加筹资的资金结构为长期借款 20%,长期债券为 20%,普通股票为 60%。

根据前述加权平均边际资金成本的计算方法,其计算结果见表 3-2。

表 3-2  筹资总额分界点的计算

| 筹资方式 | 资金成本/% | 资金成本分界点/万元 | 筹资结构/% | 筹资总额分界点/万元 | 筹资范围/万元 |
|---|---|---|---|---|---|
| 长期借款 | 5<br>6<br>7 | 100<br>200<br>>200 | 20<br>20<br>— | 500<br>1 000<br>— | 0~500<br>500~1 000<br>>1 000 |
| 长期债券 | 6<br>7<br>8 | 150<br>300<br>>300 | 20<br>20<br>— | 750<br>1 500<br>— | 0~750<br>750~1 500<br>>1 500 |
| 普通股票 | 12<br>13<br>14 | 300<br>600<br>>600 | 60<br>60<br>— | 500<br>1 000<br>— | 0~500<br>500~1 000<br>>1 000 |

(1)计算筹资总额分界点。
(2)计算加权平均边际资金成本,见表 3-3。

表 3-3  加权平均边际资金成本的计算

| 筹资范围/万元 | 筹资方式 | 资金结构/% | 个别资金成本/% | 加权平均资金成本/% |
|---|---|---|---|---|
| 0~500 | 长期借款<br>长期债券<br>普通股票 | 20<br>20<br>60 | 5<br>6<br>12 | 1<br>1.2<br><u>7.2</u><br>9.4 |

续表

| 筹资范围/万元 | 筹资方式 | 资金结构/% | 个别资金成本/% | 加权平均资金成本/% |
|---|---|---|---|---|
| 500～750 | 长期借款<br>长期债券<br>普通股票 | 20<br>20<br>60 | 6<br>6<br>13 | 1.2<br>1.2<br>7.8<br>10.2 |
| 750～1 000 | 长期借款<br>长期债券<br>普通股票 | 20<br>20<br>60 | 6<br>7<br>13 | 1.2<br>1.4<br>7.8<br>10.4 |
| 1 000～1 500 | 长期借款<br>长期债券<br>普通股票 | 20<br>20<br>60 | 7<br>7<br>14 | 1.4<br>1.4<br>8.4<br>11.2 |
| >1 500 | 长期借款<br>长期债券<br>普通股票 | 20<br>20<br>60 | 7<br>8<br>14 | 1.4<br>1.6<br>8.4<br>11.4 |

## 单元二 杠杆原理

自然界中的杠杆效应,是指人们利用杠杆可以用较小的力量移动较重物体的现象。财务管理中的杠杆效应是指由于特定费用(如固定生产经营成本或固定的财务费用)的存在而导致的,当某一财务变量以较小幅度变动时,另一相关变量会以较大幅度变动的现象。财务管理中的杠杆效应有三种形式,即经营杠杆、财务杠杆和复合杠杆。

合理运用杠杆原理,有助于企业合理规避风险,提高企业财务管理水平。

### 一、经营杠杆

**1. 经营杠杆的概念**

经营杠杆是指企业运用固定经营成本对营业利润产生的影响。经营杠杆的存在使企业有可能享受到经营杠杆利益,但同时也可能承担更大的经营风险,即当企业的销售量增加时,营业利润会以更大的幅度增加,但也使其承担的经营风险增大,即营业利润的不确定性增大;当企业的销售量下降时,营业利润会以更大的幅度下降,使其遭受更大的损失。同样,杠杆作用对企业的盈亏也有同样的放大作用。

**2. 经营杠杆的计量**

经营杠杆的大小一般用经营杠杆系数表示,它是息税前利润变动率与销售量变动率之间的比值,即1%的销售量变动导致的息税前利润变动的百分比。其计算公式为

$$DOL = \frac{\Delta EBIT/EBIT}{\Delta Q/Q}$$

式中 DOL——经营杠杆系数;
  ΔEBIT——息前税前盈余变动额;
  EBIT——变动前的息前税前盈余;
  ΔQ——营销变动量;
  Q——变动前营销量。

为了便于应用,经营杠杆系数也可通过销售量和成本来表示,推导如下:

因为 $$EBIT = Q(P-V) - F$$
$$\Delta EBIT = \Delta Q(P-V)$$

所以 $$DOL = \frac{\Delta Q(P-V)/[Q(P-V)-F]}{\Delta Q/Q} = \frac{Q(P-V)}{Q(P-V)-F}$$

也可以表示为 $$DOL = \frac{S-VC}{S-VC-F} = \frac{EBIT+F}{EBIT}$$

式中 EBIT——基期息税前利润;
  $F$——固定成本;
  $Q$——基期销售量;
  $P$——销售单价;
  $S$——基期销售额;
  $V$——单位变动成本;
  VC——变动成本总额。

【例 3-9】 某公司有关销售额、成本、利润的资料,见表 3-4。

表 3-4 某企业销售量、利润变动率计算表

| 数据名称 | 销售量/件 | 单价/万元 | 销售额/万元 | 单位变动成本/万元 | 变动成本总额/万元 | 边际贡献/万元 | 固定成本总额/万元 | 息前利润/万元 |
|---|---|---|---|---|---|---|---|---|
| 基期 | 200 | 7.5 | 1 500 | 5.1 | 1 020 | 480 | 288 | 192 |
| 本期 | 240 | 7.5 | 1 800 | 5.1 | 1 224 | 576 | 288 | 288 |
| 差异 | 40 | — | 300 | — | 204 | 96 | — | 96 |
| 变动率 | 20% | — | 20% | — | 20% | 20% | — | 50% |

按基期(变动前)数据计算,经营杠杆系数 $= \frac{480}{192} = 2.5$。

按两个变动率(变动后)计算,经营杠杆系数 $= \frac{50\%}{20\%} = 2.5$。

上述计算出的经营杠杆系数为 2.5,说明在其他条件不变的情况下,销售量每增加 1 倍(或 1%),利润将增加 2.5 倍(或 2.5%)。

## 二、财务杠杆

### 1. 财务杠杆的概念

财务杠杆是企业对固定财务费用的利用,是指由于固定财务费用的存在,而导致的普通股每股利润变动率大于息税前利润变动率的杠杆效应。企业负债经营,无论利润多少,债务利息是不变的。于是,当息税前利润增大时,每一元利润所负担的利息就会相对地减少,从而给投资者收益带来更大幅度的提高;反之,当息税前利润下降时,每一元盈余所负担的固定财务费用就会相对增加,从而使投资者收益大幅度减少。

### 2. 财务杠杆的计量

财务杠杆作用的大小通常用财务杠杆系数表示。财务杠杆系数是指普通股每股利润的变动率相当于息税前利润变动率的倍数。财务杠杆系数越大,表明财务杠杆作用越大,财务风险也就越大;财务杠杆系数越小,表明财务杠杆作用越小,财务风险也就越小。其计算公式为

$$DFL = \frac{\Delta EPS/EPS}{\Delta EBIT/EBIT}$$

式中　DFL——财务杠杆系数;
　　　$\Delta EPS$——普通股每股盈余变动额;
　　　EPS——变动前的普通股每股盈余;
　　　$\Delta EBIT$——息前税前盈余变动额;
　　　EBIT——变动前的息前税前盈余。

上述公式还可以推导为

$$DFL = \frac{EBIT}{EBIT - I}$$

式中　$I$——年利息额。

### 小提示

影响企业财务杠杆系数的因素包括息税前利润、企业资金规模、企业的资本结构、固定财务费用水平等。财务杠杆系数随固定财务费用的变化呈同方向变化,即在其他因素一定的情况下,固定财务费用越高,财务杠杆系数越大,财务费用越高,企业财务风险也越大。如果财务费用为零,则财务杠杆系数为1。

【例3-10】 有A、B、C三家公司,公司全部长期资本皆为1 000万元。A公司全部为普通股股本;B公司的负债比例为25%,利率为6%,普通股股本为750万元,无优先股;C公司的负债比例为60%,利率为10%,普通股股本为400万元。假定预期息税前利润为100万元,所得税税率为33%。分别计算三家公司的财务杠杆系数。假设普通股每股1元。如果下一年度三公司息税前利润可能增加10%,这三家公司的普通股每股收益将如何变化?

根据题意,可知:

A公司的财务杠杆系数DFL=100万元/100万元=1

B公司的利息费用为15万元,则财务杠杆系数DFI=100/(100-15)=1.18

C公司的利息费用为60万元,则财务杠杆系数DFI=100/(100-60)=2.5

A公司的每股收益EPS=0.1元

B公司的每股收益EPS=0.133元

C公司的每股收益EPS=0.25元

如果下年度三公司息税前利润可能增加10%，根据财务杠杆系数的含义，这三家公司的普通股每股收益将分别增加：

A公司普通股每股收益增加：1×10%=10%。则每股收益EPS=0.11元。

B公司普通股每股收益增加：1.18×10%=11.8%。则每股收益EPS=0.15元。

C公司普通股每股收益增加：2.5×10%=25%。则每股收益EPS=0.3125元。

以上计算表明，在资本总额、息税前利润相同的情况下，负债比例越高（即资金来源中资本成本固定型资本所占比重越高），财务杠杆系数越大。C公司的财务杠杆系数最大，其对财务杠杆利益的影响也最强，承担的财务风险也最高；A公司的财务杠杆系数等于1，不能获得财务杠杆利益，也不承担财务杠杆风险。

## 三、复合杠杆

### 1. 复合杠杆的概念

复合杠杆是指由于固定生产经营成本和固定财务费用的共同存在而导致企业每股利润变动大于产销业务量变动的杠杆效应。由于存在固定成本，产生经营杠杆效应，使息税前利润的变动率大于产销量的变动率；同样，由于存在固定财务费用，产生财务杠杆效应，使企业每股利润的变动率大于息税前利润的变动率。如果两种杠杆共同起作用，那么销售额稍有变动就会使每股收益产生更大的变动。

### 2. 复合杠杆的计量

复合杠杆作用的程度可用复合杠杆系数表示，是经营杠杆系数和财务杠杆系数的乘积。其计算公式为

$$DTL = DOL \cdot DFL = \frac{\Delta EPS/EPS}{\Delta Q/Q}$$

复合杠杆系数计算公式可简化为

$$DTL = \frac{Q(P-V)}{Q(P-V)-F-I}$$

$$DTL = \frac{S-VC}{S-VC-F-I}$$

【例3-11】 某公司的经营杠杆系数为2.5，财务杠杆系数为1.2，则总杠杆系数即
$$DTL = 2.5 \times 1.2 = 3$$

### 小提示

在复合杠杆的作用下，当企业经济效益好时，每股利润会大幅度上升；当企业的经济效益差时，每股利润大幅度下降。企业复合杠杆系数越大，每股利润的波动幅度越大。由于复合杠杆作用使每股利润大幅度波动而造成的风险，称为复合风险。在其他因素不变的情况下，复合杠杆系数越大，企业风险越大，复合杠杆系数越小，企业风险越小。

模块三 资金成本和资金结构

## 单元三 资金结构

### 一、资金结构的概念

资金结构是指企业各种资金的构成及其比例关系。资金结构是企业筹资决策的核心问题。企业应综合考虑有关影响因素,运用适当的方法确定最佳资金结构,并在以后追加筹资中继续保持。企业现有资金结构不合理,应通过筹资活动进行调整,使其趋于合理化。

在企业财务管理中,需要合理安排企业的资金结构,其意义体现在以下两个方面:

(1)有利于降低资金成本。由于采用不同方式从不同渠道取得资金,其资金成本率是各不同的,这样就可以选择较低成本的资金来源来安排资金结构,从而使全部资金来源的综合成本相对较低。

(2)可以获得财务杠杆利益。在企业息税前利润较多、增长幅度较大时,最大限度地利用债务资金,发挥财务杠杆的作用,可增加每股利润,从而使企业股票价格上涨。

### 二、影响资金结构的因素

(1)企业经营风险的大小。按照杠杆原理,在经营杠杆很大的情况下,经营风险往往很大,此时,资金结构中的债务比例应适当降低,以将总风险控制在可接受的范围内。

(2)企业财务状况。企业获利能力越强、财务状况越好、变现能力越强,就越有能力负担财务上的风险。因而,随着企业变现能力、财务状况和盈利能力的增进,举债筹资就越有吸引力。当然,有些企业因为财务状况不好,无法顺利发行股票,只好以高利率发行债券来筹集资金。

(3)企业的资产结构。如劳动密集型企业比技术密集型企业更偏重于负债,特别是短期负债,因为其流动资产所占比重较大,资金周转速度快。

(4)企业产品销售情况。如果企业的销售比较稳定,其获利能力也相对稳定,则企业负担固定财务费用的能力相对较强;如果销售具有较强的周期性,则负担固定的财务费用将承担较大的财务风险。

(5)企业资产的流动性。如果企业资产变现能力强,周转速度快,就可以举债融资,并且可以短期融资,以降低资金成本。

(6)公司管理者对负债经营的态度与管理风格。公司管理者是激进型还是保守型,对决定目标资金结构有极大的影响。喜欢冒险的财务管理人员,可能会比较多地利用负债;持稳健态度的财务管理人员则较少地使用负债。

(7)企业信用等级。企业能否以负债的方式筹集到资金和能筹集到多少资金,与企业的信用等级有很大的关系,因为如果信用等级不高,而且负债率已经较高,企业将无法筹集到所需要的负债额。

(8)利率水平的变动趋势。利率水平的变动趋势也会影响到企业的资金结构。如果企业财务管理人员认为利息率暂时较低,但不久的将来有可能上升,便会大量发行长期债券,从而在若干年内把利率固定在较低水平上。

## 三、最优资金结构的确定

最优资金结构是指在一定条件下使企业加权平均资金成本最低、企业价值最大的资金结构。利用负债资金双重作用,适当利用负债可以降低企业资金成本,但当企业负债比率太高时,会带来较大的财务风险。为此,企业必须权衡财务风险和资金成本的关系,确定最优的资金结构。

企业最优资金结构的确定方法有资金成本比较法、每股收益分析法、公司价值分析法。

### 1. 资金成本比较法

资金成本比较法是指企业在适度风险的条件下,测算可供选择的不同资金结构或筹资组合方案的加权平均资金成本率,并以此为标准相互比较来确定最优资金结构的方法。这种方法确定的最优资金结构也即加权平均资金成本最低的资金结构。

【例3-12】 某公司初始有关的筹资组合方案可供选择,有关资料经测算汇入表3-5中。

表3-5 某公司初始筹资组合方案资料

| 筹资方式 | 方案A | | 方案B | | 方案C | |
|---|---|---|---|---|---|---|
| | 初始筹资额/万元 | 资金成本率/% | 初始筹资额/万元 | 资金成本率/% | 初始筹资额/万元 | 资金成本率/% |
| 长期借款 | 125 | 6 | 200 | 6.5 | 250 | 7 |
| 长期债券 | 250 | 7 | 300 | 8 | 250 | 7 |
| 普通股 | 625 | 15 | 500 | 15 | 500 | 15 |
| 合计 | 1 000 | | 1 000 | | 1 000 | |

假定该公司的A、B、C三个筹资组合方案的财务风险相当,都是可以承受的。下面分两步来测算这三个筹资组合方案的加权平均资金成本率,最终确定最优筹资组合方案,即最优资金结构。

(1)计算各个方案的加权平均资金成本率,见表3-6。

表3-6 某公司初始筹资组合加权平均资金成本率测算

| 筹资方式 | 方案A | | | 方案B | | | 方案C | | |
|---|---|---|---|---|---|---|---|---|---|
| | 资金权重 | 资金成本率/% | 加权平均资金成本率/% | 资金权重 | 资金成本率/% | 加权平均资金成本率/% | 资金权重 | 资金成本率/% | 加权平均资金成本率/% |
| 长期借款 | 0.125 | 6 | 0.750 | 0.200 | 6.5 | 1.300 | 0.250 | 7 | 1.750 |
| 长期债券 | 0.250 | 7 | 1.750 | 0.300 | 8 | 2.400 | 0.250 | 7 | 1.750 |
| 普通股 | 0.625 | 15 | 9.375 | 0.500 | 15 | 7.500 | 0.500 | 15 | 7.500 |
| 合计 | 1.000 | | 11.875 | 1.000 | | 11.200 | 1.000 | | 11.000 |

(2)比较各个筹资组合方案的加权平均资金成本率并作出选择。筹资组合方案A、B、C的加权平均资金成本率分别为11.875%、11.2%和11%。经比较,方案C的加权平均资金成本率最低。在适度财务风险的条件下,应选择筹资组合方案C作为最优筹资组合方案,由此形成的资金结构可确定为最优资金结构。

### 2. 每股收益分析法

每股收益分析法是利用息税前利润(EBIT)和每股收益(EPS)之间的关系来确定最优资金结构的方法。每股收益的高低不仅受资金结构的影响,还受经营利润水平的影响。处理这三者的关系可以运用每股收益分析法。

每股收益分析法又称每股利润无差别点法,是通过分析资金结构与每股利润之间的关系,计算各种筹资方案的每股利润的无差别点,进而来确定合理的资金结构的方法。这种方法确定的最优资金结构也即每股利润最大的资金结构。

每股利润的无差别点处税前利润的计算公式为

$$\frac{(\overline{EBIT}-I_1)(1-T)}{N_1}=\frac{(\overline{EBIT}-I_2)(1-T)}{N_2}$$

式中  $\overline{EBIT}$ ——每股收益无差别点处的息税前利润;
      $I_1, I_2$ ——两种筹资方式下的年利息;
      $N_1, N_2$ ——两种筹资方式下的流通在外的普通股股数;
      $T$ ——所得税税率。

【例3-13】 某公司欲筹集资金400万元以扩大生产规模。筹集资金的方式可用增发普通股或长期借款的方式。若增发普通股,则以每股10元的价格增发40万股;若采用长期借款,则以10%的年利率借入400万元。已知该公司现有资产总额为2 000万元,负债比率为40%,年利率为8%,普通股为100万股。假定增加资金后预期息税前利润为500万元,所得税税率为30%,试采用每股利润无差异点分析法计算分析该企业应选择何种筹资方式。

(1)计算每股利润无差异点。

$$\frac{(\overline{EBIT}-64)\times(1-30\%)}{100+40}=\frac{(\overline{EBIT}-64-40)\times(1-30\%)}{100}$$

$$\overline{EBIT}=204(万元)$$

即当息税前利润为204万元时,两种筹资方案的每股利润相同。

(2)计算预计增资后的每股利润(表3-7),并选择最优筹资方式。

表3-7  预计增资后的每股收益                                    万元

| 项目 | 增发股票 | 增加长期借款 |
| --- | --- | --- |
| 预计息税前利润 | 500 | 500 |
| 减:利息 | 64 | 64+40 |
| 税前利润 | 436 | 396 |
| 减:所得税 | 130.8 | 118.8 |
| 税后利润 | 305.2 | 277.2 |
| 普通股股数(万股) | 140 | 100 |
| 每股收益 | 2.18 | 2.77 |

由表3-7可知,预期息税前利润为500万元时,追加负债筹资的每股利润为2.77元,高于增发股票筹资的每股利润为2.18元,所以应该选择负债方式筹集资金。

(3)绘制EBIT-EPS图分析。当息税前利润EBIT为204万元时,两种筹资方式下的每股利润EPS相等;当息税前利润大于204万元时,负债筹资的每股利润大于普通股筹资的每股利润,利用负债筹资较为有利;当息税前利润小于204万元时,普通股筹资的每股利润大于负债筹资的每股利润,不应再增加负债,以发行普通股为宜。

上述无差异点分析法,对选择筹资方式、确定资金结构有一定的指导作用。但这种方法只考虑了资金结构对自有资金利率的影响,没有考虑风险因素。因为负债比例加大,自有资金利润率提高的同时,企业还本付息的风险也在加大,投资者的风险也在加大,企业在社会上的信誉度有可能下降。利用负债筹资,既有可以提高所有者投资报酬的好处,也有加大风险的坏处。

### 3. 公司价值分析法

公司价值分析法是指通过计算和比较各种资金结构下公司的市场总价值进而确定最优资金结构的方法。最优资金结构应当是可使公司的总价值最大,而不是每股收益最大的资金结构。同时,总价值最高的资金结构,其资金成本是最低的。

公司价值等于其长期债务和股票的折现价值之和。公司的市场总价值 $V$ 应该等于其股票的总价值 $S$ 加上债券的价值 $B$,即

$$V = S + B$$

式中　$V$——公司的市场总价值;

　　　$S$——股票的总价值;

　　　$B$——债券的价值。

假设债券的市场价值等于面值,股票的市场价值可通过下式计算:

$$S = \frac{(\overline{\mathrm{EBIT}} - I)(1-T)}{K_s}$$

式中　$\overline{\mathrm{EBIT}}$——息税前利润;

　　　$I$——年利息额;

　　　$T$——公司所得税;

　　　$K_s$——权益资金成本。

权益资金成本率 $K_s$ 可通过资本资产定价模型确定,其计算公式为

$$K_s = R_f + \beta(R_m - R_f)$$

式中　$R_f$——无风险报酬率;

　　　$\beta$——股票的市场风险系数;

　　　$R_m$——市场平均的股票必要报酬率。

公司的加权平均资金成本率 $K_w$ 的计算公式为

$$K_w = K_b \left(\frac{B}{V}\right)(1-T) + K_s \left(\frac{S}{V}\right)$$

式中　$K_b$——债务税前资本成本率;

　　　$B$——债务价值;

　　　$B/V$——债务占总资本的比重;

　　　$S/V$——股东权益占总资本的比重。

当企业在没有债务的情况下,企业总价值就是其原有股票的现值。当企业用债务资金部分替代权益资金时,财务杠杆开始发挥作用,企业价值上升,加权平均资金成本下降。当企业债务资金达到某一程度时,企业价值最大,加权平均资金成本最低。若债务超过这一程度,随着利率的不断上升,财务杠杆作用逐步减弱甚至呈现副作用,企业价值下降,加权平均资金成本上升。因此,要合理选择企业的最优资金结构。

### 知识链接

#### 资金结构的调整

当企业现有资金结构与目标资金结构存在较大差异时,企业需要进行资金结构的调整。资金结构调整的方法有以下 3 种。

**1.存量调整**

在不改变现有资产规模的基础上,根据目标资金结构要求,对现有资金结构进行必要的调整。存量调整的方法有以下几种:

(1)债转股、股转债。

(2)增发新股偿还债务。

(3)调整现有负债结构,如与债权人协商,将短期负债转为长期负债,或将长期负债转为短期负债。

(4)调整权益资金结构,如优先股转换为普通股,以资本公积转增股本。

**2.增量调整**

通过追加筹资量,以增加总资产的方式来调整资金结构。其主要途径是从外部取得增量资本,如发行新债、举借新贷款、进行融资租赁、发行新股票等。

**3.减量调整**

通过减少资产总额的方式来调整资金结构。如提前归还借款,收回发行在外的可提前收回债券,股票回购减少公司股本,进行企业分立等。

### 模块小结

资金成本是企业筹资决策的主要依据,而资金结构的确定是到目前为止财务界的一个难题。本模块主要介绍了个别资金成本的计算、加权平均资金成本的计算、边际资金成本的计算;另外,本模块还阐述了杠杆分析(包括经营杠杆、财务杠杆、复合杠杆)及资金结构。

### 思考与练习

#### 一、填空题

1._____ 是指企业为筹集和使用资金而付出的代价。

2.资金成本从其构成来看,主要包括_____和_____两部分。

3.资金成本可以用_____表示,也可用_____表示。

4.在企业财务管理中,资金成本可以在多方面加以应用,但主要用于_____和_____。

5.资金成本按计算对象的不同可分为_____、_____和_____。

6.债券成本中的利息在税前支付,具有_____效应。

7.普通股的资金成本主要包括_____和_____。

8._____是指分别以各种资金成本为基础,以各种资金占全部资金的比重为权数计算出来的综合资金成本。

9._____是指资金每增加一个单位而形成的成本。

10._____是指人们利用杠杆,可以用较小的力量移动较重物体的现象。

## 二、选择题

1.下列各种筹资方式中,资金成本最高的是( )。
　A.债券　　　　　B.银行借款　　　　C.普通股　　　　D.留存收益

2.由于市场需求和经营成本等因素的不确定性给企业的利润带来的风险被称为( )。
　A.经营风险　　　B.财务风险　　　　C.总风险　　　　D.投资风险

3.用来衡量销量变动对每股收益变动的影响程度的财务指标是( )。
　A.经营杠杆　　　B.财务杠杆　　　　C.复合杠杆　　　D.经济杠杆

4.财务杠杆衡量的是( )。
　A.经营风险　　　B.财务风险　　　　C.总风险　　　　D.市场风险

## 三、简答题

1.资金成本的作用有哪些?

2.简述边际资金成本的计算步骤。

3.财务管理中的杠杆效应的形式有哪几种?

4.影响企业资金结构形成的因素主要有哪些?

5.企业最优资金结构的确定方法有哪些?

# 模块四 物业服务企业投资管理

物业服务企业投资管理

### 知识目标

1. 了解企业投资的含义；熟悉企业投资的作用、分类。
2. 了解资金时间价值的概念；掌握单利的终值与现值的计算、复利的终值与现值的计算、年金的终值与现值。
3. 了解现金流量的含义；掌握净现金流量的确定。
4. 掌握非贴现的分析评价方法，贴现的分析评价方法，项目投资评价方法的应用。
5. 熟悉证券投资、债券投资、股票投资。
6. 了解风险的概念及类别；熟悉风险衡量的方法、风险收益率的确定；风险与报酬的关系。

### 能力目标

1. 能将资金时间价值原理和各种社会现象或经济问题结合起来。
2. 能进行净现金流量的计算。
3. 在项目决策前根据各种因素，能对投资项目进行决策评价。
4. 能运用单项投资风险报酬的衡量方法和投资组合风险报酬的衡量方法协助进行经济决策。

### 案例导入

任何企业都拥有大量潜在的投资项目，每项潜在的投资项目都是企业的一个可能选择。有些选择是有价值的，有些则不是。同时，投资项目总是存在一定的风险。例如，房地产开发企业在开发地产项目时常会有这样的惯性思维：在经济低迷、大家都不看好未来形势时，能以很低的价格拿到土地，然后自己开发项目，待经济复苏、楼市火爆时出售，大赚一笔！但在中国房地产市场上，赢家还是少数，因为没有人能够准确预测地产长期走势，对长期开发中的现金流量却难以把握。所以，财务管理的精髓是学会寻找价值所在。我们在寻找投资项目价值的同时,牢记风险无时不在。

讨论:如果你作为房地产开发公司的财务总监,会做出怎样的评估和判断呢?

## 单元一　认识物业服务企业投资管理

### 一、企业投资的含义

投资是指投资者投放财力于一定对象,以期望在未来获取收益的一种经济行为。投资是为了取得更多的利润而发生的现金支出,当然也蕴涵着可能的损失。在市场经济条件下,企业能否把筹集到的资金投放到收益高、回收快、风险小的项目上,对企业的生存和发展是十分重要的。

### 二、企业投资的作用

在现代企业财务管理中,投资的作用具体可归纳为以下几个方面:

(1)投资是实现企业财务管理者目标的基本前提。企业财务管理的目标是不断提高企业价值,为此,就要采取各种措施增加利润,降低风险。企业要想获得利润,就必须进行投资,在投资中获得效益。

(2)投资是企业不断发展的必然途径。企业发展生产必须通过两条途径:一是要维持简单再生产的顺利进行,就必须及时对所有机器设备进行更新,对产品和生产工艺进行改革,不断提高职工的科学技术水平等;二是要实行扩大再生产,就必须新建、扩建厂房,增添机器设备,增加职工人数,提高员工素质等。企业只有通过这一系列的投资活动,才能使企业在激烈的市场竞争中不断发展壮大。

(3)投资是企业降低经营风险的重要措施。企业把资金投向多个行业,实行多元化经营,则能增加企业收入和盈余的稳定性,从而降低企业的经营风险。

### 三、企业投资的分类

企业投资,可以从不同的角度进行分类。

(1)按投资性质,可分为生产性资产投资和金融性资产投资。

1)生产性资产投资包括建造厂房、更新设备、开发产品和开拓市场等。

2)金融性资产投资即证券投资,包括对政府债券、企业债券、股票、金融性债券及票据的投资。

(2)按投资时间长短,可分为长期投资和短期投资。

1)长期投资是指在一年以上才能收回的投资,主要是对厂房、机器、设备及无形资产的投资,也包括一部分长期占用在流动资产上的投资和时间在一年以上的证券投资。

2)短期投资是指可以在一年以内收回的投资。其主要包括货币资金、有价证券、应收账款、存货等流动资产投资。

(3)按投资对未来的影响程度,可分为战略性投资和战术性投资。

1)战略性投资是指对企业全局及未来有重大影响的投资,如对新产品投资、转产投资、建立分公司投资等。

2)战术性投资是指不影响企业全局性和前途的投资,如更新设备、改善工作环境、提高生产效率等的投资。

(4)按投资的风险程度,可分为确定性投资和风险性投资。

1)确定性投资是指风险小、未来收益可以预测得比较准确的投资。在进行这种投资时,可以不考虑风险问题。

2)风险性投资是指风险较大、未来收益难以准确预测的投资。大多数战略性投资属于风险性投资。在进行决策时,应考虑投资的风险问题,采用一定的分析方法,以做出正确的投资决策。

(5)按投资方向,可分为对内投资和对外投资。

1)对内投资是指把资金投在企业内部,购置各种生产经营用资产的投资。

2)对外投资是指企业把资金投入外部企业,其目的是获得投资收益或控制其他企业的生产经营。

## 知识链接

### 房地产开发项目投资的特点

房地产商品的特殊性决定了房地产投资存在着不同于其他投资类型的特点,认识和掌握这些特点,有助于更好地从事房地产投资。房地产投资具有以下特点。

1. 房地产投资对象的不可移动性

房地产的不可移动性决定了其区位的重要性,即位置决定了房地产的投资价值。

房地产所处的宏观区位或区域对投资者也很重要。投资者在进行投资决策时,不仅关心某宗房地产及其所处位置的地理特性,而且十分重视分析和预测区域未来环境的可能变化。对于大型房地产投资者,还需要考虑房地产投资的区域组合,以有效管理和控制投资风险。

2. 房地产投资的高成本性

房地产业是一个资金高度密集的行业,投资一宗房地产,少则几百万,多则上千万、甚至数亿元的资金,这主要是由房地产本身的特性和房地产的开发过程决定的,具体原因体现在"三高"上。

(1)土地开发的高成本性。由于土地的位置固定,资源稀缺且不可替代,供给是有限的,但人口增加和经济增长对土地的需求是与日俱增的,这使得土地的价格不断上升;再加上房地产市场中的价格竞争,如土地的拍卖、招标,往往会大幅度地抬高市场价格;作为自然资源的土地,不能被社会直接利用,必须投入一定的人力、物力和财力进行开发,这些因素都使土地的开发成本提高。

(2)房屋建筑的高价值性。房屋的建筑、安装需要耗费大量的材料和物资,需要大批工程技术人员和施工管理人员,要使用许多大型施工机械,从而造成房屋建设成本通常高于一般产品的生产成本。另外,由于房地产开发建设周期长,占用资金大,需要支付大量的贷款利息,因此增加了建筑房屋的成本量。

(3)房地产经济运行中交易费用高。房地产开发周期长、环节多,涉及的管理部门及社会各方面的关系也多,这使得房地产开发在其运行过程中,包括广告费、促销费、公关费等各项费用比较高昂,从而也加大了房地产投资成本。

3. 房地产投资的回收周期长

每个房地产投资项目,从土地所有权或使用权的获得,建筑物的建造,一直到建筑物投入使用,最终收回全部投资需要相当长的时间。房地产开发投资随着开发过程的结束在三至五年能回收投资;置业投资的回收期,少则十年八年,长则二三十年,甚至更长。要承受这么长时间的资金压力和市场风险,对投资者资金实力的要求很高。

4. 房地产投资的高风险性

房地产投资占用资金多,资金回收期长,而市场的瞬息万变也使得投资的风险因素增多。而且房地产资产具有低流动性,不易脱手,一旦投资失误,将导致资金不能按期收回,企业会陷入被动,甚至债息负担沉重,导致破产倒闭。

5. 房地产投资的高收益性

投资是讲究收益的。与其他投资一样,房地产投资也是一项收益和风险并存的经济活动。根据投资学的风险报酬原则,在其他条件不变的情况下,投资项目的风险越大,其收益越高。在房地产开发投资中,大多数房地产开发项目的成本利润率能超过20%的水平。正是由于房地产开发投资具有较高的预期投资收益潜力,众多的投资者乐于冒险投资,进而促进了房地产业的蓬勃发展,使其成为我国重要的支柱产业之一。

## 单元二 资金时间价值

### 一、资金时间价值的概念

资金时间价值是指资金在周转使用中由于时间因素而形成的增值的价值,也称货币时间价值,是在货币资金经过一定时间的投资和再投资过程中形成的。众所周知,在市场经济条件下,即使不存在通货膨胀,等量资金在不同时点上的价值量也不相等,今天的100元钱和将来的100元钱不等值,前者要比后者的价值大。例如,若银行存款年利率为5%,将今天的100元钱存入银行,1年以后就会是105元。可见,经过1年时间,这100元钱发生了5元的增值,今天的100元钱和1年后的105元钱等值。这是因为资金使用者把资金投入生产经营以后,劳动者借以生产新的产品,创造新的价值,会带来利润,实现增值。因此,资金时间价值的根源是劳动者创造的新价值。

通常,资金的时间价值相当于没有风险和没有通货膨胀条件下的社会平均利润率,这是利润平均化规律作用的结果。一般来说,每个企业在投资某项目时,至少要取得社会平均的利润率,否则不如投资于另外的项目或另外的行业。因此,资金的时间价值成为评价投资方案的基本标准。财务管理对时间价值的研究,主要是对资金的筹集、投放、使用和收回等从量上进行分析,以便找出适用于分析方案的数学模型,改善财务决策的质量。

货币时间价值可以用相对数表示,也可以用绝对数表示。相对数即时间价值率,是指扣除风险报酬率和通货膨胀后的利率,利率的实质内容是社会平均利润率。绝对数是时间价值额,即资金周转运用后的增值额,是指在没有风险和通货膨胀条件下的社会平均利润。由于一定量的资金在不同时点上的价值量是不同的,因此,不同时间的货币收入不能直接进行比较,需要把它们换算到相同的时间基础上,然后才能进行大小比较和比率的计算。

### 知识链接

在资金时间价值的学习中有以下三点应予以注意:

(1)时间价值产生于生产领域和流通领域,消费领域不产生时间价值,因此,企业应将更多的资金或资源投入生产领域和流通领域而非消费领域。

(2)时间价值产生于资金运动中,只有运动着的资金才能产生时间价值,凡处于停顿状态的资金不会产生时间价值,因此,企业应尽量减少资金的停顿时间和数量。

(3)时间价值的大小取决于资金周转速度的快慢,时间价值与资金周转速度成正比,因此,企业应采取各种有效措施加速资金周转,提高资金使用效率。

## 二、资金时间价值的计算

在企业财务管理中,要正确进行长期投资决策和短期经营决策,就必须弄清楚在不同时点上收到或付出的资金价值之间的数量关系。有关资金时间价值的指标有许多种,这里着重说明单利终值和现值、复利终值和现值、年金终值和现值的计算,以利息率表示资金的时间价值。

### (一)单利的终值与现值

单利是指资金无论期限长短,仅按本金计算利息,本金所派生的利息不再计入本金计算利息的方法。实际上,它是一种本能生利、利不能生利的计算利息的方法。目前,我国银行都采用这种方法计算资金的时间价值。

#### 1. 单利终值的计算

单利终值是采用单利计息方式,一定数额的资金经过一段时期后的价值,也即资金在资金运动终点的价值。

为计算方便,先设定如下符号标识:$I$ 为利息;$P$ 为现值;$F$ 为终值;$i$ 为每一利息期的利率(折现率);$n$ 为计算利息的期数。

按照单利的计算法则,利息的计算公式为

$$I = P \cdot i \cdot n$$

【例4-1】 某人持有一张带息票据,面额为 2 000 元,票面利率为 5%,出票日期为 8 月 12 日,到期日为 11 月 10 日(90 天)。则该持有者到期可得利息为

$$I = 2\,000 \times 5\% \times 90/360 = 25(元)$$

### 小提示

需要注意的是,除非特别指明,在计算利息时,给出的利率均为年利率,对于不足一年的利息,以一年等于 360 天来折算。

单利终值的计算公式为
$$F=P+P\cdot i\cdot n=P(1+i\cdot n)$$

**【例 4-2】** 我国国债的利息是以单利计算的。设国债面额为 100 元,3 年期,年利率为 3.73%,则到期后的本利和为
$$F=P(1+i\cdot n)=100\times(1+3\times 3.73\%)=111.19(元)$$

### 2. 单利现值的计算

单利现值是在既定利率下,若干期后收到或付出的某笔货币资金按照单利计算,相当于现在的价值,即最初价值。

单利现值的计算同单利终值的计算是互逆的,由终值计算现值的过程称为折现。单利现值的计算公式为
$$P=\frac{F}{(1+i\cdot n)}$$

**【例 4-3】** 某人希望在 5 年末取得本利和 1 000 元,用以支付一笔款项。则在利率为 5%,单利方式计息条件下,此人现在需存入银行的资金为多少?
$$P=\frac{1\ 000}{1+5\%\times 5}=800(元)$$

## (二)复利的终值和现值

### 1. 复利终值的计算

复利是指资金要按一定期限(如 1 年),将本金所派生的利息计入本金,然后再计算利息的方法。实际上,它是一种本能生利、利也能生利的计算利息的方法,即俗称的"利滚利"。

复利终值是指一定量资金若干期后按复利法计算时间价值的本利和。其计算公式如下:
$$F=P\times(1+i)^n$$

式中,$(1+i)^n$ 被称为复利终值系数或 1 元复利终值,用符号 $(F/P,i,n)$ 表示。复利终值系数可通过查阅复利终值系数表(附录 4)直接获得。

**【例 4-4】** 某企业将 10 000 元投资于一项目,利率为 8%,投资期为 3 年,请问该项目最终可以连本带利收回多少钱?
$$F=10\ 000\times(1+8\%)^3=12\ 597(元)$$

### 2. 复利现值的计算

复利现值相当于原始本金,是指今后某一特定时间收到或付出的一笔款项,按折现率($i$)所计算的现在时点价值。其计算公式为
$$P=F\times(1+i)^{-n}$$

式中,$(1+i)^{-n}$ 通常称作"一次性收付款项现值系数",记作 $(P/F,i,n)$,可以直接查阅复利现值系数表(附录 3)。上式也可写作:
$$P=F(P/F,i,n)$$

**【例 4-5】** 某企业欲投资一经营项目,预计 6 年后可获得收益 800 万元,按年利率(折现率)5% 计算,则这笔收益的现值为
$$P=800\times(P/F,5\%,6)$$

经查表得:$(P/F,5\%,6)=0.746\ 2$
$$P=800\times 0.746\ 2=596.96(万元)$$

### (三)年金的终值与现值

年金是指一定期间内每期等额收付的系列款项,如分期付款赊销、发放养老金、分期付工程款、每年相同的销售收入等。年金按其每次收付发生的时点不同,可分为普通年金、预付年金、递延年金、永续年金等几种。

#### 1. 普通年金

普通年金又称后付年金,是指各期期末收付的年金。由于每期有期初、期末两个时点,而普通年金是发生在期末这个时点,所以普通年金又称为后付年金。

(1)普通年金终值的计算(已知年金 $A$,求年金终值 $F$)。如果年金相当于零存整取储蓄存款的零存数,那么,年金终值就是零存整取的整取数。年金终值的计算公式为

$$F=A\times(1+i)^0+A\times(1+i)^1+A\times(1+i)^2+\cdots+A\times(1+i)^{n-2}+A\times(1+i)^{n-1}$$

整理上式,可得到:

$$F=A\times\frac{(1+i)^n-1}{i}$$

式中的分式称作"年金终值系数",也可用 $(F/A,i,n)$ 表示,查阅年金终值系数表(附录6)能得到有关数值。

【例4-6】 每年年末存入银行 1 000 元,年利率为 3%,第 5 年年末年金的终值为

$$F=1\,000\times\frac{(1+3\%)^5-1}{3\%}=5\,309(元)$$

(2)偿债基金的计算(已知年金终值 $F$,求年金 $A$)。偿债基金是指为使年金终值达到既定金额每年应支付的年金数额。偿债基金系数是普通年金终值系数的倒数。它把年金终值折算为每年需要支付的金额。其计算公式为

$$A=F\times\frac{i}{(1+i)^n-1}$$

式中,$\frac{i}{(1+i)^n-1}$ 为偿债基金系数,简写为 $(A/F,i,n)$。

【例4-7】 假设某企业有一笔 4 年后到期的借款,到期值为 1 000 万元。若存款年复利率为 10%,则为偿还该项借款应建立的偿债基金应为

$$A=1\,000\times10\%/[(1+10\%)^4-1]=1\,000\times0.215\,4=215.4(万元)$$

或

$$A=1\,000\times[1/(F/A,10\%,4)]$$
$$=1\,000\times(1/4.641\,0)=215.4(万元)$$

(3)普通年金现值的计算(已知年金 $A$,求年金现值 $P$)。普通年金现值是指一定时期内每期期末等额收付款项的复利现值之和。普通年金现值的计算公式为

$$P=A\cdot(1+i)^{-1}+A\cdot(1+i)^{-2}+\cdots+A\cdot(1+i)^{-(n-1)}+A\cdot(1+i)^{-n}$$

与普通年金终值公式的推导过程一样,可以推导普通年金现值公式如下:

$$P=A\cdot\frac{1-(1+i)^{-n}}{i}$$

又记作 $P=A\cdot(P/A,i,n)$。

$(P/A,i,n)$ 就叫作普通年金现值系数,可以从年金现值系数表(附录5)中查得。

【例4-8】 某企业租入设备,每年年末需要支付租金 1 000 元,年复利率为 10%,则 5 年内应支付的租金总额的现值为

$$P = 1\,000 \times \frac{1-(1+10\%)^{-5}}{10\%}$$
$$= 1\,000 \times (P/A, 10\%, 5)$$
$$= 1\,000 \times 3.790\,8 = 3\,791(元)$$

(4)年资本回收额的计算(已知年金现值 $P$,求年金 $A$)。资本回收是指在给定的年限内等额回收初始投入资本或清偿所欠债务的价值指标。年资本回收额的计算是年金现值的逆运算。其计算公式为

$$A = P\frac{i}{1-(1+i)^{-n}}$$

式中的分式称作"资本回收系数",也可用$(A/P, i, n)$表示,可直接查阅资本回收系数表或利用年金现值系数的倒数求得。上式也可写作:

$$A = P(A/P, i, n) 或 A = P[1/(P/A, i, n)]$$

【例 4-9】 某企业现在借得 1 000 万元的贷款,在 10 年内以年利率 12% 等额偿还,则每年应付的金额为

$$A = 1\,000 \times \frac{12\%}{1-(1+12\%)^{-10}} = 1\,000 \times 0.177\,0 = 177(万元)$$

或

$$A = 1\,000 \times [1/(P/A, 12\%, 10)] = 1\,000 \times (1/5.650\,2) \approx 177(万元)$$

### 2. 预付年金

预付年金又称即付年金、先付年金,是指一定时期内每期期初等额收付的系列款项。

> **小提示**
>
> 先付年金与后付年金的区别仅在于收付款时间的不同,因此,预付年金终值和现值的计算公式可以通过对后付年金的计算公式适当加以调整来得到。

(1)预付年金终值的计算。预付年金终值是一定时期内每期期初等额收付款项的复利终值之和。预付年金终值的计算可在普通年金终值的基础上进行。其计算公式为

$$F = A \times \frac{(1+i)^n - 1}{i} \times (1+i) 或 F = A \times \left[\frac{(1+i)^{n+1}-1}{i} - 1\right]$$

式中方括号内的内容称作"预付年金终值系数",它是在普通年金终值系数的基础上,期数加 1,系数值减 1 所得的结果。通常记为$[(F/A, i, n+1)-1]$。这样,通过查阅"年金终值系数表"得到$(n+1)$期的值,然后减去 1 便可得对应的预付年金系数的值。这时可用以下公式计算预付年金的终值:

$$F = A \times [(F/A, i, n+1) - 1]$$

【例 4-10】 某企业决定连续 5 年于每年年初存入 10 万元作为住房基金,银行存款利率为 10%。则该公司在第 5 年年末能一次取出的本利和为

$$F = 10 \times [(F/A, 10\%, 6) - 1]$$
$$= 10 \times (7.715\,6 - 1)$$
$$\approx 67.156(万元)$$

(2)预付年金现值的计算。预付年金的现值是一定期间内每期期初等额收付款项的复利现值之和。与预付年金终值计算一样,预付年金现值的计算也可以在计算普通年金现值的基础上进行。其计算公式为

$$P = A \times \frac{1-(1+i)^{-n}}{i} \times (1+i)$$
$$= A \times \frac{(1+i)-(1+i)^{-(n-1)}}{i}$$
$$= A \times \left[ \frac{1-(1+i)^{-(n-1)}}{i} + 1 \right]$$
$$P = A[(P/A, i, n-1)+1]$$

**【例 4-11】** 某企业投资一项目,投资期为 5 年,每年年初需要投资 10 000 元,年利率为 8%,如果该企业在开始一次性提供全部投资款,则应准备的资金总额为

$$P = A[(P/A, i, n-1)+1]$$
$$= 10\ 000 \times [(P/A, 8\%, 4)+1]$$
$$= 10\ 000 \times 3.993 \times 1.08$$
$$= 43\ 124.4(元)$$

### 3. 递延年金

递延年金是指最初的年金现金流不是发生在当前,而是发生在若干期后。递延年金的终值计算与普通年金的终值计算一样,主要是现值计算上有所差别。

递延年金现值的计算方法有以下两种:

(1) 把递延年金视为 $n$ 期普通年金,仅求出递延期末的现值,然后再将此现值调整到第一期初。其计算公式为

$$P = A(P/A, i, n)(P/F, i, m)$$

(2) 假设延期中也进行支付,先求出 $m+n$ 期的年金现值,然后扣除实际并未支付的递延期 $m$ 的年金现值,即可得出结果。其计算公式为

$$P = A[(P/A, i, m+n) - (P/A, i, m)]$$

**【例 4-12】** 某企业投资一个项目,预计 5 年后可建成投产,每年年末可获得收益 10 000 元,经营期为 10 年,年利率为 8%。计算此项目总收益的现值。

方法一:$P = 10\ 000 \times (P/A, 8\%, 5) \times (P/F, 8\%, 5)$

查表得 $(P/A, 8\%, 5) = 3.992\ 7, (P/F, 8\%, 5) = 0.680\ 6$

$P = 10\ 000 \times 3.992\ 7 \times 0.680\ 6 \approx 27\ 174(元)$

方法二:$P = 10\ 000 \times [(P/A, 8\%, 10) - (P/A, 8\%, 5)]$

查表得 $(P/A, 8\%, 10) = 6.710\ 1, (P/A, 8\%, 5) = 3.992\ 7$

$P = 10\ 000 \times (6.710\ 1 - 3.992\ 7) \approx 27\ 174(元)$

### 4. 永续年金

永续年金是指无限期等额收付的特种年金,也是普通年金的特殊形式,它是从第一期开始的系列收付行为,年金发生在每一期的期末,只不过这种年金的期限趋于无穷。由于永续年金持续期无限,没有终止的时间,因此不能计算终值,而只能计算现值。永续年金现值的计算公式可通过普通年金现值的计算公式导出:

$$P = A \times \sum_{t=1}^{\infty} \frac{1}{(1+i)^t} = \frac{A}{i}$$

**【例 4-13】** 某大学欲建一项永久的奖学金,每年计划颁发 10 000 元,年利率为 10%,则现在应存入的金额为

$$P = \frac{10\ 000}{10\%} = 100\ 000(元)$$

# 单元三 现金流量的估算

## 一、现金流量的含义

### （一）现金流量的定义

现金流量也称现金流动量，简称现金流。在项目投资决策中，现金流量是指投资项目在其计算期内各项现金流入量与现金流出量的统称，它是评价投资方案是否可行时必须事先计算的一个基础性数据。这里说的"现金"是广义的概念，它不仅包括各种货币资金（现金、银行存款和其他货币资金），而且还包括项目需要投入而企业拥有的非货币资源的变现价值。

### （二）现金流量的构成

#### 1. 现金流出的构成

投资项目的现金流出是指该项目所引起的现金流出的增加额。其通常包括以下几项：

（1）建设投资。建设投资是指在建设期内按一定生产经营规模和建设内容进行的投资。其包括固定资产投资、无形资产投资和开办费投资三项内容。它是建设期发生的主要现金流出量。

（2）流动资金投资。流动资金投资是指在完整投资项目中发生的用于经营期周转使用的营运资金的投资。如用于存货、应收账款上的投资，则是垫支的流动资金。

（3）经营成本。经营成本是指在经营期内为满足正常生产经营而动用现实货币资金支付的成本费用，又被称为付现的营运成本。如维修材料费用、工资费用、办公费、差旅费、水电费等管理费用及固定资产修理费等。它是生产经营阶段上最主要的现金流出项目。

（4）各项税款。各项税款是指项目投产以后依法缴纳的、单独列示的各项税款。其包括增值税、所得税等。

（5）其他现金支出。其他现金支出是指不包括在以上内容中的现金流出项目（如营业外净支出等）。

#### 2. 现金流入的构成

投资项目的现金流入是指该项目所引起的企业现金流入的增加额。其通常包括以下几项：

（1）营业收入。营业收入是指项目投产后每年实现的全部销售收入或业务收入。其是经营期主要的现金流入量项目。

（2）固定资产残值收入。固定资产残值收入是指投资项目的固定资产在终结点报废清理或中途变价转让处理时所回收的价值。

（3）垫支流动资金的收回。特定项目投资终了，垫支流动资金也可收回移作他用，因而是项目的现金流入。

（4）其他现金流入。其他现金流入是指以上三项指标以外的现金流入量项目。

## 二、净现金流量的确定

### 1. 净现金流量的含义

净现金流量又称现金净流量,是指在项目计算期内由每年现金流入量与同年现金流出量之间的差额所形成的序列指标。其是计算项目投资决策评价指标的重要依据。

### 2. 净现金流量的特征

(1)无论是在建设期内还是在经营期内都存在净现金流量。

(2)由于项目计算期不同阶段上的现金流入和现金流出发生的可能性不同,使得各阶段的净现金流量在数值上表现出不同的特点:建设期内的净现金流量一般小于或等于零;经营期内的净现金流量则多为正值。

### 3. 净现金流量的简化计算方法

为了简化净现金流量的计算,可以根据项目计算期不同阶段上的现金流入量和现金流出量具体内容,直接计算各阶段净现金流量。净现金流量基本计算公式为

$$某年净现金流量(NCF)=该年现金流入量-该年现金流出量$$

(1)建设期。在建设期间,由于在这个阶段,没有现金流入,只有建设投资,现金流均属于流出,因此在此阶段各年的净现金流量等于0,减去发生在当年的建设投资,即

$$某年净现金量(NCF)=-建设投资$$

(2)运营期。在运营期间,这个阶段既有现金流入,又有现金流出。运营期净现金流量可以按以下公式计算:

### 4. 净现金流量计算实例

【例4-14】 某公司计划购建一项固定资产,需要在建设起点一次性投入全部资金500万元,按直线法折旧,使用寿命预计为10年,期末预计净残值为30万元。建设期为一年,建设期资本化利息为40万元。预计投入使用后,每年息税前利润为80万元。公司所得税税率为25%。要求:(1)按简化方法计算该投资项目的建设期净现金流量;(2)按简化方法计算该投资项目的运营期所得税前净现金流量;(3)按简化方法计算该投资项目的运营期所得税后净现金流量。

根据以上资料计算相关指标如下:

(1)固定资产原始价值=固定资产投资+建设期资本化利息
$$=500+40=540(万元)$$

$$年折旧额=\frac{固定资产原值-净残值}{固定资产使用年限}=\frac{540-30}{10}=51(万元/年)$$

项目计算期=建设期+运营期=1+10=11(年)

新增的所得税额=息税前利润×所得税税率
$$=80×25\%=20(万元)$$

该投资项目的建设期净现金流量：

建设期净现金流量＝－该年发生的固定资产原始投资额

$$NCF_0 = -500 万元$$
$$NCF_1 = 0 万元$$

(2)该投资项目的运营期所得税前净现金流量。

运营期所得税前净现金流量(NCF)＝因使用该固定资产而新增的息税前利润＋因使用该固定资产而新增的折旧额＋回收的固定资产净残值

$$NCF_{2\sim10} = 80 + 51 = 131(万元)$$
$$NCF_{11} = 80 + 51 + 30 = 161(万元)$$

(3)该投资项目的运营期所得税后净现金流量。

运营期所得税后净现金流量(NCF)＝运营期某年所得税前净现金流量－该年因使用该固定资产而新增的所得税

$$NCF_{2\sim10} = 131 - 20 = 111(万元)$$
$$NCF_{11} = 161 - 20 = 141(万元)$$

【例4-15】 某公司为扩充生产能力购进一设备，设备投资12 000元，采用直线法计提折旧，使用寿命为5年，期满设备有残值收入2 000元，5年中每年的销售收入为8 000元，付现成本第一年为3 000元，以后随着设备日渐陈旧，将逐年增加修理费400元；另需垫支运营资金3 000元（设备报废时收回），假设所得税税率为40%，计算该投资项目各年的净现金流量。

根据以上资料计算相关指标如下：

(1)项目计算期 $n = 0 + 5 = 5(年)$。

(2)每年折旧额＝$(12\,000 - 2\,000)/5 = 2\,000(元)$。

(3)项目计算期各年的净现金流量。

$NCF_0 = -(12\,000 + 3\,000) = -15\,000(元)$

$NCF_1 = (8\,000 - 3\,000 - 2\,000) \times (1 - 40\%) + 2\,000 = 3\,800(元)$

$NCF_2 = (8\,000 - 3\,400 - 2\,000) \times (1 - 40\%) + 2\,000 = 3\,560(元)$

$NCF_3 = (8\,000 - 3\,800 - 2\,000) \times (1 - 40\%) + 2\,000 = 3\,320(元)$

$NCF_4 = (8\,000 - 4\,200 - 2\,000) \times (1 - 40\%) + 2\,000 = 3\,080(元)$

$NCF_5 = (8\,000 - 4\,600 - 2\,000) \times (1 - 40\%) + 2\,000 + 3\,000 + 2\,000 = 7\,840(元)$

【例4-16】 某项目需要固定资产投资210万元，开办费用20万元，流动资金垫支30万元。其中，固定资产投资和开办费用在建设期初发生，开办费用于投产当年一次性摊销。流动资金在经营期初垫支，在项目结束时收回。建设期为1年，建设期资本化利息为10万元。该项目的有效期为10年，直线法计提固定资产折旧，期满有残值20万元。该项目投产后，第1年至第5年每年归还借款利息10万元，各年分别产生净利润10万元、30万元、50万元、60万元、60万元、50万元、30万元、30万元、20万元、10万元。试计算该项目的净现金流量。

根据以上资料计算有关指标如下：

固定资产每年计提折旧额＝$(210 + 10 - 20) \div 10 = 20(万元)$

建设期净现金流量：

$NCF_0 = -(210 + 20) = -230(万元)$

$NCF_1 = -30 万元$

经营期净现金流量：

$NCF_2 = 10+20+20+10 = 60（万元）$

$NCF_3 = 30+20+10 = 60（万元）$

$NCF_4 = 50+20+10 = 80（万元）$

$NCF_5 = 60+20+10 = 90（万元）$

$NCF_6 = 60+20+10 = 90（万元）$

$NCF_7 = 50+20 = 70（万元）$

$NCF_8 = 30+20 = 50（万元）$

$NCF_9 = 30+20 = 50（万元）$

$NCF_{10} = 20+20 = 40（万元）$

$NCF_{11} = 10+20+20+30 = 80（万元）$

**【例 4-17】** 某项目需要投入资金 100 万元，资本化利息为 10 万元，建设期为 1 年，直线法折旧，残值为 10 万元，使用年限为 10 年，经营期每年的销售收入增加 80 万元，每年的付现成本增加 36 万元，所得税税率为 25%，求净现金流量。

根据以上资料计算有关指标如下：

固定资产每年计提折旧额 = (100+10−10)÷10 = 10（万元）

建设期净现金流量：

$NCF_0 = -100$ 万元

$NCF_1 = 0$ 万元

经营期净现金流量：

净利润 = (80−36−10)×(1−25%) = 25.5（万元）

$NCF_2 = 25.5+10 = 35.5（万元）$

$NCF_3 = 25.5+10 = 35.5（万元）$

$NCF_{11} = 25.5+10+10 = 45.5（万元）$

**知识链接**

## 确定现金流量应注意的事项

在确定投资方案相关的现金流量时，应遵循的最基本的原则是：只有增量现金流量才是与项目相关的现金流量。所谓增量现金流量，是指接受或拒绝某个投资方案后，企业总现金流量因此发生的变动。只有那些由于采纳某个项目引起的现金支出增加额，才是该项目的现金流出；只有那些由于采纳某个项目引起的现金流入增加额，才是该项目的现金流入。

为了正确计算投资方案的增量现金流量，需要正确判断哪些支出会引起企业总现金流量的变动，哪些支出不会引起企业总现金流量的变动。在进行这种判断时，需要注意以下事项：

（1）区分相关成本和非相关成本。相关成本是指与特定决策有关的、在分析评价时必须加以考虑的成本，如差额成本、未来成本、重置成本、机会成本等都属于相关成本；与此相反，与特定决策无关的、在分析评价时不必加以考虑的成本是非相关成本，如沉没成本、过去成本、账面成本等往往是非相关成本。

例如，某公司在 2000 年曾经打算新建一个车间，并请一家会计公司做过可行性分析，支付咨询费5万元。后来由于该公司有了更好的投资机会而使该项目被搁置下来,但该笔咨询费作为费用已经入账了。2005年旧事重提,在进行投资分析时,这笔咨询费是否仍是相关成本呢?答案应当是否定的。该笔支出已经发生;无论该公司是否采纳新建一个车间的方案,它都已无法收回,与公司未来的总现金流量无关。

如果将非相关成本纳入投资方案的总成本,则一个有利的方案可能因此变得不利,一个较好的方案可能变为较差的方案从而造成决策错误。

(2)不要忽视机会成本。在投资方案的选择中,如果选择了一个投资方案,则必须放弃投资于其他途径的机会。其他投资机会可能取得的收益是实行本方案的一种代价,这被称为这项投资方案的机会成本。

例如,上述公司新建车间的投资方案,需要使用公司拥有的一块土地。在进行投资分析时,因为公司不必动用资金去购置土地,可否不将此土地的成本考虑在内呢?答案是否定的。因为该公司若不利用这块土地来兴建车间,则它可将这块土地移作他用,并取得一定的收入。只是由于在这块土地上兴建车间才放弃了这笔收入,而这笔收入代表兴建车间使用土地的机会成本。假设这块土地出售可净得15万元,它就是兴建车间的一项机会成本。值得注意的是,无论该公司当初是以5万元还是20万元购进的这块土地,都应以现行市价作为这块土地的机会成本。

机会成本不是我们通常意义上的"成本",它不是一种支出或费用,而是失去的收益。这种收益不是实际发生的,而是潜在的。机会成本总是针对具体方案的,离开被放弃的方案就无从计量和确定。

机会成本在决策中的意义在于,它有助于全面考虑可能采取的各种方案,以便为既定资源寻求最为有利的使用途径。

(3)要考虑投资方案对公司其他项目的影响。当采纳一个新的项目后,该项目就有可能对公司的其他项目造成有利或不利的影响。例如,若新建车间生产的产品上市后,原有其他产品的销路可能减少,而且整个公司的销售额也许不增加甚至减少。因此,公司在进行投资分析时,不应将新车间的销售收入作为增量收入来处理,而应扣除其他项目因此减少的销售收入。当然,也可能发生相反的情况,新产品上市后将促进其他项目的销售增长。这要看新项目和原有项目是竞争关系还是互补关系。诸如此类的交互影响,事实上很难准确计量,但决策者在进行投资分析时仍应将其考虑在内。

## 单元四 项目投资评价基本方法

为了防止盲目投资,避免决策失误,在决策前必须充分考虑到影响投资方案可行性的各种因素,对投资项目进行决策评价。对投资项目决策评价时使用的指标分为两类:一类是贴现指标,即考虑时间价值因素的指标,主要包括净现值、净现值率、现值指数、内部收益率等;另一类是非贴现指标,即没有考虑时间价值因素的指标,主要包括静态投资回收期、投资收益率等。根据分析评价指标的类别,投资项目评价分析的基本方法可分为贴现的分析评价方法和非贴现的分析评价方法。

## 一、非贴现的分析评价方法

### 1. 静态投资回收期法

静态投资回收期又称为全部投资回收期,简称回收期,是指以投资项目经营净现金流量抵偿原始总投资所需要的全部时间。原始总投资是反映项目所需现实资金的价值指标,是一个投资项目所引起的所有现实资金的总流出。从项目投资的角度看,原始总投资等于企业为使项目完全达到设计生产能力、开展正常经营而投入的全部现实资金。

静态投资回收期的计算方法可分为以下两种:

(1)每年现金净流量相等,静态投资回收期计算公式为

$$静态投资回收期 = \frac{原始投资额}{年现金净流量}$$

【例 4-18】 某投资项目在建设起点一次性投资 30 万元,当年完工并投产,投产后每年可获净现金流量 8 万元,经营期为 5 年。要求:计算该项目的投资回收期。

根据题意:

$$不包括建设期的投资回收期 = \frac{30}{8} = 3.75(年)$$

$$包括建设期的投资回收期 = 3.75 + 1 = 4.75(年)$$

(2)每年现金净流量不相等。静态投资回收期应按累计现金净流量计算,即累计现金净流量与原始投资额达到相等所需要的时间,其计算公式为

投资回收期 = 已收回投资的若干整数年数 + $\dfrac{原始投资额 - 已收回的若干整年年数的投资额之和}{已收回投资的若干整年年数的下一年的投资回收额}$

【例 4-19】 设贴现率为 10%,有两项投资方案,有关数据见表 4-1,计算它们各自的静态投资。

表 4-1 投资方案数据表　　　　　　　　　　　　　元

| 投资方案期间 | A 方案 | | B 方案 | |
| --- | --- | --- | --- | --- |
| | 净收益 | 净现金流量 | 净收益 | 净现金流量 |
| 0 | | -20 000 | | -9 000 |
| 1 | 1 800 | 11 800 | -1 800 | 1 200 |
| 2 | 3 240 | 13 240 | 3 000 | 6 000 |
| 3 | | | 3 000 | 6 000 |
| 合计 | 5 040 | 5 040 | 4 200 | 4 200 |

根据题意:A 方案的静态投资回收期 = 2 − 1 + (8 200/13 240) = 1.62(年)

B 方案的静态投资回收期 = 3 − 1 + (1 800/6 000) = 2.30(年)

### 小提示

在不考虑其他评价指标的前提下,只有当静态投资回收期小于或等于基准投资回收期的投资项目才具有财务可行性。

静态投资回收期法计算简便易懂,并且可以将回收期的长短看作该投资方案在未来所冒风险大小的标志。但由于没有考虑货币的时间价值和投资回收后的现金流量及整个投资项目的赢利水平,因此不能全面、正确地评价各投资方案的经济效益。

## 2. 投资收益率法

投资收益率又称投资报酬率(记作ROI),是指达产期正常年度息税前利润或年均息税前利润占投资总额的百分比。投资总额是反映项目投资总体规模的价值指标,它等于原始总投资与建设期资本化利息之和。建设期资本化利息是指在建设期发生的与购建项目所需的固定资产、无形资产等长期资产有关的借款利息。

投资收益率计算公式为

$$投资收益率(ROI) = \frac{年息税前利润或年均息税前利润}{投资总额}$$

【例4-20】 已知某公司在建设起点一次投入借入资金90万元购建一项固定资产,建设期资本化利息10万元。预计投产后每年可获净收益分别为第1年8万元、第2年9万元、第3年9万元、第4年10万元、第5年10万元。计算该项目的投资收益率。

每年平均利润额 = (8+9+9+10+10)/5 = 9.2(万元)

投资总额 = 固定资产投资 + 资本化利息 = 90+10 = 100(万元)

$$投资收益率 = \frac{9.2}{100} \times 100\% = 9.2\%$$

### 小提示

投资收益率法的优点是计算过程比较简单。其缺点在于:没有考虑资金时间价值因素;不能正确反映建设期的长短、投资方式的不同和回收额的有无等条件对项目的影响,无法直接利用净现金流量信息。

## 二、贴现的分析评价方法

### 1. 净现值法

净现值(记作NPV)就是将投资项目投入使用后的现金净流量按资金成本或企业要求的最低投资报酬率折算的现值,减去初始投资以后的余额。其计算公式为

$$净现值 = 现金流入量的现值总额 - 现金流出量的现值总额$$

即

$$净现值(NPV) = \sum_{k=0}^{n} \frac{I_k}{(1+i)^k} - \sum_{k=0}^{n} \frac{O_k}{(1+i)^k}$$

式中 $n$——投资设计的年限;

$I_k$——第 $k$ 年的现金流入量;

$O_k$——第 $k$ 年的现金流出量;

$i$——预定的贴现率。

净现值的计算步骤如下:

(1)计算投资项目的各年现金净流量。

(2)计算未来报酬的净现值。如果每年的现金净流量相等,可用年金现值系数计算;如果每年的现金净流量不相等,则可采用复利现值系数折算,然后将其加以汇总,从而形成未来报酬的总现值。

(3)计算净现值。其计算公式为

$$净现值 = 未来报酬的总现值 - 投资额现值$$

**【例 4-21】** 某公司拟建一项固定资产,需投资 100 万元,预计建设期为一年,建设资金分别于年初、年末各投入 50 万元,期末无残值,按直线法计提折旧,投产后使用寿命为 10 年,该工程预计投产后每年可获利 10 万元,假定该项目的行业基准折现率为 10%,计算其净现值。

投产后每年(相等)的营业现金净流量 = 10 + 100/10 = 20(万元)

未来报酬的总现值 = 20 × (P/A, 10%, 10) × (P/F, 10%, 1) = 20 × 6.144 6 × 0.909 1 = 111.721 1(万元)

投资额的现值 = 50 + 50 × (P/F, 10%, 1) = 95.455(万元)

则 NPV = 111.721 1 − 95.455 = 16.266 1(万元)

**【例 4-22】** 设折现率为 10%,有三项投资方案。有关数据见表 4-2。试分析这三个方案。

表 4-2　三种投资方案的净收益与净现金流量　　　　　　　　　　元

| 年份 | A方案 | | B方案 | | C方案 | |
|---|---|---|---|---|---|---|
| | 净收益 | 净现金流量 | 净收益 | 净现金流量 | 净收益 | 净现金流量 |
| 0 | | −20 000 | | −9 000 | | −12 000 |
| 1 | 1 800 | 11 800 | −1 800 | 1 200 | 600 | 4 600 |
| 2 | 3 240 | 13 240 | 3 000 | 6 000 | 600 | 4 600 |
| 3 | | | 3 000 | 6 000 | 600 | 4 600 |
| 合计 | 5 040 | 5 040 | 4 200 | 4 200 | 1 800 | 1 800 |

净现值(A) = (11 800 × 0.909 1 + 13 240 × 0.826 4) − 20 000 = 21 669 − 20 000
　　　　 = 1 669(元)

净现值(B) = (1 200 × 0.909 1 + 6 000 × 0.826 4 + 6 000 × 0.751 3) − 9 000
　　　　 = 10 557 − 9 000 = 1 557(元)

净现值(C) = 4 600 × 2.487 − 12 000 = 11 440 − 12 000 = −560(元)

A、B 两项方案投资的净现值为正数,说明该方案的报酬率超过 10%。如果企业的资金成本率或要求的投资报酬率是 10%,这两个方案是有利的,因而是可以接受的。C 方案净现值为负数,说明该方案的报酬率达不到 10%,因而应予放弃。A 方案和 B 方案相比,A 方案更好些。

净现值法所依据的原理:假设预计的现金流入在年末肯定可以实现,并把原始投资看成是按预定折现率借入的。当净现值为正数时,偿还本息后该项目仍有剩余的收益;当净现值为零时,偿还本息后一无所获;当净现值为负数时,该项目收益不足以偿还本息。

净现值法的决策规则是在只有一个备选方案的采纳与否决策中,净现值为正时则采纳,净现值为负时不采纳;在多个备选方案的互斥选择决策中,应选用净现值为正值中的最大者。

净现值法的优点在于:它充分考虑货币时间价值因素,将未来发生的投资报酬及分期投资的金额统一在同一时间的货币量上对比,投资方案的经济效益谁优谁劣一目了然。它也很明显,即不能体现各投资方案的实际报酬率水平;在几个方案的原始投资额不相同的情况下,单凭净现值这个绝对数的大小就难以做出投资项目谁为优的正确结论。

**2. 净现值率法**

净现值率(记作 NPVR)是指投资项目的净现值占原始投资现值的比率。其计算公式为

$$净现值率 = \frac{项目的净现值}{原始投资现值}$$

或 NPVR=NPV/$I$×100%(式中 $I$ 为原始投资现值)。

【例 4-23】 某公司用自有资金 100 万元建设一项目,建设期为 2 年,固定资产投资于建设期各年年初分别投入 50 万元,投产后可经营 8 年,每年可获取息税前利润 10 万元,到期固定资产无余值。投资人要求的最低报酬率为 10%,求方案的净现值率 NPVR。

根据题意:$NCF_{0\sim1}=-50$ 万元,$NCF_2=0$,$NCF_{3\sim10}=10+100\div8=22.5$(万元)

NPV$=-50-50\times(P/F,10\%,1)+22.5\times(P/A,10\%,8)\times(P/F,10\%,2)=3.74$(万元)

原始投资的现值$=50+50\times(P/F,10\%,1)=95.455$(万元)

$$NPVR=\frac{3.74}{95.455}\times100\%=3.92\%$$

净现值率法的决策规则是在只有一个备选方案的采纳与否决策中,净现值率高于或等于最低报酬率可期望报酬率,则采纳;否则,不采纳;在多个备选方案的互斥选择决策中,应选择净现值率最高者。

净现值率法的优点是可以从动态的角度反映项目投资的资金投入与净产出之间的关系,比其他动态相对数指标更容易计算;其缺点与净现值法相似,即同样无法直接反映投资项目的实际收益率。

### 3. 现值指数法

现值指数(记作 $PI$)又被称为获利指数,是指投产后按行业基准折现率或设定折现率折算的各年净现金流量的现值合计与原始投资的现值合计之比。其计算公式为

$$获利指数(PI)=\frac{投产后各年净现金流量的现值合计}{原始投资的现值合计}$$

净现值率法的决策规则是在只有一个备选方案的采纳与否决策中,投资方案的现值指数大于或等于 1,则该方案为可行方案;如果投资方案的现值指数小于 1,则该方案为不可行方案;在多个备选方案的互斥选择决策中,应选择现值指数最大者。

现值指数的优点是可以从动态的角度反映项目投资的资金投入与总产出之间的关系;缺点是无法直接反映投资项目的实际收益率,计算相对较为复杂。

### 4. 内部收益率法

内部收益率(记作 IRR),是指能够使未来现金流入量现值等于未来流出量现值的贴现率,或者说是使投资方案净现值为零的贴现率。其计算公式为

$$\sum_{t=1}^{n}(CI-CO)_t(1+IRR)^{-t}=0$$

式中 IRR——财务内部收益率;

其他符号意义同前。

内部收益率法是指通过计算项目设定的不同折现率的净现值,然后根据内部收益率的定义所揭示的净现值与设定折现率的关系,最终找到能使方案的净现值为零的折现率。

内部收益率的计算步骤如下:

(1) 计算方案的投资收益率(包括固定资产和无形资产的投资),以其近似值 $r_1$ 为折现率求方案的净现值。

(2) 若净现值 NPV=0,则内部收益率就是设定的折现率 $r_1$,计算结束;若计算的净现值

NPV₁>0,说明 IRR>$r_1$,应重新设定 $r_2$>$r_1$,再次将 $r_2$ 代入有关计算净现值公式,求出 NPV₂,继续进行下去,直至求出 NPV<0;若计算的净现值 NPV₁<0,说明 IRR<$r_1$,应重新设定 $r_2$<$r_1$,再次将 $r_2$ 代入有关计算净现值公式,求出 NPV₂,继续进行下去,直至求出 NPV>0。

(3)选择净现值大于和小于 0 的两个对应的折现率为参数,用内插法,求出净现值 NPV=0 对应的折现率,即内部收益率 IRR。其计算公式为

$$IRR = i_1 + \frac{NPV_1(i_2 - i_1)}{NPV_1 + NPV_2}$$

式中　IRR——内部收益率;

$i_1$——净现值为正的折现率;

$i_2$——净现值为负的折现率;

$NPV_1$——折现率为 $i_1$ 时的净现值(正);

$NPV_2$——折现率为 $i_2$ 时的净现值(负),以绝对值表示。

【例 4-24】 某投资项目在建设起点一次性投资 30 万元,当年完工并投产,投产后每年可获净现金流量 8 万元,经营期为 5 年。要求:计算该项目的内部收益率。

根据题意,由公式知:

第一步:年金现值系数 = $\frac{30}{8}$ = 3.75

第二步:查 1 元年金现值系数表,所得资料见表 4-3。

表 4-3　1 元年金现值系数资料表

| 折现率/% | 10 | $i$ | 12 |
|---|---|---|---|
| $n=5$ | 3.790 8 | 3.75 | 3.604 8 |

第三步:用内插法求出内部收益率如下:

$$IRR = 10\% + \frac{3.790\ 8 - 3.75}{3.790\ 8 - 3.604\ 8} \times (12\% - 10\%)$$

则 IRR=10.44%。

内部报酬率法的决策规则是在只有一个备选方案的采纳与否决策中,如计算的内部报酬率大于或等于企业的资本成本或期望的报酬率就采纳;反之,不采纳。在有多个备选方案的互斥选择决策中,选用内部报酬率超过资金成本或期望报酬率最多的投资项目。

这种方法的优点是非常注重资金时间价值,能从动态的角度直接反映投资项目的实际收益水平,而且不受行业基准收益率高低的影响,比较客观;其缺点是该指标的计算过程十分复杂,当经营期大量追加投资时,又有可能导致多个 IRR 出现,或偏高或偏低,缺乏实际意义。

## 三、项目投资评价方法的应用

固定资产更新是对技术上或经济上不宜继续使用的旧资产,用新的资产更换,或用先进的技术对原有设备进行局部改造。固定资产更新决策主要研究两个问题:一个是决定是否更新,即继续使用旧资产还是更换新资产;另一个是决定选择什么样的资产来更新。实际上,这两个问题是结合在一起考虑的,如果市场上没有比现有设备更适用的设备,那么就继续使用旧设备。由于旧设备总可以通过修理继续使用,所以更新决策是继续使用旧设备与购置新设备的选择。

## (一)更新决策的现金流量分析

更新决策不同于一般的投资决策。一般来说,设备更换并不改变企业的生产能力,不增加企业的现金流入。更新决策的现金流量主要是现金流出。即使有少量的残值变价收入,也属于支出抵减,而非实质上的流入增加。由于只有现金流出,而没有现金流入,就给采用贴现现金流量分析带来了困难。

【例 4-25】 某企业有一旧设备,工程技术人员提出更新要求,有关数据见表4-4。

表 4-4 旧设备更新的有关资料

| 名称 | 旧设备 | 新设备 |
| --- | --- | --- |
| 原值 | 2 200 | 2 400 |
| 预计使用年限 | 10 | 10 |
| 已经使用年限 | 4 | 0 |
| 最终残值 | 200 | 300 |
| 变现价值 | 600 | 2 400 |
| 年运行成本 | 700 | 400 |

假设该企业要求的最低报酬率为15%,继续使用旧设备与更换新设备的现金流量如图4-1所示。

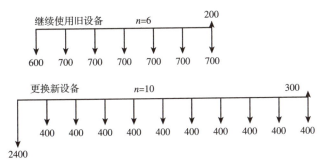

图 4-1 继续使用与更新设备的现金流量

由于没有适当的现金流入,无论哪个方案都不能计算其净现值和内含报酬率。通常,在收入相同时,认为成本较低的方案是好方案。但是仍然不能通过比较两个方案的总成本来判别方案的优劣。因为旧设备尚可使用6年,而新设备可使用10年,两个方案取得的"产出"并不相同。因此,应当比较其1年的成本,即获得1年的生产能力所付出的代价,据以判断方案的优劣。

使用差额分析法,根据实际的现金流量进行分析也不妥。因为两个方案投资相差1 800元(2 400-600),作为更新的现金流出;每年运行成本相差300元(700-400),是更新带来的成本节约额,视同现金流入。而旧设备第6年报废,新设备第7~10年仍可使用,后4年无法确定成本节约额。除非新、旧设备未来使用年限相同(这种情况十分罕见),或者能确定继续使用旧设备时第7年选择何种设备(这也是相当困难的),因此,根据实际现金流量进行分析会碰到困难。

因此,较好的分析方法是比较继续使用和更新的年成本,以较低者作为好方案。

## (二)固定资产的平均年成本

固定资产的平均年成本,是指该资产引起的现金流出的年平均值。如果不考虑货币的时间价值,它是未来使用年限内的现金流出总额与使用年限的比值;如果考虑货币的时间价值,它是未来使用年限内现金流出总现值与年金现值系数的比值,即平均每年的现金流出。

### 1. 不考虑货币的时间价值

如例 4-25 资料,不考虑货币的时间价值时:

$$旧设备平均年成本 = \frac{600 + 700 \times 6 - 200}{6} = \frac{4\ 600}{6} \approx 767(元)$$

$$新设备平均年成本 = \frac{2\ 400 + 400 \times 10 - 300}{10} = \frac{6\ 100}{10} = 610(元)$$

### 2. 考虑货币的时间价值

如果考虑货币的时间价值,有两种计算方法。

(1)计算现金流出的总现值,然后分摊给每一年。

$$旧设备平均年成本 = \frac{600 + 700 \times (P/A, 15\%, 6) - 200 \times (P/S, 15\%, 6)}{(P/A, 15\%, 6)}$$

$$= \frac{600 + 700 \times 3.784 - 200 \times 0.432}{3.784}$$

$$\approx 836(元)$$

$$新设备平均年成本 = \frac{2\ 400 + 400 \times (P/A, 15\%, 10) - 300 \times (P/S, 15\%, 10)}{(P/A, 15\%, 10)}$$

$$= \frac{2\ 400 + 400 \times 5.019 - 300 \times 0.247}{5.019}$$

$$\approx 863(元)$$

(2)由于各年已经有相等的运行成本,只要将原始投资和残值摊销到每年,然后求和,也可得到每年平均的现金流出量。

$$平均年成本 = 投资摊销 + 运行成本 - 残值摊销$$

$$旧设备平均年成本 = \frac{600}{(P/A, 15\%, 6)} + 700 - \frac{200}{(S/A, 15\%, 6)}$$

$$\approx \frac{600}{3.784} + 700 - \frac{200}{8.753}$$

$$\approx 836(元)$$

$$新设备平均年成本 = \frac{2\ 400}{(P/A, 15\%, 10)} + 400 - \frac{300}{(S/A, 15\%, 10)}$$

$$= \frac{2\ 400}{5.019} + 400 - \frac{300}{20.303}$$

$$\approx 478.18 + 400 - 14.78$$

$$\approx 863(元)$$

通过上述计算可知,使用旧设备的平均年成本较低,不宜进行设备更新。

### (三)所得税和折旧对现金流量的影响

所得税是企业的一种现金流出,它取决于利润的大小和税率的高低,而利润的大小受折旧方法的影响,因此,讨论所得税问题必然会涉及折旧问题。

#### 1. 税后成本和税后收入

凡是可以减免税负的项目,如租金的实际支付额并不是真实的成本,而应将因此而减少的所得税考虑进去。扣除了所得税影响以后的费用净额,称为税后成本。

【例 4-26】 某公司目前的损益状况见表 4-5。该公司正在考虑一项广告计划,每月支付 2 000 元,假设所得税税率为 40%,该项广告的税后成本是多少?

表 4-5 某公司目前的损益状况　　　　　　　　　　　元

| 项目 | 目前(不做广告) | 做广告方案 |
| --- | --- | --- |
| 销售收入 | 15 000 | 15 000 |
| 成本和费用 | 5 000 | 5 000 |
| 新增广告 | — | 2 000 |
| 税前净利 | 10 000 | 8 000 |
| 所得税费用(40%) | 4 000 | 3 200 |
| 税后净利 | 6 000 | 4 800 |
| 新增广告税后成本 | 1 200 | |

从表 4-5 可以看出,该项广告的税后成本为每月 1 200 元。这个结论是正确无误的,两个方案(不做广告与做广告)的唯一差别是广告费 2 000 元,对净利的影响为 1 200 元。

税后成本的一般公式为

$$税后成本 = 支出金额 \times (1 - 税率)$$

据此公式计算广告的税后成本为

$$税后成本 = 2\,000 \times (1 - 40\%) = 1\,200(元)$$

与税后成本相对应的概念是税后收入。由于所得税的作用,企业营业收入的金额有一部分会流出企业,企业实际得到的现金流入是税后收入:

$$税后收入 = 收入金额 \times (1 - 税率)$$

这里所说的"收入金额"是指根据税法规定需要纳税的收入,不包括项目结束时收回垫支资金等现金流入。

#### 2. 折旧的抵税作用

加大成本会减少利润,从而使所得税减少。如果不计提折旧,企业的所得税将会增加许多。折旧可以起到减少税负的作用,这种作用称之为"折旧抵税"。

【例 4-27】 假设有甲公司和乙公司,全年销货收入、付现费用均相同,所得税税率为 40%。两者的区别是甲公司有一项可计提折旧的资产,每年折旧额相同。两家公司的现金流量见表 4-6。

表 4-6　甲、乙两公司的现金流量表　　　　　　　　　　　元

| 项目 | 甲公司 | 乙公司 |
| --- | --- | --- |
| 销售收入 | 20 000 | 20 000 |
| 费用： | | |
| 　付现营业费用 | 10 000 | 10 000 |
| 　折旧 | 3 000 | 0 |
| 　合计 | 13 000 | 10 000 |
| 税前净利 | 7 000 | 10 000 |
| 所得税费用(40%) | 2 800 | 4 000 |
| 税后净利 | 4 200 | 6 000 |
| 营业现金流入： | | |
| 　净利 | 4 200 | 6 000 |
| 　折旧 | 3 000 | 0 |
| 　合计 | 7 200 | 6 000 |
| 甲公司比乙公司拥有较多现金 | 1 200 | |

甲公司利润虽然比乙公司少 1 800 元，但现金净流入却多出 1 200 元，其原因在于有 3 000 元的折旧计入成本，使应税所得减少 3 000 元，从而少纳税 1 200 元(3 000×40%)。这笔现金保留在企业里，不必缴出。从增量分析的观点来看，由于增加了一笔 3 000 元折旧，企业获得 1 200 元的现金流入。折旧对税负的影响可按下式计算：

$$税负减少额 = 折旧额 \times 税率$$

### 3. 税后现金流量

在加入所得税因素以后，现金流量的计算有以下三种方法：

(1)根据直接法计算。根据现金流量的定义，所得税是一种现金支付，应当作为每年营业现金流量的一个减项。

$$营业现金流量 = 营业收入 - 付现成本 - 所得税 \tag{1}$$

这里的"营业现金流量"是指未扣除营运资本投资的营业现金毛流量。

(2)根据间接法计算。

$$营业现金流量 = 税后净利润 + 折旧 \tag{2}$$

式(2)与式(1)是一致的，可以从式(1)直接推导出来：

$$\begin{aligned}营业现金流量 &= 营业收入 - 付现成本 - 所得税 \\ &= 营业收入 - (营业成本 - 折旧) - 所得税 \\ &= 营业利润 + 折旧 - 所得税 \\ &= 税后净利润 + 折旧\end{aligned}$$

(3)根据所得税对收入和折旧的影响计算。根据税后成本、税后收入和折旧抵税可知，由于所得税的影响，现金流量并不等于项目实际的收支金额。

$$税后成本 = 支出金额 \times (1 - 税率)$$
$$税后收入 = 收入金额 \times (1 - 税率)$$
$$折旧抵税 = 折旧 \times 税率$$

因此，现金流量应当按下式计算：

$$\begin{aligned}营业现金流量 &= 税后收入 - 税后付现成本 + 折旧抵税 \\ &= 收入 \times (1 - 税率) - 付现成本 \times (1 - 税率) + 折旧 \times 税率\end{aligned} \tag{3}$$

该式可以根据式(2)直接推导出来：

营业现金流量＝税后净利润＋折旧
　　　　　＝(收入－成本)×(1－税率)＋折旧
　　　　　＝(收入－付现成本－折旧)×(1－税率)＋折旧
　　　　　＝收入×(1－税率)－付现成本×(1－税率)－折旧×(1－税率)＋折旧
　　　　　＝收入×(1－税率)－付现成本×(1－税率)－折旧＋折旧×税率＋折旧
　　　　　＝收入×(1－税率)－付现成本×(1－税率)＋折旧×税率

上述三个公式，最常用的是式(3)，因为企业的所得税是根据企业总利润计算的。在决定某个项目是否投资时，我们往往使用差额分析法确定现金流量，并不知道整个企业的利润及与此有关的所得税，这就妨碍了式(1)和式(2)的使用。式(3)并不需要知道企业的利润是多少，使用起来比较方便。尤其是有关固定资产更新的决策，我们没有办法计量某项资产给企业带来的收入和利润，以至于无法使用前两个公式。

## 单元五　物业服务企业其他投资

### 一、证券投资

**1. 证券投资的目的**

证券投资是指投资者将资金投资于股票、债券、基金及其他金融性资产，从而获取收益的一种投资行为。证券投资的目的可归纳为以下几个方面：

(1)利用闲置资金，获取投资收益。企业在生产经营过程中，可以将闲置的现金进行有价证券投资，以获取一定的收益，并在现金流出超过现金流入时，将持有的证券出售，以取得经营所需的现金。

(2)与筹集长期资金相配合。处于成长期或扩张期的企业一般每隔一段时间就会发行长期债券，所获取的资金往往不会一次用完，企业可将暂时闲置的资金投资于有价证券，以获取一定的收益。

(3)满足季节性经营或未来对现金的经常性需求。从事季节性经营的公司在资金有剩余的月份可以投资于证券，而在资金短缺的季节将证券变现。另外，公司根据未来对资金的需求，可以将现金投资于期限和流动性较为恰当的证券，在满足未来需求的同时获得证券带来的收益。

(4)获得对相关企业的控制权。在市场竞争过程中，有些企业从战略上考虑需要控制其他企业，往往会动用一定资金购买一些企业的股票，以便获得对这些企业的控制权。

**2. 证券投资的特征**

与实物投资相比，证券投资具有以下特征：

(1)流动性强。证券资产的流动性明显地高于实物资产。

(2)价格不稳定，风险大。证券相对于实物资产，受人为因素的影响较大，且没有相应的实物作保证，其价值受政治、经济环境等各种因素的影响较大，具有价格不稳定，投资风险大的特点。

(3)交易成本低。证券交易过程快速、简捷、成本较低。

### 3. 证券投资的种类

目前,我国金融市场上的证券很多,可供企业投资的主要有国债、短期融资券、可转让存单、企业股票与债券、投资基金及期权、期货等。按投资对象的不同,证券投资主要可分为债券投资、股票投资及组合投资等。

(1)债券投资。债券投资是指投资者将资金用于购买国债、公司债券和短期融资券等各种形式的债务的投资行为。

(2)股票投资。股票投资是指投资者将资金投向股票,通过股票的买卖和收取股利以获得收益的投资行为。

(3)组合投资。组合投资是指企业将资金同时投资于多种证券,是企业进行证券投资时常用的投资方式。

## 二、债券投资

### (一)债券投资的目的

企业进行债券投资的目的主要是合理利用暂时闲置资金,调节现金余额,获得收益。当企业现金余额太多时,便投资于债券,使现金余额降低;反之,当现金余额太少时,则出售原来投资的债券,收回现金,使现金余额提高。

### (二)债券投资的特点

(1)投资期限方面。与股票投资相比,无论是短期债券还是长期债券,均有到期日。债券到期应当收回本金,投资应当考虑期限的影响。

(2)权利与义务方面。在各种证券投资方式中,债券的投资人的权利最小,无权参与被投资企业的经营管理,只有按约定取得利息、到期收回本金的权利。

(3)收益与风险方面。债券的收益通常是事前约定的,收益率一般没有股票高,但具有较强的稳定性,投资风险小。

### (三)债券投资收益评价

在债券投资的过程中,要对债券收益进行评价,债券投资收益评价的指标主要是债券价值和债券收益率。

#### 1. 债券价值的计算

债券作为一种投资工具,现金流出是其购买价格,现金流入是利息和归还的本金,或者出售时得到的现金。债券未来现金流入的现值,称为债券的价值或债券的内在价值。只有债券的价值大于购买价格时,才值得购买。债券价值是债券投资决策的重要依据。

(1)一般情况下的债券估价模型。一般情况下,债券是固定利息,每年按复利方式计算并支付利息,到期归还本金。这种债券估价模型的计算公式为

$$P = \sum_{t=1}^{n} \frac{M \times i}{(1+k)^t} + \frac{M}{(1+k)^n}$$

$$P = I \times (P/A, k, n) + M \times (P/F, k, n)$$

式中  $P$——债券价值;

$i$——债券票面利率;

$M$——债券面值;

$k$——市场利率或投资人要求的必要报酬率;

$I$——每年利息;

$n$——付息总期数。

【例 4-28】 某债券面值为 1 000 元,票面利率为 8%,期限为 5 年,当前的市场利率为 10%,问债券价格为多少时企业才能进行投资?

根据债券价值计算公式得:

$$P = 1\,000 \times 8\% \times (P/A, 10\%, 5) + 1\,000 \times (P/F, 10\%, 5)$$
$$= 80 \times 3.790\,8 + 1\,000 \times 0.620\,9 = 924.16(元)$$

该债券的价格只有低于 924.16 元时,企业才能投资。

(2)一次还本付息且不计复利的债券估价模型。目前,我国有一部分债券属于这种情况,其估价计算公式为

债券价值=债券到期本利和×复利现值系数

即

$$P = \frac{F + F \times i \times n}{(1+K)^n} = (F + F \times i \times n) \times (P/F, K, n)$$

公式中的 $i$ 为债券的票面利率,其他符号含义同前式。

【例 4-29】 某企业拟购买另一家企业发行的利随本清的企业债券,该债券面值为 1 000 元,期限为 5 年,票面利率为 10%,不计复利,当前市场利率为 8%。问该债券发行价格为多少时,企业才能购买?

根据计算公式可得

$$P = \frac{(1000 + 1000 \times 10\% \times 5)}{(1+8\%)^5} = 1\,021(元)$$

即债券价格必须低于 1 021 元时,企业才能购买。

### 2. 债券到期收益率的计算

(1)债券收益的来源及其影响因素。债券投资收益包含两个方面内容:一是债券的年利息收入;二是资本损益,即债券买入价与卖出价或偿还额之间的差额。

衡量债券收益水平的尺度为债券收益率,决定债券收益率的因素主要有债券票面利率、期限、面值、持有时间、购买价格和出售价格等。

(2)债券收益率的计算。

1)票面收益率。票面收益率又称名义收益率或息票率,是印制在债券票面上的固定利率,通常是年利息收入与债券面额之比率。票面收益率反映了债券按面值购入,持有到期满后所获得的收益水平。

2)本期收益率。本期收益率又称直接收益率、当前收益率,是指债券的年实际利息收入与买入债券的实际价格之比率。其计算公式为

$$直接收益率 = \frac{债券年利息}{债券买入价} \times 100\%$$

本期收益率反映了购买债券的实际成本所带来的收益情况,但与票面收益率一样,不能反映债券的资本损益情况。

【例 4-30】 某些投资者购买面值为 1 000 元,债券利率为 8%,每年付息一次的人民币债券为 10 张,偿还期为 10 年,如果购买价格分别是 950 元、1 000 元和 1 020 元,其各自的收益率分别是多少?

根据收益率的计算公式,三种价格的债券收益率分别是

$$债券收益率① = \frac{1\,000 \times 8\%}{950} \times 100\% = 8.42\%$$

$$债券收益率② = \frac{1\,000 \times 8\%}{1\,000} \times 100\% = 8\%$$

$$债券收益率③ = \frac{1\,000 \times 8\%}{1\,020} \times 100\% = 7.84\%$$

可见,在其他条件相同的情况下,购买价格低的债券收益率高。

3)持有期收益率。持有期收益率是指买入债券后持有一段时间,又在债券到期前将其出售而得到的年均收益率。其中,持有期是指从购入债券到售出债券或债券到期清偿之间的期间,通常以"年"为单位(持有期的实际天数除以 360)。根据债券持有期长短和计息方式的不同,债券持有期收益率的计算公式存在差异。由于利息率、收益率等指标多数以年利率的形式出现,债券持有期收益率可以换算为年均收益率。

①持有时间较短(不超过一年)的,直接按债券持有期间的收益额除以买入价计算持有期收益率:

$$持有期收益率 = \frac{债券持有期间的利息收入 + (卖出价 - 买入价)}{债券买入价} \times 100\%$$

$$持有期年均收益率 = \frac{持有期收益率}{持有年限}$$

$$持有年限 = \frac{持有实际天数}{360}$$

【例 4-31】 某投资者 2019 年 1 月 1 日以每张 980 元的价格购买上市债券 10 张,该债券面值为 1 000 元,票面年利息率为 8%,半年付息一次,期限为 3 年,当年 7 月 1 日收到上半年利息 40 元,9 月 30 日以 995 元卖出。计算该债券的收益率。

根据上述公式,得

$$持有期收益率 = \frac{1\,000 \times 8\% \div 2 + (995 - 980)}{980} \times 100\% = 5.61\%$$

$$持有期年均收益率 = 5.61\% \times \frac{12}{9} = 7.48\%$$

②持有时间较长(超过一年)的,应按每年复利一次计算持有期年均收益率(即计算债券带来的现金流入量净现值为零的折现率,也称为内部收益率 IRR)。

a. 到期一次还本付息债券:

$$持有期年均收益率 = \sqrt[t]{\frac{M}{P}} - 1$$

式中 $P$——债券买入价;

$M$——债券到期兑付的金额或者提前出售时的卖出价;

$t$——债券实际持有年限(年),等于债券买入交割日至到期兑付日或卖出交割日之间的实际天数除以360。

【例 4-32】 某企业于 2019 年 1 月 1 日购入 A 公司同日发行的 3 年期、到期一次还本付息的债券,面值为 100 000 元,票面利率为 6%,买入价为 90 000 元。则该债券持有期年均收益率为多少?(债券利息采用单利计息方式)

根据上述公式,得

$$持有期年均收益率 = \sqrt[3]{\frac{100\,000 + 100\,000 \times 6\% \times 3}{90\,000}} - 1$$

$$= \sqrt[3]{\frac{118\,000}{90\,000}} - 1 \approx 1.09 - 1 = 9\%$$

b. 每年年末支付利息的债券:

$$P = \sum_{t=1}^{n} \frac{I}{(1+K)^t} + \frac{M}{(1+K)^n}$$

式中 $K$——债券持有期年均收益率;

$P$——债券买入价;

$I$——持有期间每期收到的利息额;

$M$——债券兑付的金额或者提前出售的卖出价;

$t$——债券实际持有期限(年)。

【例 4-33】 某种债券面值为 10 000 元,票面利息率为 12%,每年付息一次,期限为 8 年,投资者以债券面值 10 600 元的价格购入并持有该种债券到期。计算债券持有期年均收益率。

根据持有期年均收益率的计算公式,得

$$P = \sum_{t=1}^{n} \frac{I}{(1+K)^t} + \frac{M}{(1+K)^n}$$

$$10\,600 = \sum_{t=1}^{8} \frac{10\,000 \times 12\%}{(1+K)^t} + \frac{10\,000}{(1+K)^8}$$

$$\sum_{t=1}^{8} \frac{10\,000 \times 12\%}{(1+K)^t} + \frac{10\,000}{(1+K)^8} - 10\,600 = 0$$

即,净现值 = $K$ = 10% 时,净现值 = $\sum_{t=1}^{8} \frac{10\,000 \times 12\%}{(1+10\%)^t} + \frac{10\,000}{(1+10\%)^8} - 10\,600 = 467$

$K$ = 11% 时,净现值 = $\sum_{t=1}^{8} \frac{10\,000 \times 12\%}{(1+11\%)^t} + \frac{10\,000}{(1+11\%)^8} - 10\,600 = -85$

可见,$K$ 值介于 10% 和 11% 之间,可以用插值法计算。即若在年金现值系数表上找不到对应的系数值 $C$ 时,可利用系数表上同期略大于或略小于该数值的两个临界值 $C_m$ 和 $C_{m+1}$ 及对应的两个折现率 $r_m$ 和 $r_{m+1}$,应用插值法测试其内部收益率。

如果年金现值系数 $C_m > C, C_{m+1} < C$,则内部收益率计算公式为

$$IRR = r_m + \frac{C_m - C}{C_m - C_{m+1}} (r_{m+1} - r_m)$$

为了缩小误差,$r_m$ 和 $r_{m+1}$ 之差应尽量小于 5%。

## 知识链接

### 债券投资的优点及缺点

**1. 债券投资的优点**

(1) 本金安全性高。与股票相比,债券投资风险较小。政府发行的债券,其本金的安全性非常高,而企业债券的持有者则拥有优先求偿权,优先于股东分得企业资产,其本金损失的可能性较小。

(2) 收入稳定性强。债券票面一般都标有固定利息率,债券的发行人有按时支付利息的法定义务。因此,在正常情况下,债券投资者能够获得较稳定的收入。

(3) 市场流动性好。许多债券都具有较好的流动性,政府及大企业发行的债券一般都可在金融市场上迅速出售,流动性好。

**2. 债券投资的缺点**

(1) 购买力风险较大。由于债券面值和收入的固定性,在通货膨胀时期,债券本金和利息的购买力会不同程度地受到侵蚀,投资者名义上虽然有收益,但实际上却可能有损失。

(2) 没有经营管理权。投资债券主要是为了获得报酬,而无权对债券发行企业施加影响和控制。

## 三、股票投资

### (一) 股票投资的目的

(1) 获利,即作为一般的证券投资,获取股利收入及股票买卖差价。此时,企业应将某种股票作为证券组合的一个组成部分,不应冒险将大量资金投资于某一企业的股票上。

(2) 控股,即通过购买某一企业的大量股票达到控制该企业的目的。此时,企业应集中资金投资于被控企业的股票上,考虑更多的不是股票投资收益的高低,而应是占有多少股权才能达到控股的目的。

### (二) 股票投资的特点

股票投资和债券投资相比,具有以下特点:

(1) 投资风险较大。投资者购买股票后,不能要求股份公司偿还本金,只能在证券市场上转让。因此,股票投资者至少面临两个方面的风险:一是股票发行公司经营不善所形成的风险;二是股票市场价格变动所形成的价差损失风险。

(2) 期望收益高。由于股票的投资收益不固定,其高低取决于公司的赢利水平和整体经济环境的好坏。所以,当公司经营状况好、赢利水平高时,股东既可从公司领取高额股利,也可因股票升值获取转让收益。

(3) 权益性投资。股票投资是权益性投资,股票是代表所有权的凭证,持有人作为发行公司的股东,有权参与公司的经营决策。

## (三)股票投资收益评价

在股票投资的过程中要对股票收益进行评价。股票投资收益评价的主要方法包括计算股票收益率和股票价值。

### 1. 股票的收益率

(1)股票收益的来源及影响因素。股票的收益是指投资者从购入股票开始到出售股票为止整个持有期间的收入,由股利收入和资本利得两个方面组成。股票收益主要取决于股份公司的经营业绩和股票市场的价格变化,但与投资者的经验与技巧也有一定关系。

(2)股票收益率的计算。

1)本期收益率是指股份公司以现金派发股利与本期股票价格的比率。用下列公式表示:

$$\text{本期收益率} = \frac{\text{年现金股利}}{\text{本期股票价格}} \times 100\%$$

式中,年现金股利是指发放的上年每股股利;本期股票价格是指该股票当日证券市场收盘价。

2)持有期收益率是指投资者在买入股票持有一定时期后又卖出该股票这一期间的收益率。

①如投资者持有股票时间不超过一年,不用考虑复利计息问题,其持有期收益率可按如下公式计算:

$$\text{持有期收益率} = \frac{\text{持有期间分得的现金股利} + (\text{股票卖出价} - \text{买入价})}{\text{股票买入价}} \times 100\%$$

$$\text{持有期年均收益率} = \frac{\text{持有期收益率}}{\text{持有年限}}$$

式中,持有年限等于实际持有天数除以360,也可以用持有月数除以12表示。

②如股票持有时间超过一年,需要按每年复利一次考虑资金时间价值,其持有期年收益率可按以下公式计算:

$$P = \sum_{t=1}^{n} \frac{D_t}{(1+i)^t} + \frac{F}{(1+i)^n}$$

式中  $i$——股票持有期年均收益率;

$P$——股票的购买价格;

$F$——股票的售出价格;

$D_t$——各年分得的股利;

$n$——持有期限。

【例4-34】 某公司在2016年4月1日投资510万元购买某种股票100万股,在2017年、2018年和2019年的3月31日每股各分得现金股利0.5元、0.6元和0.8元,并于2019年3月31日以每股6元的价格将股票全部出售,试计算该项投资的投资收益率。

可采用逐次测试法、插值法进行计算,计算过程见表4-7。

表 4-7　逐次测试法、插位法计算结果　　　　　　　　　　　　　　万元

| 时间 | 股利及出售股票的现金流量 | 测试20% | | 测试18% | | 测试16% | |
| --- | --- | --- | --- | --- | --- | --- | --- |
| | | 系数 | 现值 | 系数 | 现值 | 系数 | 现值 |
| 2017年 | 50 | 0.833 3 | 41.67 | 0.847 5 | 42.38 | 0.862 1 | 43.11 |
| 2018年 | 60 | 0.694 4 | 41.66 | 0.718 2 | 43.09 | 0.743 2 | 44.59 |
| 2019年 | 680 | 0.578 7 | 393.52 | 0.608 6 | 413.85 | 0.640 7 | 435.68 |
| 合计 | — | | 476.85 | — | 499.32 | — | 523.38 |

在表 4-7 中，先按 20% 的收益率进行测算，得到现值为 476.85 万元，比原来的投资额 510 万元低，说明实际收益率要低于 20%；于是把收益率调到 18%，进行第二次测试，得到的现值是 499.32 万元，比原来的 510 万元还低，说明实际收益率比 18% 还要低；于是再把收益率调到 16% 进行测试，得到的现值是 523.38 万元，高于 510 万元，说明实际收益率要高于 16%，即要求的收益率在 16% 和 18% 之间，采用插值法计算如下：

$$\frac{X-16\%}{18\%-16\%}=\frac{523.38-510}{523.38-499.32}$$

$$X=16\%+1.11\%=17.11\%$$

说明该项投资的收益率为 17.11%。

### 2. 股票的内在价值

普通股的内在价值是由普通股带来的未来现金流量的现值决定的，股票给持有者带来的未来现金流入包括股利收入和出售时的收入两部分。其基本计算公式为

$$P=\sum_{t=1}^{n}\frac{R_t}{(1+K)^t}$$

式中　$P$——股票价值；

$R_t$——股票第 $t$ 年带来的现金流量（包括股利收入、卖出股票的收入）；

$K$——折现率（股票的必要报酬率）；

$n$——持有期限。

这是股票内在价值的一般模型，无论 $R_t$ 的具体形态（递增、递减、固定或随机变动）如何，此模型均有效。以下是几种特殊情况下的股票股价模型。

(1) 短期持有股利固定不变的股票。股票带给持有者的现金流入包括股利收入和出售股票时的资本利得两部分。其价值由一系列的股利的现值和将来出售股票时售价的现值构成。此时，股票估价计算公式

$$V=\sum_{t=1}^{n}d_t/(1+K)^t+V_n/(1+K)^n$$

式中　$V$——股票内在价值；

$V_n$——未来出售时预计的股票价格；

$d_t$——第 $t$ 期的预期股利；

$K$——投资人要求的必要资金收益率；

$n$——预计持有股票的期数。

【例 4-35】某公司购买一上市公司发行的股票，该股票预计今后三年每年每股股利收入为 2 元，3 年后出售可得 20 元，投资者的必要报酬率为 10%，则该股票的价值为

$$V = 2 \times (P/A, 10\%, 3) + 20 \times (P/F, 10\%, 3)$$
$$= 2 \times 2.4869 + 20 \times 0.7513$$
$$= 20(元)$$

该股票的价值为 20 元,若此时股票的市价低于 20 元,则该企业可考虑对此股票进行投资。

(2)长期持有股票,股利稳定不变的股票。如果长期持有股票,且各年股利固定,其支付过程是一个永续年金,股票价值计算公式为

$$P = \sum_{t=1}^{\infty} \frac{d}{(1+K)^t} = \frac{d}{K}$$

式中,$d$ 为各年收到的固定股息,其他符号的意义与基本公式相同。

【例 4-36】 假设某公司每年分配股利 1.5 元,最低收益率为 16%,求该公司股票的价值。

$$V = \frac{1.5}{16\%} = 9.38(元)$$

(3)长期持有,股利固定增长的股票。如果一个公司的股利不断增长,投资者的投资期限又非常长,则股票的估价就更困难了,只能计算近似值。设上年股利为 $d_0$,第 1 年股利为 $d_1$,每年股利比上年增长率为 $g$,则

$$V = \frac{d_0 \times (1+g)}{K-g} = \frac{d_1}{K-g}$$

【例 4-37】 某公司上年每股将派发股利 2 元,以后每年的股利按 10% 递增,必要投资报酬率 14%,该公司股票的价值为

$$V = \frac{2 \times (1+10\%)}{14\% - 10\%} = 55(元)$$

因此,该股票的投资价值为 55 元。

(4)三阶段模型。在现实生活中,很多公司的股利可能既不是一成不变,也不一定按照固定比例持续增长,而是出现不规则的变化,例如,预计未来一段时间内股利高速增长,接下来的时间正常固定增长或固定不变,则可以分别计算高速增长、正常固定增长、固定不变等各阶段未来收益的现值,各阶段现值之和就是非固定增长股利的股票价值,即

$$P = 股利高速增长阶段价值 + 固定增长阶段价值 + 固定不变阶段价值$$

【例 4-38】 某公司预期以 20% 增长率发展 5 年,然后转为正常增长,年递增率为 4%。公司最近支付的股利为 1 元/股,股票的必要报酬率为 10%。计算该股票的内在价值。

(1)计算高速增长期间股利的现值(表 4-8)。

表 4-8 股利的现值

| 年次 | 股利 | 现值系数 | 股利现值 |
|---|---|---|---|
| 1 | 1.2 | 0.909 | 1.09 |
| 2 | 1.44 | 0.826 | 1.19 |
| 3 | 1.728 | 0.751 | 1.30 |
| 4 | 2.074 | 0.683 | 1.42 |
| 5 | 2.489 | 0.621 | 1.55 |
| 合计 | — | — | 6.55 |

(2)计算正常增长期间股利的现值即高速增长末期股票价值的现值。

1)计算高速增长期末即第5年年末股票的价值。

由 $P_0 = \dfrac{D_0 \times (1+g)}{K-g} = \dfrac{D_1}{K-g}$，得 $P_5 = \dfrac{D_6}{K-g} = \dfrac{D_5 \times (1+g)}{K-g}$。

即 $P = \dfrac{2.489 \times (1+4\%)}{10\% - 4\%} \approx 43.14(元)$。

2)计算第5年年末股票的价值。
$$P = 43.14 \times (1+10\%)^{-5} \approx 26.79(元)$$

(3)计算股票的内在价值。
$$6.55 + 26.79 = 33.34(元/股)$$

所以，该股票的内在价值为33.34元。一般认为，当市场价格低于33.34元时可以购买。

### 3. 市盈率分析

市盈率是指股票的市价和每股赢利的比例，表示股价是每股赢利的几倍。前面介绍的股票价值的计算方法，理论上比较严密，计算结果的使用也比较方便，但由于股利预计受许多因素的影响，特别受一些不确定因素的影响太多，因此预测未来相当长甚至无限期的收益是非常困难的，而市盈率分析则是一种比较粗略的衡量股票价值的方法，这种方法比较简单，易于掌握。市盈率计算公式为

$$市盈率 = \dfrac{普通股每股市场价格}{普通股每股赢利}$$

$$股票价格 = 该股票市盈率 \times 该股票每股赢利$$

$$股票价值 = 行业平均市盈率 \times 该股票每股赢利$$

在实际工作中，投资者可以根据证券机构提供的同类股票过去若干年的平均市盈率，乘以当前的每股赢利，可以得出股票的公平价值。用公平价值与当前市价进行比较，可以分析所付价格是否合理。

【例4-39】 某上市公司的股票每股赢利为2元，市盈率为9，行业类似股票的平均市盈率为10。计算该股票的价格和价值。

根据上述公式，得
$$股票价格 = 9 \times 2 = 18(元)$$
$$股票价值 = 10 \times 2 = 20(元)$$

计算结果表明，市场对该股票的评价略低，估价基本正常，有一定的吸引力。

一般情况下，股票的市盈率越高，说明投资者对其信心越大；股票的市盈率越低，说明投资者对其信心越小。但是，市盈率过高或过低都不是好兆头，一般行业平均市盈率在0～11、股票市盈率在5～20均属正常。

## 知识链接

### 股票投资的优点及缺点

**1. 股票投资的优点**

(1)投资收益高。股票的价格虽然波动性较大，但从长期来看，优质股票的价格总是上涨的居多，只要选择得当，都能取得丰厚的投资收益。

(2)购买力风险低。在通货膨胀率比较高时,由于物价普遍上涨,股份公司盈利增加,股利的支付率也随之增加,与固定收益证券相比,普通股能有效地降低购买力风险。

(3)拥有经营控制权。普通股股东属于股份公司的所有者,有权监督和控制企业的生产经营情况。因此,如果想要控制一家企业,最好是收购这家公司的股票。

2. 股票投资的缺点

(1)求偿权居后,风险较大。投资者购入股票后,不能要求股份公司偿还本金,只能在证券市场上转让。如果公司破产,股东的求偿权位于债权人之后,因此,股东可能部分甚至全部不能收回投资,可见股票投资的风险比较大。

(2)价格波动较大。普通股的价格受众多因素影响,具有较大的波动性。政治因素、经济因素、投资人心理因素、企业的盈利情况、风险情况等都会影响股票价格,使股票投资具有较高的风险。

(3)投资收益不稳定。股票投资的收益主要是公司发放的股利和股票转让的价差收益,其稳定性较差。股票股利直接与公司的经营状况相关,公司盈利多,就可能多发放股利,公司盈利少,就可能少发或不发股利。股票转让的价差收益主要取决于股票市场行情和公司的经营状况、盈利能力等。

## 单元六 风险分析

### 一、风险的概念及类别

财务活动经常是在有风险的情况下进行的,这是因为财务活动总是针对未来的,未来的活动相对于现在来说具有一定的不确定性,经常具有一定的风险性。风险在财务活动中是广泛存在的,并且对企业实现其财务目标有着重要的影响。因此,在财务活动中必须对风险加以考虑,不能忽视风险的影响。

**1. 风险的概念**

风险是指预期结果的不确定性。在风险存在的情况下,人们只能事先估计到采取某种行动可能导致的结果,以及每种结果出现的可能性,而行动的真正结果究竟会怎样,不能事先确定。对任何一个经济个体而言,风险都是客观存在和不确定的。例如,企业的成本、费用、销量、收入、利润等项目的发生数量都是不确定的,而这些又都成为企业总风险的组成部分。

风险具有以下四个特征:

(1)风险具有客观性。风险是客观存在的,是条件本身的不确定性。

(2)风险具有动态性。风险作为一种潜在的可能性,其出现是有条件的,风险损失的大小也是可变的,会因为时空的变化而有所改变。

(3)风险具有可控性。人们可以根据以往发生的一系列类似事件的统计资料,经过分析,对大多数种类的风险发生的概率及其造成的经济损失程度作出主观判断,从而对可能发生的风险进行控制。

(4)风险与效益的一体性。风险的发生会带来损失,但人们冒险也可能获得额外的报酬,从而获得风险报酬。

## 2. 风险的类别

风险可按不同的分类标准进行分类,见表 4-9。

表 4-9 风险的类别

| 序号 | 分类标准 | 内容 |
| --- | --- | --- |
| 1 | 按照个别投资主体的不同分类 | (1)市场风险。市场风险是指那些影响所有企业的风险,如战争、自然灾害、经济衰退、通货膨胀等。这类风险涉及所有企业,不能通过多元化投资来分散,因此,又称不可分散风险或系统风险。<br>(2)企业特有风险。企业特有风险是指发生于个别企业的特有事件造成的风险,如罢工、新产品开发失败、没有争取到重要合同、诉讼失败等。这类事件是实际发生的,因而可以通过多元化投资来分散,即发生于一家企业的不利事件可以被其他企业的有利事件抵消。这类风险又可称为可分散风险或非系统风险 |
| 2 | 按照风险损害的对象不同分类 | (1)人身风险。人身风险是指由于员工生、老、病、死、伤残等原因而导致经济损失的风险。<br>(2)财产风险。财产风险是导致财产发生毁损、灭失和贬值的风险。<br>(3)责任风险。责任风险是指因侵权或违约,依法对他人遭受的人身伤亡或财产损失应负赔偿责任的风险。<br>(4)信用风险。信用风险是指在经济交往中,权利人与义务人之间,由于一方违约或犯罪而给对方造成经济损失的风险 |
| 3 | 按照风险形成的原因不同分类 | (1)经营风险。经营风险是指因生产经营方面的原因给企业赢利带来的不确定性。企业生产经营的许多方面都会受到来源于企业外部和内部的诸多因素的影响,具有很大的不确定性。<br>(2)财务风险。财务风险是指借款而增加的风险,是筹资决策带来的风险,也称筹资风险。由于企业向银行等金融机构举债,从而产生了定期的还本付息压力。如果到期企业不能还本付息,就面临着诉讼、破产等威胁,从而遭受严重损失 |
| 4 | 按照风险导致的后果不同分类 | (1)纯粹风险。纯粹风险是指只会造成损失而无获利可能性的风险。<br>(2)投机风险。投机风险是指既可能造成损失也可能产生收益的风险 |

### 知识链接

## 风险的构成要素

风险通常由风险因素、风险事故和风险损失三个要素构成。

### 1. 风险因素

风险因素是指促使某一特定风险事故发生或增加其发生的可能性或扩大其损失程序的原因或条件。风险因素是风险事故发生的潜在原因,是造成损失的间接原因。根据风险因素的性质不同,可分为有形风险因素和无形风险因素两种类型。

(1)有形风险因素。有形风险因素也称实质风险因素,是指某一标的本身所具有的足以引起风险事故发生或增加损失机会或加重损失程度的因素,如食物质量对人体的危害、刹车系统失灵产生的交通事故等。

(2)无形风险因素。无形风险因素是与人的心理或行为有关的风险因素,通常包括道德风险因素和心理风险因素。其中,道德风险因素是指由于人们不诚实、不正直等道德品行问题,故意促使风险事故发生,以致引起财产损失和人身伤亡的因素,如投保人或被保险人的欺诈、纵火行为等都属于道德风险因素;心理风险因素是由于人的主观疏忽或过失,导致增加风险事故发生机会或扩大损失程度,例如,保管员疏忽而丢失财产,新产品设计错误等。

2. 风险事故

风险事故又称风险事件,是指造成人身伤害或财产损失的偶发事件,是造成损失的直接或外在的原因,是损失的媒介物。也就是说,风险是通过风险事故的发生来导致损失的。例如,汽车刹车失灵酿成车祸而导致车毁人亡,其中刹车失灵是风险因素,车祸是风险事故。如果仅有刹车失灵而无车祸,就不会造成人员伤亡。

3. 风险损失

风险损失是指风险事故所带来的物质上、行为上、关系上及心理上实际和潜在的利益丧失。损失通常是指非故意、非计划、非预期的经济价值减少的事实,一般以丧失所有权和与预期利益、支出费用和承担责任等形式表现,而像精神打击、政治迫害、折旧及馈赠等行为的结果一般不能视为损失。

## 二、风险衡量

风险客观存在,广泛影响着企业的财务和经营活动,因此,正视风险并将风险程度予以量化,进行较为准确的衡量,就成为企业财务管理中的一项重要工作。风险的衡量通常采用数学中的概率论和统计学等方法。

### 1. 概率分布

在经济活动中,某一事件在完全相同的条件下可能发生也可能不发生,既可能出现这种结果又可能出现那种结果,称这类事件为随机事件。概率就是用百分数或小数来表示随机事件发生可能性及出现某种结果可能性大小的数值。通常,把必然发生的事件的概率定为1,把不可能发生的事件的概率定为0,而一般随机事件的概率是介于0与1之间的一个数。概率越大就表示该事件发生的可能性越大。

将随机事件各种可能的结果按一定的规则进行排列,同时列出各结果出现的相应概率,这一完整的描述称为概率分布。根据某一时间的概率分布,可以计算出预期期望值。预期期望值是指某一事件未来后果的各种可能结果,以概率为权数计算出来的加权平均数。其计算公式为

$$\overline{E} = \sum_{i=1}^{n} X_i P_i$$

式中 $\overline{E}$ ——预期期望值;

$X_i$ ——第 $i$ 种可能后果;

$P_i$ ——第 $i$ 种可能后果的概率;

$n$ ——可能后果的个数。

【例 4-40】 某企业有两个投资机会,A 投资机会是一个高科技项目,该领域竞争很激烈,如果经济发展迅速并且该项目搞得好,取得较大市场占有率,利润会很大。否则,利润会很小甚至亏本。B 项目是一个老产品并且是必需品,销售前景可以准确地预测出来。假设未来的经济情况只有三种:繁荣、正常、衰退,有关的概率分布和预期报酬率见表 4-10。

表 4-10　公司未来经济情况表

| 经济情况 | 发生概率 | A 项目预期报酬/% | B 项目预期报酬/% |
| --- | --- | --- | --- |
| 繁荣 | 0.3 | 90 | 20 |
| 正常 | 0.4 | 15 | 15 |
| 衰退 | 0.3 | −60 | 10 |
| 合计 | 1.0 | — | — |

随机事件所有可能结果的概率的集合则为概率分布。概率分布有两种类型：一是离散型概率分布；二是连续型概率分布。若随机变量只取有限个值，并且对应于这些值有确定的概率，则称随机变量的分布为离散型概率分布；若随机变量取无数个值，并且这些值有确定的概率，则其概率分布在一个连续曲线上，则称随机变量的分布为连续型概率分布。

### 2. 期望值

期望值是一个概率分布中的所有可能结果，以各自相应的概率为权数计算的加权平均值，它是加权平均的中心值，通常用符号 $\overline{E}$ 表示。其计算公式为

$$\overline{E} = \sum_{i=1}^{n} X_i P_i$$

期望收益反映预计收益的平均化，在各种不确定性因素影响下，它代表着投资者的合理预期。

**【例 4-41】** 某企业现有两种类型的房地产开发方案，其净收益和各种收益出现的概率见表 4-11。

表 4-11　某企业项目投资方案

| 销售情况 | 发生概率($P_i$) | | 预期收益($X_i$)/万元 | |
| --- | --- | --- | --- | --- |
|  | A 方案 | B 方案 | A 方案 | B 方案 |
| 较好 | 0.20 | 0.20 | 18 000 | 30 000 |
| 一般 | 0.50 | 0.40 | 12 000 | 20 000 |
| 较差 | 0.30 | 0.40 | 4 000 | −8 000 |

由表 4-11 数据可以计算 A、B 两个方案各自的期望收益：

A 方案 $\overline{E}$ = 18 000×0.20 + 12 000×0.50 + 4 000×0.30 = 10 800(万元)

B 方案 $\overline{E}$ = 30 000×0.20 + 20 000×0.40 + (−8 000)×0.40 = 10 800(万元)

从上面的计算可知，A、B 两个开发方案期望收益相同，但其概率分布不同。A 方案期望收益的分散程度较小；B 方案期望收益的分散程度较大。在期望收益相同的情况下，概率分布越集中，实际收益越接近期望收益，即风险程度越小；概率分布越分散，实际收益与期望收益的偏差越大，即风险程度越大。因此，在上例中，A、B 两个开发方案期望收益相同，但风险大小不同，A 方案风险较小，B 方案风险较大。

### 3. 离散程度

离散程度是用以衡量风险大小的统计指标。通常，离散程度越大，风险越大；离散程度越小，风险越小。反映随机变量离散程度的指标包括平均差、方差、标准离差率和全距等。这里主要介绍方差、标准离差和标准离差率三项指标。

(1)方差。方差是用来表示随机变量与期望值之间离散程度的一个量，用 $\sigma^2$ 表示。其计算公式为

$$\sigma^2 = \sum_{i=1}^{n} (X_i - \overline{E})^2 \cdot P_i$$

（2）标准离差。标准离差是指各个随机事件对期望值可能发生的偏离程度。这种偏离程度主要反映事件的风险程度。其计算公式为

$$\text{标准离差}\ \sigma = \sqrt{\sum_{i=1}^{n}(X_i - \overline{E})^2 \times P_i}$$

### 小提示

在不同方案期望值相同的情况下，标准离差越大，所揭示的风险越大；反之，标准离差越小，所揭示的风险越小。

（3）标准离差率。在期望值不同的情况下，评价和比较其各自的风险程度只能借助于标准离差率这一指标。标准离差率是标准离差与期望值的比值，是一个相对数指标，用符号 $Q$ 来表示。其计算公式为

$$Q = \frac{\sigma}{E}$$

### 小提示

标准离差率是一个相对指标，它以相对数反映决策方案的风险程度。在期望值不同的情况下，标准离差率越大，风险越大；反之，标准离差率越小，风险越小。

## 三、风险收益率

资金的时间价值是投资者在无风险条件下进行投资所要求的收益率。这是以确定的收益率为计算依据的，也就是以肯定能取得收益为条件的。但是，企业财务和经营管理活动总是处于或大或小的风险之中，任何经济预测的准确性都是相对的，预测的时间越长，风险程度就越高。因此，为了简化决策分析工作，在短期财务决策中一般不考虑风险因素。而在长期财务决策中，则不得不考虑风险因素，需要计量风险程度。

任何投资者选择某一确定的收益率，而不选择不确定的同一收益率，这种现象称为风险反感。在风险反感普遍存在的情况下，诱使投资者进行风险投资的因素是风险收益。

标准离差率虽然能正确评价投资风险程度的大小，但还无法将风险与收益结合起来进行分析。假设面临的决策不是评价与比较两个投资项目的风险水平，而是要决定是否对某一投资项目进行投资，此时就需要计算出该项目的风险收益率。因此，还需要一个指标将对风险的评价转化为收益率指标，这便是风险价值系数。风险收益率、风险价值系数和标准离差率之间的关系可用公式表示如下：

$$R_R = b \cdot V$$

式中，$R_R$ 为风险收益率；$b$ 为风险价值系数；$V$ 为标准离差率。

在不考虑通货膨胀因素的情况下，投资的总收益率（$R$）为

$$R = R_F + R_R = R_F + b \cdot V$$

式中，$R$ 为投资收益率；$R_F$ 为无风险收益率。其中，无风险收益率 $R_F$ 可用加上通货膨胀溢价的时间价值来确定，在低通货膨胀的条件下，可以把政府债券的收益率视为无风险收益率。

风险价值系数($b$)是指该项投资的风险收益率占该项投资的标准离差率的比率。它可以采用回归方法推断。

### 知识链接

**风险对策**

(1)规避风险。任何经济单位应对风险的对策,首先考虑到的是避免风险,凡风险可能造成的损失不能由该项目获得的利润予以抵消时,避免风险是最简单、可行的方法。避免风险的方法包括:拒绝与不守信用的厂商进行业务往来;放弃可能导致亏损的投资项目;新产品在试制阶段发现诸多问题而果断停止试制。

(2)减少风险。事先从制度、文化、决策、组织和控制上,从培育核心能力上提高企业防御风险的能力。减少风险主要有两个方面意思:一是控制风险因素,减少风险的发生;二是控制风险发生的频率和降低风险损害程度。减少风险的常用方法有:进行准确的预测,如汇率预测、利率预测、债务人信用评估等;对决策进行多方案优选和相机替代;及时与政府部门沟通获取政策信息;在发展新产品前,充分进行市场调研;实行设备预防检修制度以减少设备事故;选择有弹性的、抗风险能力强的技术方案,进行预先的技术模拟试验,采用可靠的保护和安全措施;采用多领域、多地域、多项目、多品种的投资以分散风险。

(3)转移风险。企业以一定代价(如保险费、赢利机会、担保费和利息等),采取某种方式(如参加保险、信用担保、租赁经营、套期交易、票据贴现等),将风险损失转嫁给他人承担,以避免可能给企业带来的灾难性损失。如向专业性保险公司投保;采取合资、联营、增发新股、发行债券、联合开发等措施实现风险共担;通过技术转让、特殊经营、战略联盟、租赁经营和业务外包等实现风险转移。

(4)接受风险。对于损失较小的风险,如果企业有足够的财力和能力承受风险损失时,可以采取风险自担和风险自保自行消化风险损失。风险自担,就是风险损失发生时,直接将损失摊入成本或费用,或冲减利润;风险自保,就是企业预留一笔风险金或随着生产经营的进行,有计划地计提风险基金,如坏账准备金、存货跌价准备等。

## 四、风险与报酬的关系

风险与报酬的关系一般表现为:风险越大,要求的报酬率越高。在投资报酬率相同的情况下,人们都会选择风险小的投资,竞争使其风险增加,报酬率下降。最终,高风险的项目必须有高报酬,否则就没有人投资;低报酬的项目必须风险也低,否则也没有人投资。风险和报酬的这种关系,是市场竞争的结果。

标准离差率虽然可以正确地评价投资风险程度的大小,但这还不是风险报酬。要计算风险报酬,还必须借助一个系数——风险报酬系数,或称风险报酬斜率。风险报酬、风险报酬系数和标准离差率之间的关系可以用公式表示如下:

$$R_R = bQ$$

式中　$R_R$——风险报酬率;
　　　$b$——风险报酬系数;
　　　$Q$——标准离差率。

在不考虑通货膨胀因素的影响时,投资的总报酬率为
$$K = R_F + R_R = R_F + bQ$$
式中　$K$——投资报酬率；

　　　$R_F$——无风险报酬率。

标准离差率 $Q$ 反映了资产全部风险的相对大小,而风险报酬系数 $b$ 则取决于投资者对风险的偏好。对风险的态度越是回避,要求补偿也就越高,因而要求的风险收益就越高,所以风险报酬系数 $b$ 的值也就越大；反之,如果对风险的容忍程度越高,则说明风险的承受能力越强,那么要求的风险补偿也就没那么高,所以风险报酬系数的取值就会较小。

风险报酬系数的确定主要有以下几种方法：

(1)根据以往的同类项目的历史资料加以确定。风险报酬系数 $b$ 可以参照以往同类投资项目的历史资料,运用以下公式进行计算确定：
$$b = \frac{R - R_F}{Q}$$
式中　$b$——风险报酬系数；

　　　$R$——以往项目的投资报酬率；

　　　$R_F$——无风险报酬率；

　　　$Q$——标准离差率。

(2)根据标准离差率与投资报酬率之间的关系加以确定。在已知公司过去年度的多项投资的报酬率和标准离差率之间的关系的情况下,可以利用以下公式计算确定该公司的风险报酬系数：
$$b = \frac{最高报酬率 - 最低报酬率}{最高标准离差率 - 最低标准离差率}$$

(3)由企业领导或由企业组织有关专家确定。以上两种方法,都必须是在历史资料比较充分的情况下才能使用,如果缺乏历史资料,则可由企业领导,如公司总经理、财务总监、总会计师等根据经验加以确定,也可由企业组织有关专家确定。

(4)由国家有关部门组织专家测算。国家有关部门根据各行业的条件和有关因素,确定各行业的风险报酬系数,由国家定期公布,作为参数供投资者参考。

## 案例分析

××物业公司于2020年2月注册成立,企业注册资本50万人民币。该公司主要经营各大小区的维修管理、设备管理、安全管理等。着人民币升值,公司领导层准确感知智能化管理业务,企业逐渐增加智能化管理业务。

融资需求:企业融资需求贸易融资方面,主要集中在减免保证金开证。企业常年经营进口智能电器,对市场有准备把握。但由于进口为大宗贸易交易,必然产生大额贷款、各项海关赋税,导致占压进口企业大量资金,加大企业的资金压力。

融资方案:鉴于企业的业务、财务情况及棉花进口这一大宗货物进口的交易特点,中信银行为其量身指定了贸易融资方案:对于企业直接从国外进口的货物,中信银行为其办理未来货权质押减免保证金开证业务,引入第三方物流单位,进口货物从装船到港到入库放货全程由监管单位监管操作,中信银行在收到企业存入足额保证金并收到相应提货申请后,发指令给监管单位指示其放货。在操作过程中,如遇到货物价格波动,监管单位随时提示,要求客户

模块四　物业服务企业投资管理

补足保证金,规避风险。对于保税区交易货物,中信银行为其办理保税融通减免保证金开证业务,引入第三方物流单位,标的物入监管单位仓库后由其实施监管操作,中信银行在收到企业存入足额保证金并收到相应提货申请后,发指令给监管单位指示其放货。操作过程中,如遇到货物价格波动,监管单位随时提示,要求客户补足保证金,规避风险。未来货权质押业务确保了我行对质押物的转移占有,保税融通业务确保了中信银行对货权的转移占有,有效地控制了企业的信用风险,又为申请企业的业务发展提供了充足的资金支持。

## 模块小结

项目投资是物业服务企业对企业内部的投资,它是一种以特定项目为对象,直接与新建项目或更新改造项目有关的长期投资行为。本模块主要介绍了物业服务企业投资的概念、资金时间价值、现金流量的估算、项目投资评价基本方法、物业服务企业其他投资、风险分析。

## 思考与练习

### 一、填空题

1. _____是指投资者投放财力于一定对象,以期望在未来获取收益的一种经济行为。
2. 企业投资按投资性质,可分为_____和_____。
3. 企业投资按投资时间长短,可分为_____和_____。
4. _____是指资金在周转使用中由于时间因素而形成的差额价值。
5. 货币时间价值可以用_____表示,也可以用_____表示。
6. _____是指资金无论期限长短,仅按本金计算利息,本金所派生的利息不再计入本金计算利息的方法。
7. _____是在既定利率下,若干期后收到或付出的某笔货币资金按照单利计算,相当于现在的价值,即最初价值。
8. _____是指资金要按一定期限(如1年),将本金所派生的利息计入本金,然后再计算利息的方法。
9. 年金按其每次收付发生的时点不同,可分为_____、_____、_____、_____等几种。
10. _____是指为使年金终值达到既定金额每年应支付的年金数额。
11. _____是指一定时期内每期期初等额收付的系列款项。
12. _____是指无限期等额收付的特种年金。
13. _____是指投资项目在其计算期内各项现金流入量与现金流出量的统称。
14. _____是指该项目所引起的企业现金流入的增加额。
15. _____是指在项目计算期内由每年现金流入量与同年现金流出量之间的差额所形成的序列指标。
16. 净现金流量的简化计算方法有_____、_____。
17. _____是指以投资项目经营净现金流量抵偿原始总投资所需要的全部时间。

18. _____是指达产期正常年度息税前利润或年均息税前利润占投资总额的百分比。

19. _____是指投资项目的净现值占原始投资现值的比率。

20. _____是指能够使未来现金流入量现值等于未来流出量现值的贴现率,或者说是使投资方案净现值为零的贴现率。

21. 在债券投资的过程中,要对债券收益进行评价,债券投资收益评价的指标主要是_____和_____。

22. 股票投资收益评价的主要方法包括计算_____和_____。

23. 按照风险形成的原因不同分类为_____、_____。

24. 风险的衡量通常采用数学中的_____和_____等方法。

25. 把必然发生的事件的概率定为_____,把不可能发生的事件的概率定为_____。

26. 风险与报酬的关系一般表现为:风险越_____,要求的报酬率越_____。

## 二、选择题

1. (　　)是指一定时期内每期期末等额收付款项的复利现值之和。
   A. 普通年金现值　　B. 偿债基金　　C. 普通年金终值　　D. 预付年金

2. (　　)是一定时期内每期期初等额收付款项的复利终值之和。
   A. 预付年金终值　　　　　　　　B. 预付年金现值
   C. 普通年金终值　　　　　　　　D. 普通年金现值

3. (　　)是指最初的年金现金流不是发生在当前,而是发生在若干期后。
   A. 普通年金　　B. 递延年金　　C. 预付年金　　D. 永续年金

4. 按照风险损害的对象不同分类不包括(　　)。
   A. 人身风险　　B. 财产风险　　C. 责任风险　　D. 市场风险

5. (　　)是一个概率分布中的所有可能结果,以各自相应的概率为权数计算的加权平均值,它是加权平均的中心值,通常用符号 $\overline{E}$ 表示。
   A. 概率　　B. 离散程度　　C. 方差　　D. 期望值

6. (　　)是用来表示随机变量与期望值之间离散程度的一个量。
   A. 标准离差　　B. 方差　　C. 标准离差率　　D. 概率

7. 企业投资按投资的风险程度,可分为(　　)。
   A. 确定性投资　　B. 风险性投资　　C. 长期投资
   D. 短期投资　　　E. 对内投资

8. 现金流入的构成包括(　　)。
   A. 营业收入　　B. 固定资产残值收入　　C. 垫支流动资金的收回
   D. 经营成本　　E. 建设投资

9. 贴现的分析评价方法包括(　　)。
   A. 净现值法　　B. 净现值率法　　C. 现值指数法
   D. 内部收益率法　　E. 投资收益率法

10. 与实物投资相比,证券投资具有(　　)特征。
    A. 流动性强　　B. 价格不稳定,风险大　　C. 交易成本低
    D. 交易收益大　　E. 投资周期短

11. 证券投资的种类有(　　)。
    A. 债券投资　　B. 风险投资　　C. 成本投资
    D. 股票投资　　E. 组合投资

## 三、简答题

1. 现代企业财务管理中,投资的作用有哪些?
2. 投资项目的现金流出构成包括哪些?
3. 净现金流量具有哪些特征?
4. 确定现金流量应注意的事项有哪些?
5. 根据分析评价指标的类别,投资项目评价分析的基本方法可分为哪些?
6. 什么是净现值?净现值法所依据的原理是什么?净现值法的优点有哪些?
7. 什么是风险?风险具有哪些特征?
8. 风险的构成要素有哪些?
9. 风险报酬系数的确定主要有哪几种方法?

## 四、计算分析题

1. A 物业服务企业投资项目的现金净流量见表 4-12。

表 4-12　计算分析题 1 表

| T/年 | 0 | 1 | 2 | 3 | 4 | 5 |
|---|---|---|---|---|---|---|
| NCF/万元 | −4 800 | 1 220 | 1 220 | 1 220 | 1 220 | 1 220 |

要求:测算该项目的内部报酬率(IRR)。

2. 某物业服务企业拟定购买一台设备,买价为 310 000 元,预计净残值为 10 000 元,使用期限为 4 年,估计设备每年可为企业增加净利 80 000 元,假设利率为 10%。

要求:(1)计算投资回收期;
　　　(2)计算净现值指标并判断该设备是否值得购买。

3. 企业有两个投资方案的预计现金流量见表 4-13。假设时间价值为 10%。

表 4-13　计算分析题 2 表　　　　　　　　　　　　　　　　　　　　万元

| 方案 | 0 年 | 1 年 | 2 年 | 3 年 |
|---|---|---|---|---|
| 甲 | −1 000 | 700 | 700 | 700 |
| 乙 | −1 300 | 800 | 800 | 800 |

要求:计算两方案的投资净现值,并进行决策。

4. 假设某公司的风险报酬系数为 6.2%,无风险报酬率为 5.5%;其他信息见表 4-14。

表 4-14　计算分析题 3 表

| 经济情况 | 发生概率($P_i$) | 报酬率($K_i$) |
|---|---|---|
| 繁荣 | 0.30 | 35% |
| 一般 | 0.45 | 20% |
| 衰退 | 0.25 | −10% |

要求测算:(1)该公司的期望报酬率;
　　　　　(2)该公司的标准离差;
　　　　　(3)该公司的标准离差率;
　　　　　(4)该公司的风险报酬;
　　　　　(5)该公司股票的投资报酬率。

## 模块五 物业服务企业营运资金管理

 **知识目标**

物业服务企业营运资金管理

1. 了解营运资金的含义、特点；熟悉营运资金的管理目标、营运资金管理的基本要求。
2. 了解现金的管理目标；熟悉企业持有现金的动机、成本；掌握最佳现金持有量的确定、现金日常管理。
3. 了解应收账款的概念、作用；熟悉应收账款的成本、应收账款信用政策的制定。
4. 了解存货管理的概念、作用；熟悉存货的成本、存货的规划、存货的日常管理。

**能力目标**

能够结合企业个案，完成库存资金、银行存款的日常管理，并采取相应措施确定企业最佳现金持有量。

**案例导入**

企业在其日常生产经营过程中，会发生一系列资金收付。第一，企业要采购商品，以便从事相关活动；同时，还要支付工资和其他营业费用；第二，当企业售出产品或商品后，变可取得销售收入，从而收回资金；第三，如果企业现有资金不能满足日常生产经营的需要，还要利用短期负债方式来筹集所需资金。这种由企业日常生产经营而产生的相关资金收支，便是由企业经营而引起的财务活动，称之为企业营运资金。营运资金的管理是物业服务企业财务活动中非常重要的内容，营运资金管理的目标是在保证营运资金的前提下，加速资金的运转，尽量减少资金的过度占用等。

讨论：作为物业服务企业的财务管理人员，怎样才能搞好营运资金的管理呢？

模块五　物业服务企业营运资金管理

# 单元一　营运资金概述

## 一、营运资金的概念

营运资金是企业经营过程中用于日常运营周转的资金。从企业营运资本的外在表现形态上看,营运资本即占用在全部流动资产上的资金,这是广义上的营运资本概念;从企业财务策略和融资结构角度讲,营运资本则是指流动资产与流动负债的差额部分,即净营运资金,这是狭义的营运资本概念;营运资本管理从静态角度看,主要是加强对货币资金、应收款项、存货和预付款项等流动资金项目的管理;从企业动态营运过程来看,则是对采购与付款、销售与收款、存货收发存和货币资金收支等业务循环的管理与控制。

### 小提示

本项目所采用的是广义营运资金概念,即讨论企业投资于流动资产上的资金的确定问题,主要包括三个重要的流动资产项目——现金、应收账款和存货。

## 二、营运资金的特点

研究营运资金的特点有助于企业有效地管理营运资金。营运资金具有以下特点。

**1. 营运资金的周转短**

通常,企业占用流动资产进行资金周转所需的时间在一年或超过一年的一个营业周期以内,对企业影响的时间比较短。根据这一特点,企业的营运资金可以通过商业信用、银行短期借款等短期筹资方式进行筹资。

**2. 营运资金的实物形态具有易变现性**

短期投资、应收账款、存货等流动资产一般具有较强的变现能力,如果遇到意外情况,企业出现资金周转不灵、现金短缺时,便可迅速变卖这些资产,以获取现金。这一点对企业应付临时性的资金需求具有重要的意义。

**3. 营运资金的数量波动大**

企业进行再生产过程中,随着供产销条件的变化,流动资产的占用数量也会起伏不定。季节性企业和非季节性企业的营运资金都有这样的特点。因此,随着流动资产占用量的变动,企业要考虑合理安排营运资金的来源和供需平衡问题,协调好变动的数量关系。

**4. 营运资金来源具有多样性**

相对于企业的长期资金,营运资金在来源上具有灵活多样性。营运资金的需求问题既可通过长期筹资方式解决,也可通过短期筹资方式解决。仅短期筹资就有银行短期借款、商业信用、票据贴现等多种方式。

## 三、营运资金的管理目标

有效的营运资金管理是企业从事理财活动的基础。由于营运资金在企业资金总额中占有较大比重,并伴随企业内部条件和市场环境的变化而处于运营过程中,所以,对营运资金管理的好坏直接影响到企业整个资本的运作。有效的营运资金管理应实现以下目标。

### 1. 充分的流动性

如果一个企业缺乏相应的资金用以偿还到期的债务,那么企业正常的生产和经营活动就将受到影响。因此,企业最根本的管理目标之一就是要保持营运资金具有充分的流动性,以确保日常生产经营活动的需要。而企业营运资金流动性的高低在很大程度上取决于对流动资产和流动负债的控制能力。

### 2. 最小的风险性

营运资金本身的特点决定了企业的资金管理具有风险性。在市场经济条件下,企业的风险呈多样化且难以避免,但可以预防。因此,企业在其可供选择的融资渠道中,应该注意分析其资金结构和风险分布,尽量保持流动资产与流动负债之间的平衡,加强对流动比率、速动比率等财务指标的监控,从而降低到期不能偿债的风险程度。

### 3. 价值最大化

企业拥有的营运资金与其他资金的目的是相同的,即都是使其创造价值最大化。为此,企业应合理确定现金维持量,保持良好的库存结构,加快应收账款的回收,稳妥地进行证券投资,消除不需要的流动负债,使企业整个营运资金能够按照预定的意图进行运营,促使企业实现价值最大化。

## 四、营运资金管理的基本要求

营运资金的管理就是对企业流动资产和流动负债的管理。它既要保证有足够的资金满足生产经营的需要,又要保证能按时按量偿还各种到期债务。企业营运资金管理的基本要求如下。

### 1. 合理确定并控制流动资金的需要量

企业流动资金的需要量取决于生产经营规模和流动资金的周转速度,同时,也受市场及供、产、销情况的影响。企业应综合考虑各种因素,合理确定流动资金的需要量,既要保证企业经营的需要,又不能因安排过量而浪费。平时也应控制流动资金的占用,使其纳入计划预算的控制范围内。

### 2. 合理确定流动资金的来源构成

企业应选择合适的筹资渠道及方式,力求以最小的代价谋取最大的经济利益,并使筹资与日后的偿债能力等合理配合。

### 3. 加快资金周转,提高资金效益

当企业的经营规模一定时,流动资产周转的速度与流动资金需要量成反方向变化。企业应加强内部责任管理,适度加速存货周转、缩短应收账款的收款周期、延长应付账款的付款周期,以改进资金的利用效果。

模块五 物业服务企业营运资金管理

### 知识链接

**营运资金管理的基本思想**

营运资金的基本特征是期限短、流动性强、营利性差,所以,营业资金管理的基本思想是如何对流动性和营利性进行权衡,从而确定一个最佳的营运资金数额,以达到最好的营运资金管理效果。权衡营运资金的流动性和营利性,最主要的判断标准是运用营运资金所产生利润的大小。由于营运资金是维持企业日常正常经营所需的资金,而且营业资金本身的营利性又比较差,因此所需考虑的主要因素是运用营运资金的成本。虽然营运资金涉及的项目较多,但是总的来说,运用营运资金的成本主要包括机会成本、转换成本和短缺成本等。营运资金的机会成本是指因持有营运资金而放弃的投资机会所产生的收益。如现金的机会成本通常指用同等金额的现金进行投资所取得的收益,应收账款的机会成本是指被客户占有的资金的投资收益;营运资金的转换成本是指将营运资金从一种形式转换成另一种形式所需要支付的资金,如存货的转换成本通常指订货成本(现金与存货相互转换的成本),应收账款的转换成本通常是指收账费用(现金与应收账款相互转换的成本);营运资金的短缺成本的含义容易理解,但衡量起来却有难度。综上所述,由于营运资金的收益具有确定性,因此营运资金管理的基本思想是如何确定数额最佳的营运资金数额,使得营运资金的成本最小。

## 单元二 现金管理

### 一、现金管理的目标

现金是指企业在经营和管理过程中暂时停留在货币形态的资金。其包括库存现金、银行存款、银行本票和银行汇票等。

现金是流动性和变现能力最强的资产。其可以用来满足物业服务企业经营、管理和服务开支的各种需要,也是还本付息和履行纳税义务的保证。拥有足够的现金对降低企业风险及增强企业资金的流动性具有重要的意义。但由于现金是非收益性的资产,持有量过多,企业持有现金的机会成本就增大,资产的获利能力就降低。因此,现金的管理目标就是要合理确定现金持有量,减少企业闲置的现金数量,以最低的现金持有量来满足企业对现金的需要,使多余的货币资金用于其他方面的投资,提高资金收益率。

### 二、企业持有现金的动机

物业服务企业持有一定数量的现金,主要基于以下三个方面的动机:

(1)交易动机。交易动机是指企业在正常经营秩序下应当保持一定的现金支付能力。物业服务企业为组织日常经营管理活动,必须保持一定数量的现金余额。一般来说,企业为满足交易动机所持有的现金余额主要取决于企业的销售水平。企业销售扩大,销售额增加,所需现金余额也随之增加。

(2)预防动机。预防动机是指企业为应付紧急情况而需要保持的现金支付能力。这种需求的大小与物业服务企业现金预算的准确性、突发事件发生的可能性及企业取得短期借款的难易程度有关。现金预算越准确、突发事件发生的概率越小、企业取得短期借款越容易,则所需预防性现金余额越小;反之,所需预防性现金余额越大。

(3)投机动机。投机动机是指企业为了抓住各种瞬息即逝的市场机会,获取较大的利益而准备的货币资金余额。如利用证券市价大幅度跌落时购入有价证券,以期在价格反弹时卖出证券获取高额价差收入。投机动机只是物业服务企业确定现金余额时所需考虑的次要因素之一,其持有量的大小往往与企业在金融市场的投资机会及企业对待风险的态度有关。

## 小提示

物业服务企业在确定现金需求量时,一般应综合考虑各方面的动机。现金过多,会降低企业收益;现金过少,又会影响企业的正常经营管理和服务活动。因此,现金的管理应力求既能保证物业服务企业经营管理服务正常的需要,降低风险,又能使企业没有过多的限制现金,以增加收益。

## 三、企业持有现金的成本

通常,物业服务企业持有现金由以下四个部分组成:

(1)机会成本。机会成本是指企业因保留一定的现金余额而丧失的再投资收益。丧失的再投资收益是企业不能同时用该现金进行有价证券投资所产生的机会成本,这种成本在数额上等同于资金成本。放弃的再投资收益即机会成本属于变动成本,它与现金持有量成正比例关系。

(2)管理成本。管理成本是指企业保留现金并对现金进行管理所发生的管理费用。如管理人员工资及必要的安全措施费用等。这部分费用具有固定成本的性质,它在一定范围内与现金持有量的多少关系不大,是现金决策无关成本。

(3)转换成本。转换成本是指企业用现金购入有价证券及转让有价证券换取现金时付出的交易费用,即现金同有价证券之间相互转换的成本,如委托买卖佣金、委托手续费、证券过户费、实物交割手续费等。

(4)短缺成本。短缺成本是指在货币资金持有量不足而又无法及时通过有价证券变现加以补充而给企业造成的损失。货币资金的短缺成本随货币资金持有量的增加而下降,随货币资金持有量的减少而上升,即与货币资金持有量负相关。

## 四、最佳现金持有量的确定

现金持有量决策是物业服务企业财务管理的一项重要内容。最佳现金持有量是指持有这一数量的现金对企业最为有利,能最好地处理各种利害关系。它的确定方法主要有成本分析模式、存货模式、现金周转模式。

### 1. 成本分析模式

成本分析模式是通过分析持有现金的成本,寻找使持有成本最低的现金持有量的一种方法。运用成本分析模式确定最佳现金持有量时只考虑因持有一定量的现金而产生的机会成本及短缺成本,而不考虑管理费用和转换成本。用公式表示为

机会成本＝平均现金持有量×有价证券利率(或报酬率)

现金管理相关总成本＝机会成本＋短缺成本

机会成本与现金持有量成正比例变动关系,而短缺成本与现金持有量呈反方向变动关系。以上关系可用图5-1表示。

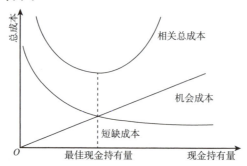

图5-1　成本分析模式示意图

从图5-1可以看出,由于各项成本同货币资金持有量的变动关系不同,使得总成本曲线呈抛物线型,抛物线的最低点即成本最低点。该点所对应的货币资金持有量便是最佳货币资金持有量,此时总成本最低。

在实际工作中,运用该模式确定最佳现金持有量的具体步骤如下:

(1)根据不同现金持有量测算并确定有关成本数值;

(2)按照不同现金持有量及其有关成本资料编制最佳现金持有量测算表;

(3)在测算表中找出总成本最低时的现金持有量,即最佳现金持有量。

【例5-1】某物业服务企业有甲、乙、丙、丁四种现金持有方案,有关成本资料见表5-1。

表5-1　现金持有量备选方案　　　　　　　　　　　　　　　　　元

| 方案项目 | 甲 | 乙 | 丙 | 丁 |
| --- | --- | --- | --- | --- |
| 现金持有量 | 40 000 | 50 000 | 60 000 | 70 000 |
| 机会成本率 | 10% | 10% | 10% | 10% |
| 管理成本 | 2 000 | 2 000 | 2 000 | 2 000 |
| 短缺成本 | 5 500 | 2 300 | 800 | 0 |

根据表5-1,可计算出四种现金持有方案的总成本,见表5-2。

表5-2　最佳现金持有量测算表　　　　　　　　　　　　　　　　元

| 方案项目 | 甲 | 乙 | 丙 | 丁 |
| --- | --- | --- | --- | --- |
| 机会成本 | 4 000 | 5 000 | 6 000 | 7 000 |
| 管理成本 | 2 000 | 2 000 | 2 000 | 2 000 |
| 短缺成本 | 5 500 | 2 300 | 800 | 0 |
| 总成本 | 11 500 | 9 300 | 8 800 | 9 000 |

通过比较表5-2中各方案的总成本可知,丙方案的总成本最低,因此,该企业的最佳现金持有量应为60 000元。

成本分析模式的优点是决策思路简单,容易理解。其主要缺点为:一方面,运用成本分析模式,需要列举企业的现金持有方案,最佳现金持有量是从备选方案中选择出来的,只是相对

最佳,而不是绝对最佳,很可能最佳现金持有方案并不包括在备选方案中;另一方面,现金短缺成本的估计具有很强的主观性,估计结果不一定可靠。

### 2. 存货模式

存货模式最早是由美国经济学家威廉·鲍莫提出的,又称为鲍莫模式。根据这种模式,企业的现金持有量非常类似于存货,因此,可以借用存货的经济批量模型来确定企业的最佳现金持有量。

存货模式的着眼点在于现金有关成本最低。在现金成本中,固定费用相对稳定,与现金持有量的多少关系不大,因此,在存货模式中将其视为决策无关成本而不加以考虑。由于现金是否会发生短缺、短缺多少、概率多大及各种短缺情形发生时可能的损失如何,都存在很大的不确定性和无法计量性,所以,在利用存货模式计算现金最佳持有量时,对短缺成本也不予考虑。机会成本和转换成本随着现金持有量的变动而呈现出相反的变动向,这就要求企业必须对现金与有价证券的分割比例进行合理安排,从而使机会成本与转换成本保持最佳组合。也就是说,能够使现金管理的机会成本与转换成本之和保持最低的现金持有量,即最佳现金持有量。

运用存货模式确定现金最佳持有量时,需要以下列假设为前提:

(1)企业所需现金可通过证券变现取得,且证券变现的不确定性很小。

(2)企业预期内现金需要总量可以预测。

(3)现金的支出过程比较稳定、波动较小,每当现金余额降至零时,均可通过部分证券变现得以补足。

(4)证券的利率或报酬率及每次交易费用可以获悉。

存货模式就是要计算出使现金总成本最小的值。设 $T$ 为一个周期内现金总需求量;$F$ 为每次转换有价证券的固定成本;$Q$ 为最佳现金持有量(每次证券变现的数量);$K$ 为有价证券利息率(机会成本);$TC$ 为现金管理总成本。则

$$现金管理总成本 = 持有机会成本 + 转换成本$$

即

$$TC = \frac{Q}{2} \times K + \frac{T}{Q} \times F$$

现金管理总成本与持有机会成本、转换成本的关系如图 5-2 所示。

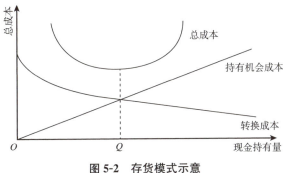

图 5-2 存货模式示意

从图 5-2 可以看出,现金管理的相关总成本与现金持有量呈凹形曲线关系。持有现金的机会成本与证券变现的交易成本相等时,现金管理的相关总成本最低,此时的现金持有量为最佳现金持有量,即

$$\frac{Q}{2} \times K = \frac{T}{Q} \times F$$

将上式代入总成本计算公式得

$$Q = \sqrt{\frac{2TF}{K}}$$

最低现金管理相关总成本为

$$TC = \sqrt{2TFK}$$

【例 5-2】 若某物业服务企业年现金需求量为 12 650 000 元,平均每次资产转化费用为 150 元,年利息率为 10%。要求采用存货模式确定该企业的最佳现金持有量。

$$最佳现金持有量 Q = \sqrt{\frac{2 \times 12\,650\,000 \times 150}{0.10}} = 194\,808(元)$$

即该企业的最佳现金持有量约为 20 万元。

### 小提示

存货模式可以精确地测算出最佳现金余额和变现次数,表述了现金管理中基本的成本结构,它对加强企业的现金管理有一定作用。但是这种模式以货币支出均匀发生,现金持有成本和转换成本易于预测为前提条件。

### 3. 现金周转模式

现金周转模式是从现金周转的角度出发,根据现金的周转速度来确定最佳现金持有量。现金的周转速度一般以现金周转期或现金周转率来衡量。因此,利用该模式确定最佳现金持有量,应包括以下三个步骤:

(1)计算现金周转期。现金周转期是指企业从购买原材料支付现金起到销售商品收回现金所需的时间。其计算公式为

现金周转期 = 存货周转期 + 应收账款周转期 − 应付账款周转期

式中,存货周转期是指将原材料转化为产成品并出售所需要的时间;应收账款周转期是指将应收账款转换为现金所需要的时间,即从产品销售到收回现金的时间;应付账款周转期是指从收到尚未付款的材料开始到现金支出之间所需要的时间。

存货周转期、应收账款周转期、应付账款周转期与现金周转期之间的关系可用图 5-3 加以说明。

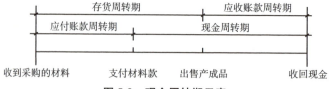

图 5-3 现金周转期示意

(2)计算现金周转率。现金周转率是指一年中现金的周转次数。其计算公式为

$$现金周转率(次数) = \frac{日历天数(360)}{现金周转期}$$

现金周转次数越多,企业的现金需求就越少。

(3)计算最佳现金持有量。最佳现金持有量计算公式如下：

$$最佳现金持有量 = \frac{预测期全年现金需求额}{现金周转率}$$

【例5-3】 某物业服务企业预计全年需要现金880万元，预计存货周转期为80天，应收账款周转期为50天，应付账款周转期为40天，求最佳现金持有量。

现金周转期＝80＋50－40＝90（天）

现金周转率＝360÷90＝4（次）

最佳现金持有量＝880÷4＝220（万元）

所以，如果年初企业持有220万元，那么该笔现金能满足企业日常交易的资金需要。

## 五、现金日常管理

现金日常管理主要涉及现金流入和流出的管理两个方面。现金流入管理主要是使现金尽可能早地流入企业，加速现金的周转；现金流出管理的重点是使现金尽可能推后流出企业。

### 1. 现金回收管理

为了提高现金的使用效率，加速现金周转，企业应尽量加速账款的收回。一般来说，物业服务企业账款的收回需要经过四个时点，即客户开出付款票据、企业收到票据、票据交存银行和企业收到现金。企业账款收回的时间包括票据邮寄时间、票据在企业停留时间及票据结算的时间。在实际工作中，现金回收采用的方法一般有邮政信箱法、银行业务集中法等。

(1)邮政信箱法。邮政信箱法又称为锁箱法，是指在各主要客户所在地承租专门的邮政信箱，并开立分行存款账户，授权当地银行每日开启信箱，在取得客户支票后立即予以结算，并通过电汇再将货款拨给企业所在地银行。这种方法缩短了支票邮寄及在企业停留的时间，但成本较高。

(2)银行业务集中法。银行业务集中法是指企业分别在许多点建立收款中心来加速资金的收取过程。其目的是缩短从顾客邮寄付款支票到企业利用资金的时间。在这种方法下，企业指定一个主要开户行(通常是总部所在地)为集中银行，并在收款额较集中的若干地区设立若干个收款中心；客户收到账单后直接汇给当地收款中心，中心收款后立即存入当地银行；当地银行在进行票据交换后立即转给企业总部所在银行。该方法可以缩短客户邮寄票据所需时间和票据托收所需时间，也就缩短了现金从客户到企业的中间周转时间。但是，采用这种方法须在多处设立收账中心，从而增加了相应的费用支出。

### 2. 现金支出管理

现金支出管理的主要信息是尽可能延缓现金的支出时间。物业服务企业常用现金支出管理方法主要有以下几种：

(1)合理利用现金浮游量。现金浮游量是指企业账户上的存款余额与银行账户上的存款余额之间的差额，有时，企业账户上的存款余额已为零或负数，而银行账户上的该企业的存款余额还有不少，这是因为有些支票企业虽已开出，但客户还没有到银行兑现，银行尚未付款出账。

(2)推迟应付账款的支付。企业在不影响自己的信誉和经济利益不受损害的前提下，充分利用供货方提供的商业信用，尽可能地推迟应付款的支付。

(3)采用汇票付款。在使用支票付款时，只要受款人将支票存入银行，付款人就要无条件地付款。但汇票不是"见票即付"的付款方式，在受款人将汇票送达银行后，银行要将汇票送交付款人承兑，并由付款人将一笔相当于汇票金额的资金存入银行，银行才会付款给受款人,这样就有可能合法地延期付款。

(4)改进工资支付模式。许多企业都为支付工资而设立一个存款账户。这种存款账户余额的多少,当然也会影响公司的现金总额。为减少这一存款数额,企业必须合理预测所开出支付工资的支票到银行兑现的具体时间。

#### 3. 闲置现金投资管理

在实际的经营和管理活动中,物业服务企业每天都有现金的流入,也有现金的流出,两者不可能同步同量。当现金流入量大于现金流出量时,企业现金余额就会增加,这些现金在用于投资或其他业务活动之前会闲置在企业。这些现金可用于短期证券投资以获取利息收入或资本利得,如果管理得当,可为企业增加相当可观的净收益。

## 单元三 应收账款管理

### 一、应收账款的概念

应收账款是指企业因对外赊销商品、提供劳务等而应向购货或接受劳务的单位收取的款项。其主要包括应收销售款、其他应收款、应收票据等。应收账款发生的原因主要有以下两种:

(1)商业竞争。在市场经济条件下,存在着激烈的商业竞争。出于扩大销售的竞争需要,企业不得不以赊销或其他优惠方式招揽顾客,于是就产生了应收账款。由竞争引起的应收账款是一种商业信用。

(2)销售和收款的时间差距。销售时间与收款时间经常不一致,因为货款结算需要时间。结算手段越是落后,结算需要的时间越长,应收账款收回所需的时间就越长,销售企业只能承认这种现实并承担由此引起的资金垫支。需要指出的是,由此而造成的应收账款,不属于商业信用,也不是应收账款的主要内容,因此,这里只讨论属于商业信用的应收账款的管理。

### 二、应收账款的作用

应收账款在物业服务企业经营与服务中的作用主要包括以下两个方面:

(1)促进销售。在市场竞争比较激烈的情况下,赊销是促进销售的一种重要方式。企业赊销实际上向顾客提供了两项交易,向顾客销售产品和在一个有限的时期内向顾客提供资金。在银根紧缩、市场疲软、资金匮乏的情况下,赊销具有明显的促销作用,对企业销售新产品、开拓新市场具有重要的意义。

(2)减少库存。由于赊销具有促销功能,可以加速产品的销售,从而可以降低存货中产成品的数额,这有利于缩短产成品的库存时间,降低产成品存货的管理费用、仓储费用和保险费用等各方面的支出。因此,当产成品较多时,一般应采用较优惠的信用条件进行赊销,将存货转化为应收账款,减少产成品存货,节约各种支出。

(3)开拓新市场的功能。企业为了开拓新市场,扩大市场占有率,一般会采取较优惠的信用条件进行销售,通过持有应收账款的形式,企业向顾客提供了两项交易,即向顾客销售产品和在一个有限的时间内向顾客提供资金。企业提供商业信用,实际上是在销售中向购货方提供一笔无息贷款,很显然会起到吸引顾客、开拓市场的作用。

## 三、应收账款的成本

企业持有应收账款应付出一定的代价,即应收账款的成本,具体包括机会成本、管理成本和坏账成本。

(1)机会成本。应收账款的机会成本是指企业的资金因占用于应收账款而不能用于其他投资,由此丧失的投资收益。机会成本的大小通常与企业应收账款占用资金的数额成正向关系,即应收账款占用资金数额越大,机会成本越高;反之越低。这种成本一般按有价证券的利息率或资本成本率来计算。其计算公式如下:

应收账款的机会成本＝应收账款占用资金×资金成本率(或有价证券利息率)

式中,资金成本率一般按有价证券利率计算,应收账款占用资金可按下列步骤计算:

应收账款占用资金＝应收账款平均余额×变动成本率(或销售成本率)

应收账款平均余额＝日平均赊销收入净额×平均收款期

(2)管理成本。管理成本是指企业对应收账款进行管理而耗费的开支。其是应收账款成本的重要组成部分,主要包括对客户的资信调查费用、应收账款簿记录费用、收账费用及其他费用等。

(3)坏账成本。应收账款存在着无法收回的可能性,所以就会给债权企业带来损失,即坏账成本。企业应收账款余额越大,坏账成本就越大。

## 四、应收账款信用政策的制定

信用政策是指企业对应收账款的发生和收回所制定的一系列政策,是企业财务政策的一个重要组成部分。制定合理的信用政策,是加强应收账款管理,提高应收账款投资效益的重要前提。应收账款信用政策包括信用标准、信用条件和收账政策等内容。

### 1. 信用标准

信用标准是指客户在获得物业服务企业提供商业信用时要求达到的信用程度,通常以预期的坏账损失率表示。信用标准的高低决定了企业信用政策的严格程度,也直接影响企业的销售水平及应收账款的风险与成本。

(1)信用分析。企业在设定某一顾客的信用标准时,往往要对客户进行了解评估,常用的是 5C 评价法和信用评分法,下面介绍 5C 评价法。

所谓 5C 评价法是指评估客户信用品质的以下五个方面:

1)品质(Character),是指客户的信誉,即履行偿债义务的可能性。

2)能力(Capacity),是指客户的偿债能力,即其流动资产的数量与质量及与流动负债的比例。

3)资本(Capital),是指客户的财务实力和财务状况,表明顾客可能偿还债务的背景。

4)抵押(Collateral),是指客户无力支付款时能被用作抵押的资产。

5)条件(Condition),是指可能影响顾客付款能力的经济环境。

(2)信用分析的信息来源。信用的 5C 系统代表了信用风险的判断因素,要做到客观、准确的判断,关键在于能否及时掌握客户的各种信用资料。这些资料的来源主要有以下几个渠道:

1)财务报表。财务报表即企业对预期的"准信用"客户索取或查询近期的资产负债表和利润表等报表。这些资料是企业进行分析评估的最重要信息,企业可据此对赊销对象的资产流动性、支付能力及经营业绩诸方面进行详尽的分析,并作出判断。

2)银行证明。银行证明即应客户要求,由客户的开户银行出具一些有关其信用状况的证明材料,如客户在银行的平均现金余额、贷款的历史信用信息等。

3)企业间证明。一般来说,企业的每一客户对外会同时拥有许多供货单位,所以,企业可以通过与同一客户有关的各供货企业交换信用资料,如交易往来的持续时间、提供信用的条件、数额及客户支付货款的及时程度等证明。这些供货单位出具的书面证明,再加上必要的调查了解,可为企业对客户信用状况做出准确的评价奠定良好的基础。

4)信用评级和信用报告。公司可以从各种商业信用评级机构获取企业的信用评级资料。

(3)信用标准的制定。在收集、整理客户的信用资料后,即可采用5C系统分析客户的信用程度。为避免信用评价人员的主观性,在对客户信用状况进行定性分析的基础上,还有必要对客户的信用风险进行定量分析。可以采用多项判断法,其具体步骤如下:

1)设立信用标准。首先查阅客户以前若干年的信用资料,找出具有代表性、能说明偿债能力和财务状况的比率,作为评判信用风险的指标,然后根据最近几年内"信用好"和"信用差"两个比率的平均值,作为评价该客户的信用标准。

2)计算客户的风险系数。利用各客户的财务报表,计算这些指标,并与标准值进行比较。其方法是:若某客户的某项指标等于或低于最坏信用标准,则客户的风险系数增加10%;若某项指标介于好的信用标准与差的信用标准之间,则客户的风险系数增加5%;若某客户的某项指标等于或高于好的信用标准,则客户的风险系数为0,即无信用风险。各项指标比较后,即可累计客户的风险系数。

3)风险排序。企业按上述方法分别计算出各客户的累计风险系数,即可按风险系数的大小进行排序,系数小的排在前面,系数大的排在后面,由此便可根据风险程度由小到大选择客户。

### 2. 信用条件

信用标准是企业评价客户等级,决定给予或拒绝客户信用的依据。如果企业决定给予客户信用优惠时,就必须考虑具体的信用条件。因此,所谓信用条件就是指业主或客户应物业服务企业的要求支付应付账款的条件。其主要由信用期限、折扣期限及现金折扣三部分内容组成。

(1)信用期限。信用期限是企业允许顾客从购货到付款之间的时间,或者说是企业给予顾客的付款期限。例如,某企业允许顾客在购货后的50天内付款,则信用期限为50天。信用期过短,不足以吸引顾客,在竞争中会使销售额下降;信用期放长,对销售额增加固然有利,但只顾及销售增长而盲目放宽信用期限,所得的收益有时会被增长的费用抵销,甚至造成利润减少。因此,企业必须慎重研究,规定恰当的信用期限。

(2)折扣期限和现金折扣。折扣期限是企业给予客户折扣的期限,通常用天数来表示;现金折扣是物业服务企业为鼓励业主或客户早日付款而给予其在商品价格上所做的扣减。现金折扣的表示方法一般采用"2/10,1/20,N/30"这样一些符号形式。分子代表的是折扣期。其含义是:3/10 表示在 10 天内付款,可享受 3% 的优惠,即只需要原价的 97%;1/20 表示在 20 天内付款,可享受 1% 的优惠,即只需要原价的 99%;N/30 表示在付款的最后期限付款,此时无任何优惠条件。

企业给予顾客现金折扣虽能带来增加销售额、缩短平均应收账款占用期、减少资金成本的利益，但也会使企业丧失折扣本身的利益。因此，企业应确立一个最适合的现金折扣金额，在这一折扣量上，增加的利益与折扣成本正好相等，也就是理论上的最优折扣率。是否要向客户提供现金折扣，关键是要比较提供现金折扣后，减少的资金占用的好处是否比运用现金折扣所放弃的好处更大。

### 3. 收账政策

收账政策是指企业针对客户违反信用条件，拖欠甚至拒付账款所采用的收账策略与措施。收账政策应建立在一个适宜的范围之内。如果过于消极，收账工作将很难发生实际的效用，应收账款的机会成本和坏账损失将会提高；如果过于严格，则在降低机会成本和坏账损失的同时，提高了相应的收账费用，还会影响与客户的正常业务关系而导致一些其他问题。一项适宜的收账政策，应该是对这些成本与效益的此消彼长关系进行分析并在此基础上进行权衡的结果。

在企业向客户提供商业信用时，必须考虑三个问题：一是客户是否会拖欠或拒付账款，程度如何；二是怎样最大限度地防止客户拖欠账款；三是一旦账款遭到拖欠甚至拒付，企业应采取怎样的对策。对于前两个问题主要可依靠信用调查和严格的信用审批制度进行控制；而对于第三个问题则必须通过规定完善的收账方针，采取有效的收账措施予以解决。可见，在企业向客户提供信用之前或当时，就应当对发生账款拖欠或拒付的各种可能情形进行合理的预计，并制订相应的收账方针，防患于未然，而不能在账款实际已遭到拖欠或拒付时才消极被动地进行催款。因此，收账政策是企业整个信用政策在实施过程中的一个有机组成部分。

企业催收账款要发生费用，某些催款方式的费用还会很高（如诉讼费）。一般来说，收款的花费越大，收账措施越有力，可收回的账款就越多，坏账损失就越少。因此，制定收账政策要在收账费用和所减少的坏账损失之间作出权衡。制定有效、得当的收账政策很大程度上靠有关人员的经验；从财务管理的角度讲，也有一些量化的方法可予参照，根据应收账款总成本最小化的原则，可以通过各收账方案成本的大小进行比较来对其加以选择。

【例 5-4】 已知某企业对应收账款原有的收账政策和拟改变的收账政策见表 5-3。假设资金利润率为 10%，根据表 5-3 中的资料，计算两种方案的收账总成。

表 5-3 收账政策备选方案资料

| 项目 | 现行收账政策 | 拟改变的收账政策 |
| --- | --- | --- |
| 年收账费用/万元 | 90 | 150 |
| 应收账款平均收账天数/天 | 60 | 30 |
| 坏账损失占赊销额的百分比/% | 3 | 2 |
| 赊销额/万元 | 7 200 | 7 200 |
| 变动成本率/% | 60 | 60 |

计算结果见表5-4。

表5-4 收账政策分析评价表

| 项目 | 现行收账政策 | 拟改变的收账政策 |
| --- | --- | --- |
| 赊销额/万元 | 7 200 | 7 200 |
| 应收账款平均收账天数 | 60 | 30 |
| 应收账款平均余额/万元 | 7 200/360×60＝1 200 | 7 200/360×30＝600 |
| 应收账款占用的资金/万元 | 1 200×60％＝720 | 600×60％＝360 |
| 收账成本 | | |
| 应收账款机会成本/万元 | 720×10％＝72 | 360×10％＝36 |
| 坏账损失/万元 | 7 200×3％＝216 | 7 200×2％＝144 |
| 年收账费用/万元 | 90 | 150 |
| 收账总成本/万元 | 378 | 330 |

表5-4中的计算结果表明，拟改变的收账政策较现行的收账政策减少的坏账损失和减少的应收账款机会成本之和为(216－144)＋(72－36)＝108(万元)，大于增加的收账费用150－90＝60(万元)，因此，改变收账政策的方案是可行的。

## 坏账准备的核算

商业信用的发展为企业间的商品交易提供了条件，但由于企业外部环境的复杂及不确定因素的存在，无可避免地为应收账款的回收带来了风险。企业无法收回或收回可能性极小的应收账款，会计上就称为坏账，由此产生的损失就称为坏账损失。企业在管理和服务经营中应该加强对应收账款的管理，采取积极有效的方法，及时催收、清算，定期与欠款单位或个人进行对账核实。现行会计制度规定，应收账款符合下列条件之一时，可以确认为坏账：

(1)债务人破产，依照破产清算程序进行清偿后，确实无法收回的部分；

(2)债务人死亡，对其遗产清偿后，确实无法收回的部分；

(3)债务人逾期未履行偿债义务超过3年，并有足够证据表明无法收回或收回的可能性极小。

按照规定和会计核算程序确认为坏账的应收账款，并不意味着企业就放弃其法律上的追索权，一旦重新追回，应该及时入账。

最新的会计制度规定，企业发生的坏账一般采用备抵法进行核算。但在实际工作中，对于应收账款不多的企业，发生坏账可能性很少的企业，也可以在直接发生坏账时，计入"管理费用"，同时冲减"应收账款"处理，不必通过计提坏账准备来核算。

备抵法是指在坏账实际发生之前，就依据权责发生制原则估计损失，并按一定比例预先提取坏账准备数额，借记"管理费用"，贷记"坏账准备"，等到坏账实际发生时再冲减"坏账准备"，同时冲减"应收账款"。

采用备抵法估计坏账损失，可以有四种方法选择，分别是应收账款余额百分比法、账龄分析法、销货百分比法和个别认定法。但一般采用较多的是应收账款余额百分比法和账龄分析法。下面介绍这两种方法的核算。

（1）应收账款余额百分比法。采用应收账款余额百分比法，是根据期末应收账款的余额乘以坏账估计比例提取当期坏账准备数。首次计提坏账准备时：

$$坏账准备提取数＝应收账款余额×计提比例$$

以后再计提坏账准备时：

$$坏账准备提取数＝应收账款余额×计提比例±坏账准备账面余额$$

注意：这时计提坏账准备数，应该先确定"坏账准备"账面余额在借方还是贷方。若是借方余额则加；若是贷方余额则减。

（2）账龄分析法。账龄分析法是根据应收账款入账时间的长短来估计坏账损失的方法。虽然应收账款能否收回及能收回多少，不一定完全取决于入账时间的长短，但一般来说，应收账款拖欠的时间越长，发生坏账的可能性越大。因此，账龄分析法就是按照账龄长短来估计坏账率，拖欠时间越长，估计率就越大；反之估计率就越小。

## 五、应收账款日常管理

应收账款发生后，企业应该加强日常管理，采取各种措施，尽量争取按期收回款项，否则会因时间拖延太久而发生坏账损失。

### 1. 应收账款的管理原则

应收账款控制过程中应遵循的管理原则如下：

（1）采用最大化原则。应收账款控制的任务不是使信用条件越低越好，也不是使坏账损失越少越好，而是要使企业利润达到最大。不应过分回避风险、避免出现坏账损失，而是要全面权衡，既要考虑坏账损失、机会成本，也要考虑企业利润大小，以利润最大为决策原则。

（2）区别对待客户的原则。对发生应收账款的客户或业主，企业要区别对待，集中精力用于信用差、可靠性较低的客户的调查分析，对其严格控制，而不是把精力平均分摊到每个客户或业主上。

（3）从长远利益出发的原则。应收账款管理是动态的，企业不仅要看眼前的利益，而且要注重长远利益，以便在市场上占有地位，同业主或客户建立长期的良好关系及网络。这对企业在市场上的生存和发展非常重要。

### 2. 应收账款管理工作内容

应收账款日常管理工作主要包括应收账款追踪分析、应收账款账龄分析、应收账款收现保证率分析等内容。

（1）应收账款追踪分析。应收账款一旦形成，企业就必须考虑如何按期足额收回的问题。要达到这一目的，企业就有必要在收款之前，对该项应收账款的运行过程进行追踪分析，重点要放在赊销商品的变现方面。企业要对赊购者的信用品质、偿付能力进行深入调查，分析客户货币资金的持有量与调剂程度能否满足兑现的需要。应将那些挂账金额大、信用品质差的客户的欠款作为考察的重点，以防患于未然。

（2）应收账款账龄分析。企业的应收账款时间有长有短，有的尚未超过信用期限，有的则超过了信用期限。一般来说，拖欠时间越长，款项收回的可能性越小，形成坏账的可能性越大。对此，企业应实施严密的监督，随时掌握回收情况。

应收账款账龄分析，也称应收账款账龄结构分析。所谓应收账款的账龄结构，是指各账龄应收账款的余额占应收账款总计余额的比重。通常,企业通过编制账龄分析表对应收账款回收情况进行监督。应收账款账龄分析见表5-5。

表5-5 应收账款账龄分析表

| 应收账款账龄 | 客户数/个 | 应收账款金额/万元 | 金额比例/% |
|---|---|---|---|
| 信用期内 | 200 | 8 | 40 |
| 超过信用期1~20天 | 100 | 4 | 20 |
| 超过信用期21~40天 | 50 | 2 | 10 |
| 超过信用期41~60天 | 30 | 2 | 10 |
| 超过信用期61~80天 | 20 | 2 | 10 |
| 超过信用期81~100天 | 15 | 1 | 5 |
| 超过信用期100天以上 | 5 | 1 | 5 |
| 应收账款总额 | — | 20 | 100 |

(3)应收账款收现保证率分析。由于企业当期现金支付需要量与当期应收账款收现额之间存在着非对称性矛盾,并呈现出预付性与滞后性的差异特征。所以,企业必须对应收账款收现水平制定一个必要的控制标准,即应收账款收现保证率。

应收账款收现保证率是为适应企业现金收支匹配关系的需要所确定出的有效收现的账款应占全部应收账款的百分比,是两者应当保持的最低比例。其计算公式为

$$
\text{收现保证率} = \left( \text{应收账款当期必要现金支付总额} - \text{应收账款当期其他稳定可靠的现金流入总额} \right) \Big/ \text{当期应收账款总计金额}
$$

式中,其他稳定可靠的现金流入总额是指从应收账款收现以外的途径可以取得的各种稳定可靠的现金流入数额,包括短期有价证券变现净额、可随时取得的银行贷款额等。

企业应定期计算应收账款实际收现率,看其是否达到了既定的控制标准,如果发现实际收现率低于应收账款收现保证率,应查明原因,采取相应措施,确保企业有足够的现金满足同期必需的现金支付要求。

**3. 应收账款风险的防范与控制**

任何企业在实施商业信用时,应收账款的坏账损失都难以避免。按照现行国家制度规定,确认坏账损失的标准有两条:一是因债务人破产或死亡,依照民事诉讼以其破产财产或遗产(包括义务承担人的财产)清偿后,仍确实无法收回的应收账款;二是经主管财政机关核准的债务人预期未履行的偿债义务超过三年仍无法收回的应收账款。企业的应收账款现状符合上述任何一个条件,均可作为坏账处理。

为加速应收账款的周转,降低应收账款的风险,企业应采取以下措施:

(1)加强对客户偿债能力与信用状况的调查和分析。通过对客户的调查、分析和评价,确定各客户的信用等级,并给予相应的信用条件、信用期限、现金折扣及折扣期限与赊销额度。例如,在确定赊销额度时,可以采用总量控制法,只赊给客户所售货物的收益部分,即假设货物成本为2 000元,售价为3 000元,给客户的赊销额度可以是1 000元。

(2)做好日常核算工作。分类账中设置"应收账款"账户,汇总记载企业所有客户的账款增减数额,以反映企业总的应收账款数额及各个客户应收账款数额的变动情况。

(3)定期与客户对账,抓紧催收货款。在给予客户信用期限和折扣期限内,要经常与客户

保持联系,定期将账款往来清单送交客户核对,以保证记录的正确,及时掌握应收账款数额和偿还情况;对于已超过信用期限的,应及时通知客户,提醒其早日付清账款,必要时应电告或派人登门催收。

## 单元四 存货管理

### 一、存货管理的概念

存货是指企业在正常生产经营过程中持有以备出售的产成品或商品,或者为了出售仍然处在生产过程中的在产品,或者将在生产过程或提供劳务过程中耗用的材料、物料等。

存货在流动资产总额中占有一定的比重,存货的管理就是指物业服务企业对存货要合理安排储备量,避免因存货不足而影响物业经营和服务,或因积压而占用过多的资金,以及存货的保管、维护和安全管理工作。因此,加强存货的管理是物业服务企业的一项重要内容。

**知识链接**

#### 存货的特点

(1)物业服务企业的存货体现了物业服务企业具有服务性的特点。物业服务企业的存货库存量可根据公共设备设施质量及已使用年限来核定。库存不必占用太多的资金,能满足日常维修需要即可。

(2)物业服务企业的库存存货数量不大,但品种规格较多,要求有严格的管理制度。

(3)物业服务企业的主要库存为维修常用材料、工具备品、清洁剂及清洁用的各种用具、办公用品。

### 二、存货的作用

存货在物业服务企业经营和服务过程中的作用主要表现在以下几个方面:

(1)保证经营需要。保持适量的存货是保持企业经营正常进行的基本条件。物业小区的设备设施经常发生跑、冒、滴、漏、堵和故障现象,为避免造成不良的后果和损失,保证居民日常生活不受影响,企业需要储备一定的存货。

(2)降低进货成本。很多企业为扩大销售规模,对购货方提供较优厚的商业折扣待遇,即购货达到一定数量时,便在价格上给予相应的折扣优惠。企业采取批量集中进货,可获得较多的商业折扣。另外,通过增加每次购货数量,减少购货次数,可以降低采购费用支出。

(3)适应市场变化。存货储备能增强企业在生产和销售方面的机动性及适应市场变化的能力。企业有了足够的库存产成品,能有效地供应市场,满足顾客的需要。相反,若某种畅销产品库存不足,将会坐失眼前的或未来的推销良机,并可能因此而失去顾客。在通货膨胀时,适当地储存原材料存货,能使企业获得市场物价上涨的好处。

## 三、存货的成本

为了保证物业服务企业的经营管理服务活动正常进行,企业必须储备一定量的存货,但也会由此而发生各项支出,这就是存货成本。其主要包括以下几个方面。

### 1. 进货成本

进货成本又称取得成本,主要由存货的进价成本和进货费用两个方面构成。其中,进价成本又称购置成本,是指存货本身的价值,等于数量与单价的乘积。在一定时期进货总量既定的条件下,无论企业采购次数如何变动,存货的进价成本通常是保持相对稳定的(假设物价不变且无采购数量折扣),因而属于决策无关成本。进货费用又称订货成本,是指企业为组织进货而开支的费用,如办公费、差旅费、运输费、检验费等。进货费用有一部分与订货次数有关,如差旅费等与进货次数成正相关变动,这类变动性进货费用属于决策的相关成本;另一部分与订货次数无关,如专设采购机构的基本开支等,这类固定性进货费用则属于决策的无关成本。

### 2. 存储成本

存储成本是指企业持有存货而发生的费用。其主要包括存货占用资金的利息或机会成本、仓储费用、保险费用、存货残损霉变损失等。一般来说,大部分存储成本随存货存储量的增减而呈正比例变化,即存储量越大,存储成本也越大。因此,大部分存储成本属于存货经济批量决策的相关成本,企业若想降低储存成本,则需要小批量采购,减少存储数量。

### 3. 缺货成本

缺货成本是指由于存货供应中断造成的停工损失、产成品库存缺货造成的拖欠发货损失和丧失销售机会的损失等。如果生产企业能够以替代材料解决库存材料供应中断,缺货成本便表现为替代材料紧急采购的额外开支。缺货成本能否作为决策的相关成本,应视企业是否允许出现存货短缺的不同情形而定。

## 四、存货的规划

存货管理的目标是使存货始终保持在一个"最优化水平"上,所谓"最优化水平"就是指存货不能过高也不能过低,要控制在一个"恰到好处"的适当水平,如何才能"恰到好处"呢?这就需要探讨为了保证适当的存货量,一年分几次订货,每次订货批量多大最经济,订货点选择在何时比较合适,这称为存货的规划。在众多存货规划的方法中,最常用的是存货经济批量法。

### 1. 存货经济批量的含义

存货经济批量又称经济进货批量,是指能够使一定时期存货的相关总成本达到最低点的进货数量。通过上述对存货成本的分析可知,决定存货经济进货批量的成本因素主要包括变动性进货费用(简称进货费用)、变动性存储成本(简称存储成本)及允许缺货时的缺货成本。不同的成本项目与进货批量呈现着不同的变动关系。减少进货批量,增加进货次数,在影响存储成本降低的同时,也会导致进货费用与缺货成本的提高;反之,增加进货批量,减少进货次数,尽管有利于降低进货费用与缺货成本,但同时会影响存储成本的提高。

## 2. 基本经济批量模型

基本经济批量模型需要设立以下假设条件：

(1)企业一定时期的订货总量可以较为准确地予以预测。

(2)存货的耗用或销售比较均衡。

(3)存货的价格稳定，且不存在数量折扣，进货日期完全由企业自行决定，并且每当存货量降为零时，下一批存货均能马上一次到位。

(4)仓储条件及所需现金不受限制。

(5)不允许出现缺货情形。

(6)所需存货市场供应充足，不会因买不到所需存货而影响其他方面。

由于企业不允许缺货，即每当存货数量降至零时，下一批订货便会随即全部购入，因此不存在缺货成本。此时与存货订购批量、批次直接相关的就只有进货费用和存储成本两项。这样，进货费用与存储成本总和最低水平下的进货批量，就是经济进货批量。

假设：$Q$ 为经济进货批量；$A$ 为某种存货年度计划进货总量；$B$ 为平均每次进货费用；$C$ 为单位存货年度单位存储成本；$P$ 为进货单价。则：

$$经济进货批量(Q) = \sqrt{2AB/C}$$

$$经济进货批量的存货相关总成本(TC) = \sqrt{2ABC}$$

$$经济进货批量平均占用资金(W) = PQ/2 = P\sqrt{AB/(2C)}$$

$$年度最佳进货批次(N) = A/Q = \sqrt{AC/(2B)}$$

为了更清楚地显示经济批量法的模型，可绘制如图 5-4 所示的存货经济批量函数图。

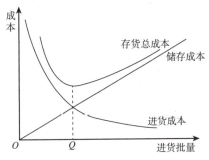

**图 5-4　存货经济批量函数图**

图 5-4 标出了存货的进货费用、保管费用及总费用(两者之和)之间的关系。当进货批量很小时，较高的进货费用掩盖了较低的存储费用，总费用较高。随着进货批量的逐渐加大，由于固定的进货费用分摊到逐步增高的存货上，所以总费用曲线逐步下降。但当订货批量继续增大时，增加的存储保管费用超过了减少的单位采购费用，从而引起总费用曲线的重新上升。$Q$ 点正好是存储费用与进货费用相交的点，它表示存货总成本最低的经济订购批量。

【例 5-5】　某物业服务企业维修每年需耗用甲材料 1 000 kg，该材料的单位采购成本为 20 元/kg，单位存储成本为 4 元/kg，平均每次进货费用为 20 元，则

$$Q = \sqrt{\frac{2 \times A \times B}{C}} = \sqrt{\frac{2 \times 1\,000 \times 20}{4}} = 100(\text{kg})$$

$$TC = \sqrt{2 \times A \times B \times C} = \sqrt{2 \times 1\,000 \times 20 \times 4} = 400(元)$$

$$W = Q \times P/2 = 100 \times 20/2 = 1\,000(元)$$

$$N = A/Q = 1\,000 \div 100 = 10(次)$$

上述计算表明,当进货批量为 100 kg 时,进货费用与储存成本总额最低。

### 3. 存在商业折扣情况下的经济批量决策

在基本经济批量中,假定不存在价格折扣。而现实中,许多企业为扩大销售,对大批量采购在价格上都会给予一定的优惠,这种情况下,采购成本也成为决策的相关成本,即

$$存货相关总成本 = 相关进货成本 + 相关存储成本 + 采购成本$$

计算步骤为:先假设不存在价格折扣,计算基本经济批量,然后加进不同批量的采购成本,通过比较,确定出总成本最低的订货批量,即有数量折扣时的经济订货批量。

**【例 5-6】** 某企业全年需要甲材料 1 200 kg,每一次的订货成本为 400 元,单位存储成本为 6 元,材料单价为 200 元/kg,计算相关指标。若每次订货超过 600 kg,可给予 3% 的价格折扣,问应以多大的批量订货?

(1)按经济批量采购,不享受价格折扣,则

$$\begin{aligned}存货相关总成本 &= 相关进货成本 + 相关储存成本 + 采购成本\\ &= 1\,200/400 \times 400 + 400/2 \times 6 + 1\,200 \times 200\\ &= 242\,400(元)\end{aligned}$$

(2)不按经济批量,享受价格折扣,即每次进货 600 kg,则

$$\begin{aligned}存货相关总成本 &= 相关进货成本 + 相关储存成本 + 采购成本\\ &= 1\,200/600 \times 400 + 600/2 \times 6 + 1\,200 \times 200 \times (1-3\%)\\ &= 235\,400(元)\end{aligned}$$

通过以上比较可知,订货量为 600 kg 时,总成本较低,所以有数量折扣的经济批量为 600 kg。

### 4. 存在缺货情况下的订货批量

若取消不允许出现缺货的假设即对缺货成本加以考虑。假设 $S$ 为企业单位缺货年均成本,则允许缺货情况下的订货批量存货计算公式为

$$Q = \sqrt{\frac{2DK}{K_c}} \times \sqrt{\frac{K_c + S}{S}} = \sqrt{\frac{2KD(K_c + S)}{K_c S}}$$

## 五、存货的日常管理

为了保证物业服务企业在经营管理服务正常进行的前提下尽量减少库存,防止积压,需要加强存货的日常管理工作。在实际工作中,常用的存货日常管理方法主要是存货 ABC 分类管理法。

存货 ABC 分类管理法是意大利经济学家巴雷特在 19 世纪首创的。对一个大型物业服务企业来说,经常有成千上万种存货。在这些存货中,有的价格昂贵,有的不值一文;有的数量庞大,有的寥寥无几。如果不分主次,面面俱到,对每种存货都进行周密的规划和严格的控制,就会抓不住重点,不能有效地控制主要的存货资金,甚至浪费人力、物力和财力。

存货 ABC 分类管理法是将存货各项目按其品种、数量和金额大小进行分类,区别重点和一般,实施不同的管理策略方法。存货 ABC 分类管理法可分以下几个步骤:

(1)计算每种存货在一定期间内(通常为1年)的资金占用额。

(2)计算每种存货资金占用额占全部存货资金占用额的百分比,并按大小顺序排列,编制成表格。

(3)将存货占用资金数目大、品种数量较少的确定为A类;将存货占用资金一般、品种数量相对较多的确定为B类;将存货品种数量繁多、但价值较小的确定为C类。

(4)对A类存货进行重点规划和控制;对B类存货进行次重要管理;对C类存货实行一般管理。

ABC管理法的要求见表5-6。

表5-6　ABC管理法的要求

| 项目 | 存货成本、实物比重 | 控制力度 | 管理方法与核算方法 |
| --- | --- | --- | --- |
| A类存货 | 成本70%,实物20% | 重点管理 | 经济订购批量、永续盘存制 |
| B类存货 | 成本20%,实<30% | 一般控制 | 永续盘存制 |
| C类存货 | 成本10%,实物>50% | 简单管理 | 双箱法和红线法 |

说明:所谓"双箱法",就是将某项库存物资分装两个货箱,第一箱的库存量是达到订货点的耗用量,当第一箱用完时,就意味着必须马上提出订货申请,以便补充生产中已领用和即将领用的部分。

【例5-7】　某物业服务企业消耗材料共20种,其分类情况见表5-7。

表5-7　某企业消耗材料分类情况

| 材料名称 | 年耗用量/吨 | 单价/元 | 年耗用金额/元 | 资金占用比率/% | 分类 |
| --- | --- | --- | --- | --- | --- |
| 1号 | 5 000 | 70 | 350 000 | 35.7 | A |
| 2号 | 3 400 | 60 | 204 000 | 20.8 | A |
| 3号 | 987 | 154 | 152 000 | 15.5 | A |
| 3种材料小计 | | | 706 000 | 72 | A |
| 4号 | 1 139.5 | 43 | 49 000 | 5 | B |
| 5号 | 1 451.9 | 27 | 39 200 | 4 | B |
| (略) | | | | | |
| 5种材料小计 | | | 196 000 | 20 | B |
| 其余12种材料 | | | 78 000 | 8 | C |
| 合计 | | | 980 000 | 100 | |

以上各种材料按消耗金额大小为分类标准:

A类:耗用金额在15万元以上;

B类:耗用金额为2万~15万元;

C类:耗用金额在2万元以下。

根据上述资料可绘制出存货项目分布图,如图5-5所示。

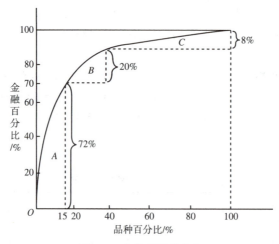

图 5-5　存货项目分布图

从图 5-5 中可见，A 类存货虽少(15％)，但占用的资金多(72％)，应集中主要力量管理，对其经济批量要认真规划，对收入、发出要严格控制；C 类存货种类繁多(60％)，但占用资金不多(8％)，并且这类存货的经济批量可凭经验确定，不必花费大量时间和精力去规划和控制；B 类存货介于 A 类和 C 类之间，也应给予相当的重视，但不必像 A 类那样严格控制。

## 知识链接

### 物业服务企业存货的核算

物业服务企业库存的原材料包括原料及主要材料、辅助材料、外购半成品(外购件)、修理用配件、燃料、包装物等。材料成本的核算一般采用实际成本法。

**1. 主要科目的设置**

(1)"库存材料"科目。本科目用于核算物业服务企业库存的各种材料，包括原料及主要材料、辅助材料、外购半产品(外购件)、修理用配件、燃料、包装物等的实际成本。其借方登记验收入库的各种材料的实际成本；贷方登记发出各种材料的实际成本；期末余额在借方，反映库存材料的实际成本。

"库存材料"科目应按照材料的存放地点(仓库)、材料的类别、品种和规格分别设置明细账进行明细分类核算。材料明细账应根据收料凭证和发料凭证逐笔登记。企业至少应有一套数量金额式明细账，由财会部门登记，也可以由仓管员登记数量，定期由财会部门稽核并登记金额。

(2)"物资采购"或"在途物资"科目。本科目用于核算企业已支付货款，但尚未运抵验收入库的材料或商品的实际成本。其借方登记购入材料和商品的实际成本；贷方登记实际收到并已验收入库时结转的实际成本；期末余额在借方，反映企业购入但尚在途中或尚未验收为材料或商品的实际成本。该科目应按供应单位设置明细账进行明细分类核算。

**2. 材料取得的核算**

物业服务企业取得材料的途径很多，通过不同途径取得的材料，其入账价值的确定和账务处理也不同。

物业服务企业取得材料的主要途径是外购。在外购材料时，由于结算方式和采购地点的不同，往往会使支付货款和材料入库在时间上不能同步。一般会存在三种情况：一是货款付清，同时收料；二是付款在前，收料在后；三是收料在前，付款在后。它们的账务处理也有所不同。

(1)货款付清，同时收料（单、货同到）。这种情况一般是就近购货，发票等结算单证随货到达，办妥材料验收入库手续后，根据发票、验收入库等有关原始凭证编制会计分录。

(2)付款在前，收料在后（单到货未到）。这种情况一般是异地购货，采用委托收款或异地托收承付结算方式结算。发票单证等结算凭证通过银行转交，而货物通过运输，以至单货不能同时到达。

(3)收料在前，付款在后（货到单未到）。一般是异地购货，采用委托收款或异地托收承付结算方式结算。发票单证等结算凭证通过银行转交，而货物通过运输，以至单货不能同时到达。

在这种情况下，由于发票等结算单证尚未收到，仓库记账员凭收料单只在材料明细账上登记数量，会计暂不做账务处理，等到发票等结算单证到达后再做账务处理。如果等到月终结账时，发票等结算单证仍未到达，会计可暂时估价入账，待次月初再用红字冲销。

3.材料发出的核算

物业服务企业根据经营业务需要用库存材料时，应填制领料单据来领料。由于企业材料的日常领发业务频繁，为了简化日常核算工作，平时只根据领料单据逐笔登记材料明细账，不登记总分类账。月末，将各领料单按领用部门和用途进行归类汇总，编制"发料凭证汇总表"，据以进行材料发出的总分类核算。

4.低值易耗品的核算

低值易耗品是指不能作为固定资产核算的各种用具物品，如工具、管理用具、玻璃器皿、劳动用品，以及在业务经营过程中周转使用的包装容器等。物业服务企业的低值易耗品从其价值标准来看，指单位价值在10元以上、2 000元以下，或者使用年限在一年以内，不能作为固定资产的劳动资料。

从经营过程看，低值易耗品是劳动资料，而不是劳动对象。低值易耗品可以在若干个经营周期中发挥作用而不改变其原有实物形态，其价值不是一次或全部转移，而是随着实物损失逐渐转移，在使用中要进行修理维护，报废时还有一定的残余价值。这些特性决定了低值易耗品在核算上与固定资产核算类似。但由于低值易耗品价值低、易损耗，更换频繁，这又决定了对它的核算与材料相类似。总之，低值易耗品的特点可以归纳为：价值低、品种多、数量大、易损耗、使用年限短，因而导致购置、报废比较频繁。低值易耗品的种类繁多，为了便于管理和核算，要对低值易耗品进行分类。按低值易耗品的作用不同，一般可分为以下几大类：

(1)经营用具是指经营中使用的各种用具，如清洁器械、消防器械、绿化器械等。

(2)管理用具是指企业管理中的各种家具用具，如保险柜、沙发、椅子、桌子、自行车等。

(3)包装容器是指物业服务企业在经营过程中使用的周转箱、包装袋等。

(4)其他用具是指不属于以上分类的低值易耗品。

5.库存商品的核算

物业服务企业的库存商品多指物业管理公司为了满足业主及住户的需求，而购进的防盗门、对讲机、晾衣架、隔离栏、浴缸、瓷盆、洁具等商品与设备，以及物业公司下单独核算的小卖部所购入的各种满足业主生活所需的商品。这些商品的供应给业主的生活提供方便，对保障小区安全、提高业主生活水平具有重要的意义。

## 案例分析

企业要想达到零库存状态是非常难的,但这并不是说根本无法做到,××公司就是这方面的典范。××公司放弃层层经销模式,实行直接销售模式,并在供应链反应速度上不断创新,从而以高性价比吸引了消费者,使得它的产品可以在 7 天之内送达消费者手上,××公司的主要竞争优势是低库存。主要的方式是:一是整合供应商工作做得好。××公司通过各种方式,赢得了供应商的信任,以至不少供应商在××公司工厂附近建造自己的仓库。二是按单生产。××公司的每一个产品都是有订单的,它通过成熟网络,每 20 秒就整合一次订单。按单生产不仅意味着经营中减少资金占用的风险,还意味着减少××公司对 PC 行业巨大降价风险的回避。三是高效的库存作业。四是通畅的信息降低了存货。××公司始终坚定不移地把低库存放在经营活动的重点方面。××公司直接获取订单,以获得更多的第一手需求信息,因为客户会告诉××公司他们的需要,或者他们的不满。当客户把订单传至戴尔公司信息中心后,由控制中心将订单分解成子任务,并通过 Internet 和企业间信息网分派给上游配件制造商,各制造商按电子配件生产组装,并按控制中心的时间表供货。"零库存"管理,极大地提高了××公司的经营效率,并缩短了其制造组装时间(如制造组装一台笔记本计算机,只需 13 个小时),××公司的库存时间比某行业头部公司少 18 天,效率比某行业头部公司高 90%。另外,要求消费者提前付款,供应商滞后付款,使得自由营运资金占用极低。

## 模块小结

营运资金是一个企业保持正常生产经营活动顺利实施的必备资金。在物业服务企业,营运资金所占的比重较大,且分布于物业经营和物业管理的各个阶段,因此,营运资金管理是物业服务企业财务管理活动中非常重要的内容。本模块主要介绍营运资金的概念、现金管理、应收账款管理及存货管理。

## 思考与练习

### 一、填空题

1. _____是企业经营过程中用于日常运营周转的资金。
2. 股票投资收益评价的主要方法包括 _____ 和 _____。
3. 股票的收益是指投资者从购入股票开始到出售股票为止整个持有期间的收入,由 _____ 和 _____ 两个方面组成。
4. 普通股的内在价值是由普通股带来的未来现金流量的现值决定的,股票给持有者带来的未来现金流入包括两部分,即 _____ 和 _____。
5. _____是流动性和变现能力最强的资产。

6. _____是指持有这一数量的现金对企业最为有利,能最好地处理各种利害关系。

7. 机会成本与现金持有量成_____变动关系,而短缺成本与现金持有量成_____变动关系。

8. _____是从现金周转的角度出发,根据现金的周转速度来确定最佳现金持有量。

9. 现金日常管理主要涉及_____和_____的管理两个方面。

10. _____是指企业因对外赊销商品、提供劳务等而应向购货或接受劳务的单位收取的款项。

11. 企业持有应收账款应付出一定的代价,即应收账款的成本,具体包括_____、_____和_____。

## 二、选择题

1. 营运资金具有( )的特点。
   A. 营运资金周转短                B. 营运资金实物形态具有易变现性
   C. 营运资金的数量波动大          D. 营运资金来源具有多样性
   E. 对企业的经营发展有深远影响

2. 营运资金的管理目标包括( )。
   A. 充分的流动性     B. 权益性投资     C. 最小的风险性
   D. 价值最大化       E. 期望收益高

3. 物业服务企业持有一定数量的现金,企业持有现金的动机包括( )。
   A. 交易动机         B. 预防动机       C. 投机动机
   D. 期望投资         E. 权益动机

4. 物业服务企业持有现金通常由( )四个部分组成。
   A. 机会成本         B. 管理成本       C. 转换成本
   D. 短缺成本         E. 价值成本

5. 物业服务企业常用现金支出管理方法主要有( )几种。
   A. 合理利用现金浮游量            B. 推迟应付账款的支付
   C. 合理计算现金周转期            D. 采用汇票付款
   E. 改进工资支付模式

6. 物业服务企业常用现金支出管理方法主要有( )几种。
   A. 合理利用现金浮游量            B. 推迟应付账款的支付
   C. 采用汇票付款                  D. 改进工资支付模式
   E. 银行业务集中法

7. 运用存货模式确定现金最佳持有量时,需要以( )假设为前提。
   A. 企业所需现金可通过证券变现取得,且证券变现的不确定性很小
   B. 企业预期内现金需要总量可以预测
   C. 根据不同现金持有量测算并确定有关成本数值
   D. 现金的支出过程比较稳定、波动较小,每当现金余额降至零时,均可通过部分证券变现得以补足
   E. 证券的利率或报酬率及每次交易费用可以获悉

8.应收账款在物业服务企业经营与服务中的作用,主要包括( )两个方面。
   A.促进销售　　　B.减少成本　　　C.改进工资支付模式
   D.减少库存　　　E.开拓新市场的功能

## 三、简答题

1.企业营运资金管理的基本要求有哪些?
2.最佳现金持有量的确定方法主要有哪些?
3.简述在实际工作中运用该模式确定最佳现金持有量的具体步骤。
4.应收账款发生的原因主要有哪些?
5.应收账款信用政策内容包括哪些?
6.应收账款控制过程中应遵循的管理原则有哪些?工作内容主要包括哪些?
7.存货在物业服务企业经营和服务过程中的作用主要表现在哪些方面?

## 四、案例题

某物业服务企业甲材料的年需要量为4 000 kg,每千克标准价格为20元。销售企业规定:客户每批购买量不足1 000 kg的,按照标准价格计算;每批购买量1 000 kg以上、2 000 kg以下的,价格优惠2%;每批购买量2 000 kg以上的,价格优惠3%。已知每批进货费用60元,单位材料的年储存成本3元。

   问:(1)按经济进货批量基本模式确定的经济进货批量是多少?
   　　(2)按经济批量进货的总成本是多少?
   　　(3)给予折扣数量(如1 500 kg)的总成本是多少?

# 模块六　物业服务企业财务预测与财务计划

物业服务企业财务预测与财务计划

1. 了解财务预测的概念及分类；熟悉财务预测方法及程序。
2. 掌握销售预算的编制、生产预算的编制、直接材料预算的编制、应交税费及附加预算的编制、直接人员预算的编制及制造费用的预算。

## 能力目标

能够运用财务预算管理的原理与方法，并结合企业实际经营活动的特点，选用合适的编制方法。

## 案例导入

××房地产物业公司自2019年年末开始逐步探索收入预算趋准机制，并于2021年全面完成，其相应的控制策略是：确定一致的经营目标，将总体目标合理分解至下级；不完全以下级上报的预算作为核定依据；淡化预算执行情况的考核，突出横向和纵向的比较，即"以贡献论英雄"；引入激励约束机制，引导预算执行者朝管理者预期的目标提供预算并加以执行。预算趋准机制建设中各环节的控制要点如下：以企业总体经营目标为预算控制标准，合理尊重预算单位预算结果，并通过下达和上报的平均值达到博弈均衡；将标杆法、持续改善法作为确定预算目标的依据，最大限度地挖掘公司潜力，提高预算的可比性和准确性，优化当年预算，并增加其合理性；建立弹性目标的相对业绩管理体系，以外部企业作为标杆进行业绩评价，可以激励经营者提高公司业绩，建立相对的业绩考核目标。即标杆可以是竞争对手、行业水平，也可以是企业内部的其他单位，可使业绩评价与激励的方式更灵活、有效。

模块六 物业服务企业财务预测与财务计划

# 单元一 物业服务企业财务预测

## 一、财务预测的概念

预测是预计未来事件的一门科学，它需要采集历史数据并用某种数学模型来外推。它也可以是对未来的主观或直觉的预期，还可以是上述的综合，即经良好判断调整的数学模型。

预测是进行企业财务决策的前提，是根据所研究企业过去的信息，结合现象的影响因素，运用科学的方法，预测现象将来的发展趋势。财务预测，就是财务工作者根据物业服务企业过去一段时期财务活动的资料，结合物业服务企业现在面临和即将面临的各种变化因素，运用科学的计算方法，结合主观经验的判断，来预测物业服务企业未来的财务状况和融资要求。

## 二、财务预测的分类

（1）财务预测按预测所跨越的时间长度可分为长期预测、中期预测和短期预测。长期预测主要是指5年以上的财务变化及趋势的预测，主要为企业长期发展的重大决策提供财务依据；中期预测主要是指1年以上、5年以下的财务变化及其趋势的预测，是长期预测的细化和短期预测的基础；短期预测则是指1年以内的财务变化及其趋势的预测，主要为编制年度计划、季度计划等短期计划服务。

（2）财务预测按预测的内容可分为资金预测、成本和费用预测、营业收入预测、利润预测和销售收入预测。

（3）财务预测按预测方法，可分为定性财务预测和定量财务预测。

1）定性预测是通过判断事物所具有的各种因素、属性进行预测的方法，它是建立在经验判断、逻辑思维和逻辑推理基础之上的，主要特点是利用直观的材料，依靠个人的经验综合分析，对事物未来状况进行预测。经常采用的定性预测方法有专家会议法、菲尔调查、访问、现场观察、座谈等。

2）定量预测是通过分析事物各项因素、属性的数量关系进行预测的方法。其主要特点是根据历史数据找出其内在规律，运用连贯性原则和类推性原则，通过数学运算对事物未来状况进行数量预测。定量预测的方法很多，应用比较广泛的有时间序列预测法、相关因素预测法、概率分析预测法等。

### 知识链接

**财务预算在全面预算中的地位**

全面预算是根据企业目标所编制的经营、资本、财务等年度收支总体计划，具体包括日常业务预算、特种决策预算与财务预算三大类内容。

日常业务预算又称经营预算，是与企业日常经营活动直接相关的经营业务的各种预算。其主要包括销售预算、生产预算、直接材料预算、应交增值税预算、销售税费及附加预算、直接人工及其他直接支出预算、制造费用预算、产品生产成本预算、期末存货预算、销售货用预算、管理费用预算等内容。这类预算前后衔接,通常与企业利润表的计算有关,大多以实物量指标和价值量指标分别反映企业收入与费用的构成情况。

特种决策预算又称专门决策预算,是指企业为不经常发生的长期投资决策项目或一次性专门业务所编制的预算。其具体包括资本支出预算和一次性专门业务预算。资本支出预算根据经过审核批准的各个长期投资决策项目编制,它实际上是决策选中方案的进一步规划。一次性专门业务预算是为了配合财务预算的编制,为了便于控制和监督,对企业日常财务活动中发生的一次性的专门业务,如筹措资金、投放资金及其他财务决策(发放股息、红利等)编制的预算。

财务预算作为全面预算体系中的最后环节,可以从价值方面总括地反映经营期特种决策预算与业务预算的结果,也称为总预算,其余预算则相应称为辅助预算或分预算。在现代企业财务管理中,财务预算必须服从决策目标的要求。同时,财务预算又能使决策目标具体化、系统化和定量化,能够明确规定企业有关生产经营人员各自的职责及相应的奋斗目标,做到人人事先心中有数。财务预算还有助于财务目标的顺利实现。通过财务预算,可以建立评价企业财务状况的标准,以预算数作为标准的依据,将实际数与预算数对比,及时发现问题和调整偏差,使企业的经济活动按预定的目标进行,从而实现企业的财务目标。由此可见,财务预算在全面预算体系中占有举足轻重的地位。

## 三、财务预测的方法

财务预算编制方法按不同的方式,可分为不同的类型。

### (一)按照业务量基础的数量特征划分

按照业务量基础的数量特征,可将财务预算的方法划分为固定预算方法和弹性预算方法。

#### 1. 固定预算方法

固定预算方法简称固定预算,又称静态预算,是指在编制预算时,只根据预算期内正常的、可实现的某一固定业务量(加生产量、销售量)水平作为统一基础来编制预算的一种方法。

【例6-1】 某公司采用完全成本法,该公司某产品的预计产量为1 000件,按固定预算编制的成本预算见表6-1。

表6-1 某公司产品成本预算(按固定预算方法编制) 元

| 成本项目 | 总成本 | 单位成本 |
| --- | --- | --- |
| 直接材料 | 5 000 | 5 |
| 直接人工 | 1 000 | 1 |
| 制造费用 | 2 000 | 2 |
| 合计 | 8 000 | 8 |

该产品预算期内的实际产量为1 400件,实际发生成本为11 000元。实际成本资料与预算成本资料编制的成本业绩报告见表6-2。

表6-2  某公司成本业绩报告                             元

| 成本项目 | 实际成本 | 预算成本 | | 实际成本与预算成本差额 | |
| --- | --- | --- | --- | --- | --- |
| | | 未按产量调整 | 按产量调整 | 未按产量调整 | 按产量调整 |
| 直接材料 | 7 500 | 5 000 | 7 000 | +2 500 | +500 |
| 直接人工 | 1 200 | 1 000 | 1 400 | +200 | −200 |
| 制造费用 | 2 300 | 2 000 | 2 800 | +300 | −500 |
| 合计 | 11 000 | 8 000 | 112 000 | +3 000 | −200 |

从业绩表中可以看出,实际成本与未按产量调整的预算成本相比,超支较多;实际成本与按产量调整后的预算成本相比,又节约了许多。

### 小提示

一旦产量变动,无论是按变动后的产量对预算成本调整,还是未按变动后的产量对预算成本调整,都会出现一些问题,都不能准确地说明企业预算执行的情况。

**2. 弹性预算方法**

弹性预算方法简称弹性预算,又称变动预算,是指为克服固定预算方法的缺点而设计的,以业务量、成本和利润之间的依存关系为依据,以预算期可预见的各种业务量水平为基础,编制能够适应多种情况预算的一种方法。编制弹性预算所依据的业务量可以是产量、销售量、直接人工工时、机器工时、直接人工工资等。

(1)弹性成本预算的编制。

1)弹性成本预算的基本公式。编制弹性成本预算,关键是进行成本性态分析,将全部成本最终区分为变动成本和固定成本两大类。变动成本主要根据单位业务量来控制,固定成本则按总额控制。其成本的预算公式为

$$成本的弹性预算 = 固定成本预算数 + \sum(单位变动成本预算数 \times 预计业务量)$$

在此基础上,按事先选择的业务量计量单位和确定的有效变动范围,根据该业务量与有关成本费用项目之间的内在关系即可编制弹性成本预算。

2)业务量的选择。选择业务量包括选择业务量计量单位和业务量变动范围两部分内容。业务量计量单位应根据企业的具体情况进行选择。一般来说,生产单一产品的部门,可以选用产品实物量;生产多品种产品的部门,可以选用人工工时、机器工时等;修理部门可以选用修理工时等。以手工操作为主的企业应选用人工工时;机械化程度较高的企业选用机器工时更为适宜。

业务量变动范围是指弹性预算所适用的业务量变动区间。业务量变动范围的选择应根据企业的具体情况而定。一般来说,可定在正常生产能力的70%~120%,或以历史上最高业务量或最低业务量为其上下限。

3)弹性成本预算的具体编制方法。弹性成本预算的具体编制方法包括公式法和列表法两种。

①公式法是通过确定成本公式 $y_i = a_i + b_i x_i$ 中的 $a_i$ 和 $b_i$ 来编制弹性预算的方法。

在成本性态分析的基础上,可将任何成本项目近似地表示为 $y_i = a_i + b_i x_i$(当 $a_i$ 为零时,$y_i = b_i x_i$ 为变动成本;当 $b_i$ 为零时,$y_i = a_i$ 为固定成本;当 $a_i$ 和 $b_i$ 均不为零时,$y_i$ 为混合成本;

$x_i$可以为多种业务量指标,如产销量、直接人工工时等)。

在公式法下,如果事先确定了有关业务量的变动范围,只要根据有关成本项目的$a_i$和$b_i$参数,就可以很方便地推算出业务量在允许范围内任何水平上的各项预算成本。

②列表法是指通过列表的方式,在相关范围内每隔一定的业务量范围计算相关数值预算,来编制弹性成本预算的方法。

(2)弹性利润预算的编制。弹性利润预算是根据成本、业务量和利润之间的依存关系,为适应多种业务量变化而编制的利润预算。弹性利润预算是以弹性成本预算为基础编制的。其主要内容包括销售量、价格、单位变动成本和固定成本。

弹性利润预期的编制主要有两种方法:第一种,因素法。因素法是指根据受业务量变动影响的有关收入、成本应因素和利润的关系,列表反映在不同业务量条件下利润水平的预算方法。第二种,百分比法。百分比法又称销售额百分比法,是指按不同销售额的百分比来编制弹性利润预算单的方法。

### 3. 增量预算方法与零基预算方法

(1)增量预算方法。增量预算方法简称增量预算,又称调整预算,是指以基期成本费用水平为基础,结合预算期业务量水平及有关影响成本因素的未来变动情况,通过调整有关原有费用项目而编制预算的一种方法。传统的预算编制基本上采用的是增量预算方法,即以基期的实际预算为基础,对预算值进行增减调整,这种预算方法比较简便。

增量预算方法的假定:

1)现有的业务活动是企业必需的,只有保留企业现有的每项业务活动,才能使企业的经营过程得到正常发展。

2)原有的各项开支都是合理的,既然现有的业务活动是企业必需的,那么原有的各项开支就一定是合理的,必须予以保留。

3)增加费用预算是值得的,未来预算期的费用变动是在现有费用的基础上调整的结果。

增量预算方法的缺点如下:

1)受原有费用项目限制,可能导致保护落后。由于按这种方法编制预算,往往不加分析地保留或接受原有的成本项目,可能使原来不合理的费用继续存在,使不必要的开支合理化,造成预算上的浪费。

2)滋长预算中的"平均主义"和"简单化"。采用此法,容易鼓励预算编制人员凭主观臆断使成本项目平均削减预算或只增不减,不利于调动各部门降低费用的积极性。

3)不利于企业未来发展。按照这种方法编制的费用预算,只对目前已存在的费用项目编制预算,而那些对企业未来发展有利、确实需要开支的费用项目却未予以考虑,这必将对企业一些有价值的改革创新思想的运用产生不利影响,阻碍企业的长远发展。

(2)零基础预算方法。零基预算方法简称零基预算,是指在编制成本费用预算时,不考虑以往会计期间所发生的费用项目或费用数额,而是将所有的预算支出均以零为出发点,一切从实际需要与可能出发,逐项审议预算期内各项费用的内容及开支标准是否合理,在综合平衡的基础上编制费用预算的一种方法。

零基预算方法打破了传统的编制预算观念,不再以历史资料为基础进行调整,而是一切以零为基础。编制预算时,首先要确定各个费用项目是否应该存在,然后按项目的轻重缓急,安排企业的费用预算。

### 小提示

零基预算方法是为克服增量预算方法的不足而设计的,它是由美国德州仪器公司彼得·派尔在 20 世纪 70 年代提出来的,现在已被西方国家广泛采用,并作为管理间接费用的一种新的有效方法。

零基预算方法的优点如下:

1)不受现有费用项目和开支水平限制。这种方法可以促使企业合理有效地进行资源分配,将有限的资源用在合理的地方。

2)能够调动各方面降低费用的积极性。这种方法可以充分发挥各级管理人员的积极性、主动性和创造性,促使各预算部门量力而行,合理使用资金。

3)有助于企业的发展。由于这种方法以零为出发点,对一切费用一视同仁,有利于企业面向未来发展考虑预算问题。

零基预算方法的缺点:一切以零为出发点,要对企业现状和市场进行大量的调查研究,势必耗费大量人力、物力、财力,加大工作量。零基预算方法特别适用于产出较难辨认的服务性部门费用预算的编制。

【例 6-2】 某公司为降低成本,准备对历年超支的业务招待费、劳动保护费、办公费、广告费和保险费按零基预算方法编制预算。经过讨论确定预算年度报告开支水平见表 6-3。

表 6-3  某公司预计费用项目及开支金额

| 费用项目 | 开支金额/元 |
| --- | --- |
| ①业务招待费 | 180 000 |
| ②劳动保护费 | 150 000 |
| ③办公费 | 100 000 |
| ④广告费 | 300 000 |
| ⑤保险费 | 120 000 |
| 合计 | 850 000 |

经过论证,只有业务招待费和广告费可以压缩。根据历史资料对招待费和广告费进行成本-效益分析,得出数据见表 6-4。

表 6-4  某公司成本-效益分析表

| 成本项目 | 成本金额 | 收益金额 |
| --- | --- | --- |
| 业务招待费 | 1 | 4 |
| 广告费 | 1 | 6 |

劳动保护费、办公费和保险费,必不可少,列第一层;广告费虽然可以酌情增减,但它的效益较高,放在第二层;业务招待费效益最低,列为第三层次。

假定公司可动用的财力只有 700 000 元,根据以上排列的层次和顺序,最终预算如下:

确定不可避免项目的预算金额=150 000+100 000+120 000=370 000(元)

广告费可分配资金=370 000×(6÷10)=222 000(元)

业务招待费分配资金=370 000×(4÷10)=148 000(元)

#### 4. 定期预算方法与滚动预算方法

（1）定期预算方法。定期预算方法简称定期预算，是指在编制预算时以不变的会计期间（如日历年度）作为预算期的一种编制预算的方法。

定期预算方法的唯一优点是能够使预算期与会计年度相配合，便于考核和评价预算的执行结果。按照定期预算方法编制的预算主要有以下缺点：

1）远期指导性差。由于定期预算往往是在年初甚至提前两三个月编制的，对于整个预算年度的生产经营活动很难做出准确的预算，尤其是对预算后期的预算只能进行笼统的估算，缺乏远期指导性，不利于对生产经营活动做出考核与评价。

2）灵活性差。由于定期预算不能随情况的变化及时调整，若预算中所规划的各种经营活动在预算期内发生重大变化，就会造成预算滞后过时，使其成为虚假预算。

3）连续性差。受预算时间的限制，使经营管理者的决策视野局限于本期规划的经营活动，不能适应不断变化的经营过程，不利于企业的长远发展。

（2）滚动预算方法。滚动预算方法简称滚动预算，又称连续预算或永续预算，是指在编制预算时，将预算期与会计年度脱离，随着预算的执行不断延伸补充预算，并逐期向后滚动，使预算期永远保持为一个固定期间的一种预算编制方法。滚动预算按波动的时间单位不同，可分为逐月滚动、逐季滚动和混合滚动三种方式。

与传统的定期预算方法相比，按滚动预算方法编制的预算具有以下优点：

1）透明度高。编制预算不再是预算年度开始之前几个月的事情，而是与日常管理紧密衔接，让管理人员始终能从动态的角度把握住企业近期的规划目标和远期的战略布局，使预算具有较高的透明度。

2）及时性强。滚动预算能根据前期预算的执行情况，结合各种因素的变动影响及时调整和修订近期预算，从而使预算更加切合实际，能够充分发挥预算的领导和控制作用。

3）连续性好。滚动预算在时间上不再受日历年度的限制，能够连续不断地规划未来的经营活动，不会造成预算的人为间断。

4）完整性和稳定性突出。滚动预算可以使企业管理人员了解未来预算内企业的总体规划与近期预算目标，能够确保企业管理工作的完整性和稳定性。

采用滚动预算方法编制预算的主要缺点是预算工作量较大。

### 四、财务预算的程序

企业编制预算，一般应按照"上下结合、分级编制、逐级汇总"的程序进行。

#### 1. 下达目标

企业董事会或经理办公会根据企业发展战略和预算期经济形势的初步预测，在决策的基础上，提出下一年度企业预算目标。其包括销售或营业目标、成本费用目标、利润目标和现金流量目标，并确定预算编制的政策，由预算委员会下达各预算执行单位。

#### 2. 编制上报

各预算执行单位按照企业预算委员会下达的预算目标和政策，结合自身特点及预测的执行条件，提出详细的预算方案，上报企业财务管理部门。

### 3. 审查平衡

企业财务管理部门对各预算执行单位上报的财务预算方案进行审查、汇总，提出综合平衡的建议。在审查、平衡过程中，预算委员会应当进行充分协调，对发现的问题提出初步调整意见，并反馈给有关预算执行单位予以修正。

### 4. 审议批准

企业财务管理部门在有关预算执行单位修正调整的基础上，编制出企业预算方案，报财务预算委员会讨论。对于不符合企业发展战略或者预算目标的事项，企业预算委员会应当责成有关预算执行单位进一步修订、调整。在讨论、调整的基础上，企业财务管理部门正式编制企业年度预算方案，提交董事会或经理办公会审议批准。

### 5. 下达执行

企业财务管理部门对董事会或经理办公室审议批准的年度总预算，一般在次年3月月底以前，分解成一系列的指标体系，由预算委员会逐级下达各预算执行单位执行。

## 单元二　财务预算的编制

### 一、销售预算的编制

销售预算是指为规划一定预算期内因组织销售活动而引起的预计销售收入而编制的一种日常业务预算。其主要内容是销售量、单价和销售收入。其中，销售量是根据市场预测或销售合同并结合企业销售生产能力确定的，单价是通过价格决策确定的，销售收入是两者的乘积。

销售预算是整个预算的出发点，也是编制其他预算的基础。销售预算编制程序如下：

(1) 计算各种产品的预计销售收入。按照各种产品的预计单价和预计销售量计算各种产品的预计销售收入。其计算公式为

$$某种产品预计销售收入 = 该种产品预计单价 \times 该产品预计销售量$$

式中，单价可根据市场供求关系并通过价格决策来决定；预计销售量则需要根据市场预测或销售合同并结合企业生产能力来确定。

(2) 预计预算期所有产品的预计销售收入总额。

$$销售收入总额 = \sum 某种产品预计销售收入$$

(3) 预计在预算期发生的与销售收入相关的增值税销项税额。

$$某期增值税的销项税额 = 该期预计销售收入总额 \times 该期适用的增值税税率$$

(4) 预计预算期含税销售收入。

$$某期含税销售收入 = 该期预计销售收入 + 该期预计销项税额$$

为了便于编制财务预算，还应在编制销售预算的同时，编制与销售收入有关的经营现金收入预算表，以反映全年及各季销售所得的现销含税收入和回收以前期应收账款的现金收入。

某预算期的经营现金收入的计算公式为

某预算期经营现金收入＝该期现销含税收入＋该期回收以前期的应收账款

式中,现销含税收入和回收以前期的应收账款的计算公式为

某期现销含税收入＝该期含税销售收入×该期预计现销率

某期回收以前期的应收账款＝本期期初应收账款×该期的预计应收账款回收率

式中,现销率是指一定时期先销含税收入占该期含税收入的百分比;应收账款回收率是以前期应收账款在本期回收数占相关的应收账款的百分比。一般,现销率和回收率常为已知数或经验数据。

预算期期末的应收账款余额的计算公式为

预算期期末应收账款余额＝预算期期初应收账款余额＋该期含税销售收入－本期经验现金收入

【例6-3】 假定某物业公司在计划年度(2018年)主推A服务,A服务每季度销售收入在本季收到现金60%,其余赊销在下季度收账。基期(2017年)末的应收账款余额为45 000元。

要求:编制2018年度销售预算和现金收入计算表。

编制的某物业公司2018年度分季度销售预算见表6-5,各季度现金收入见表6-6。

表6-5 2018年度销售预算

| 项目 | 第1季度 | 第2季度 | 第4季度 | 第4季度 | 合计 |
|---|---|---|---|---|---|
| 预计销售量/件 | 1 100 | 1 600 | 2 000 | 1 500 | 6 200 |
| 销售单价/(元·件$^{-1}$) | 90 | 90 | 90 | 90 | 90 |
| 销售收入/元 | 99 000 | 144 000 | 180 000 | 135 000 | 558 000 |

表6-6 2018年度与销售收入有关的预计现金收入　　　　　　　　　　元

| 项目 | 第1季度 | 第2季度 | 第3季度 | 第4季度 | 合计 |
|---|---|---|---|---|---|
| 期初应收账款 | 45 000 | | | | 45 000 |
| 第一季度销售收入 | 59 400① | 39 600② | | | 99 000 |
| 第二季度销售收入 | | 86 400③ | 57 600 | | 144 000 |
| 第三季度销售收入 | | | 108 000 | 72 000 | 180 000 |
| 第四季度销售收入 | | | | 81 000 | 81 000 |
| 现金合计收入 | 104 400 | 126 000 | 165 600 | 153 000 | 549 000 |

①＝99 000×60%＝59 400
②＝99 000－59 400＝99 000×(1－60%)＝39 600(元)
③＝144 000×60%＝86 400(元)
其他数据以此类推。

## 二、生产预算的编制

生产预算是指为规划一定预算期内预计生产量水平而编制的一种日常业务预算。该预算是所有日常业务预算中位移一个使用实物计量单位的预算,可以为进一步编制有关成本和费用预算提供实物量数据。

生产预算需要根据预计的销售量按品种分别编制。由于企业的生产和销售不能做到"同步同量",必须设置一定量的存货,以保证均衡生产。因此,预算期间除必须备有充足的产品以供销售外,还应考虑预计期初存货和预计期末存货的因素。

## 三、直接材料预算的编制

直接材料预算是指为规划一定预算期内因组织生产经营活动和材料采购活动预计发生的直接材料需用量、采购数量和采购成本而编制的一种经营预算。

本预算以生产预算、材料消耗定额和预计材料采购单价等信息为基础,并考虑期初、期末材料存货水平。

直接材料预算包括需用量预算和采购预算两个部分。

(1)直接材料需用量预算的编制程序。

1)按照各种产品的材料消耗定额和生产量计算预算期某种直接材料的需用量。

某产品或某服务销售某种直接材料预计需要量＝
该产品或该服务消耗该材料的消耗×该产品或该服务预计产量

2)预计预算期某种直接材料的全部需用量。

预算期某种直接材料全部需用量＝∑某产品或某服务消耗该种直接材料预计需用量

(2)直接材料采购预算的编制程序。

1)预计预算期某种直接材料的全部采购量。

某种直接材料的预计采购量＝
该种材料的预计需用量＋该种材料的预计期末库存量－该种材料的预计期初库存量

2)预计预算期某种直接材料的采购成本。

某种材料预计采购成本＝该种材料单价×该材料预计采购量

3)确定预算期企业直接材料采购总成本。

预算期企业直接材料采购总成本＝∑某种材料预计采购成本

4)计算在预算期发生的与直接材料采购总成本相关的增值税进项税额。

某期增值税的进项税额＝预算期企业直接材料采购总成本×该期适用的增值税税率

5)计算预算期预计采购金额。

某期预计采购金额 ＝ 预算期企业直接材料采购总成本＋该期预计进项税额

与编制生产预算一样,编制直接材料采购预算应注意材料的采购量、耗用量和库存量保持合理的比例关系,以避免材料的供应不足或超储积压。

为了便于以后编制现金预算,通常要编制与材料采购有关的各季度预计材料采购现金支出预算。

某期采购材料现金支出＝某期预计采购金额×该期预计付现率

式中,付现率是指一定期间现购材料现金支出占该期含税采购金额的百分比指标。

某期支付以前期的应付账款＝本期期初应付账款×该期的预计应付账款支付率

式中,应付账款支付率为以前期应付账款在本期支付的现金额占相关的应付账款的百分比指标。

在全面预算中,付现率和支付率通常为已知的经验数据。

另外,根据下列公式还可以计算出企业预算期期末的应付账款余额:

预算期期末应付账款余额＝
预算期期初应付账款余额＋该期预计采购金额－某预算期采购现金支出

## 四、应交税费及附加预算的编制

应交税费及附加预算是指为规划一定预算期内预计发生的应交增值税、销售税、城市维护建设税和教育费附加金额而编制的一种经营预算。

物业服务企业主要是增值税、城市维护建设税和教育费附加。

本预算中不包括预交所得税和直接计入管理费用的印花税。由于税费需要及时清缴,为简化预算方法,可假定预算期发生的各项应交税费及附加均于当期以现金形式支付。应交税费及附加预算需要根据销售预算、材料采购预算的相关数据和适用税率资料来编制,有关指标的估算公式为

$$某期预计发生的应交税费及附加=$$
$$某期预计发生的销售税费及附加+该期预计应交增值税$$
$$某期预计发生的销售税费及附加=$$
$$该期预计应交增值税+该期预计应交城市维修护建设税+该期预计应交教育费附加$$
$$某期预计应交增值税=$$
$$某期预计销售收入×应交增值税估算率$$
$$某期预计应交增值税=$$
$$该期预计应交增值税销项税额-该期预计应交增值税进项税额$$

## 五、直接人工预算的编制

直接人工预算是指为规划一定预算期内人工工时的消耗水平和人工成本水平而编制的一种经营预算。

直接人工成本包括直接工资和按直接工资的一定比例计算的其他直接费用(应付福利费等)。

编制直接人工预算的主要依据是已知的标准工资率、标准单位直接人工工时、其他直接费用计提标准和生产预算中的预计生产量等资料。

直接人工预算的编制程序如下:

(1)预计每种产品的直接人工工时总数。

$$某种产品直接人工工时总数=单位产品工时定额+预计该产品生产量$$

式中,单位产品工时定额与特定产品的生产流程有关,需要由企业根据经验数据事先分析确定,不同的产品可能有不同的工时定额;预计生产量数据可从生产预算中取得。

(2)预计每种产品耗用的直接工资。

$$预计某种产品耗用直接工资=单位工时工资率×某种产品直接人工工时总数$$

式中,单位工时工资率又称标准小时工资率,该指标是企业根据一定时期全厂直接工资总额和同期全厂直接人工工时总数确定的,各种产品的单位工时工资率完全相同。

(3)预计每种产品计提的其他直接费用。

$$预计某种产品计提其他直接费用=$$
$$预计某种产品耗用直接工资×其他直接费用计提标准$$

(4)计算预算期每种产品的预计直接人工成本。

$$预计某种产品直接人工成本=$$
$$预计该种产品耗用直接工资+预计某种产品计提其他直接费用$$

(5)预计预算期企业的直接人工成本合计。

$$预计企业直接人工成本合计=\sum 预计其他产品直接人工成本$$

由于各期直接人工成本中的直接工资一般均由现金开支,因此在西方,通常不单独编制列示与此相关的预计现金支出预算。在我国企业中,由其他直接费用形成的职工福利支出则不一定在提取的当期用现金开支,应当进行适当的调整,以反映预计的福利费开支情况。

$$预计某期直接人工成本现金支付=$$
$$改期预计直接工资总额+该期预计的职工福利现金支出$$
$$某期预计的职工福利现金支出=$$
$$预计某种产品计提其他直接费用×预计职工福利支付率$$

## 六、制造费用预算

制造费用预算是指为规划一定预算期内除直接材料和直接人工预算外预计发生的其他生产费用水平而编制的一种日常业务预算。制造费用可按变动制造费用和固定制造费用两部分内容分别编制。

变动制造费用以生产预算为基础编制,如果有完善的标准成本资料,用单位产品的标准成本与产量相乘,即可得到相应的预算金额;如果没有标准成本资料,就需要逐项进行预计。主要计算公式为

$$变动制造费用分配率=预计变动制造费用总额\div相关分配标准的预算数$$
$$某期变动制造费用现金支出=该期产品预计直接人工总工时\times变动制造费用分配率$$

固定制造费用因其通常与本期产量无关,需要逐项进行预计。

## 模块小结

预算是将资源分配给特定活动的数字型计划,是一种详细的收支安排。财务预算是运用科学的技术手段和数量方法,对未来财务活动的内容及指标所进行的具体规划,是专门反映未来一定期限内预计财务状况和经营成果及现金收支等价值指标的各种预算的总称。本模块主要介绍物业服务企业财务预测、财务预算的编制。

## 思考与练习

### 一、填空题

1. 财务预测按预测所跨越的时间长度,可分为_____、_____和_____。
2. 财务预测按预测的内容,可分为_____、_____、_____、_____和_____。
3. 财务预测按预测方法,可分为_____和_____。

4. 按照业务量基础的数量特征，可将财务预算的方法划分为_____和_____。

5. 弹性成本预算的具体编制方法包括_____和_____两种。

6. 财务预算程序企业编制预算，一般应按照"_____、_____、_____"的程序进行。

7. _____是指为规划一定预算期内预计生产量水平而编制的一种日常业务预算。

8. 直接材料预算包括_____和_____两个部分。

9. _____是指为规划一定预算期内除直接材料和直接人工预算外预计发生的其他生产费用水平而编制的一种日常业务预算。

## 二、选择题

1. 经营性物业管理费收入主要来源于业主，如果想把业主和管理者的利益紧密联系起来，充分调动管理者的经营积极性和创造性，应该采用的计算方法是（　　）。
   A. 定额法　　　　　B. 比例法　　　　　C. 成本法　　　　　D. 综合法

2. 增量预算方法的假定条件不包括（　　）。
   A. 现有业务活动是企业必需的
   B. 原有的各项开支都是合理的
   C. 未来预算期的费用变动是在现有费用的基础上调整的结果
   D. 所有的预算支出以零为出发点

3. 销售预算中"某期经营现金收入"的计算公式正确的是（　　）。
   A. 某期经营现金收入＝该期期初应收账款余额＋该期现销含税收入－该期期末应收账款余额
   B. 某期经营现金收入＝该期含税收入×该期预计现销率
   C. 某期经营现金收入＝该期预计销售收入＋该期销项税额
   D. 某期经营现金收入＝该期期末应收账款余额＋该期现销含税收入－该期期初应收账款余额

4. （　　）是只使用实物量计量单位的预算。
   A. 产品成本预算　　　　　　　　B. 生产预算
   C. 管理费用预算　　　　　　　　D. 直接材料预算

## 三、简答题

1. 增量预算方法的假定有哪些？增量预算方法的缺点有哪些？
2. 按照定期预算方法编制的预算主要有哪些缺点？
3. 与传统的定期预算方法相比，按滚动预算方法编制的预算具有哪些优点？

# 模块七 物业服务企业成本费用管理

物业服务企业
成本费用管理

## 知识目标

1. 了解成本费用的概念、作用及分类;熟悉成本费用的基本原则及内容。
2. 了解成本费用预测的意义;掌握成本费用预测的基本程序及方法。
3. 了解成本费用预算的意义;掌握成本费用预算的编制程序及编制方法。
4. 熟悉成本费用控制、成本费用的考核。

## 能力目标

能进行成本费用预测;能进行成本费用预算;能进行成本费用的控制和考核。

## 案例导入

物业服务企业在从事物业管理活动中,为物业产权人、使用人提供维修、管理和服务等发生的各项支出应按国家的规定计入成本、费用。能否准确、真实、合理地计算成本、费用,关系到物业服务企业的经营成果和收益分配。

讨论:成本费用如何预测? 成本费用如何预算?

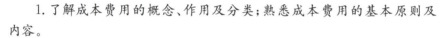

## 单元一 物业服务企业成本管理概述

### 一、成本费用的概念

成本费用是企业在日常经营活动中,为生产产品、提供劳务或销售商品而发生的各种可以用货币衡量的资产耗费。

物业服务企业成本费用是指物业服务企业在日常经营活动中,为业主、使用人提供维修、管理和服务等过程中发生的各项支出和开展其他业务活动所发生的各种耗费。

在实际工作中,费用和成本既有联系也有区别。成本是按一定对象所归集的费用,是对象化的费用。也就是说,成本是相对于一定的对象而言所发生的费用,是按照成本计算对象对当期发生的费用进行归集而形成的。从这个意义上讲,成本只与一定种类和数量的产品或劳务相联系,而无论发生在哪一个会计期间。费用是资产的耗费,它与一定的会计期间相联系,与生产哪一种产品或提供何种劳务无关。

## 二、成本费用的作用

成本费用是一项重要的经济指标,在物业服务企业经营管理服务中的作用主要体现在以下几个方面:

(1)成本费用是补偿经营消耗的尺度。成本费用作为一个经济范畴,是确认资源消耗和补偿水平的依据。为了保证再生产的不断进行,这些资源消耗必须得到补偿。也就是说,生产中所消耗的劳动价值必须计入产品的成本。因此,成本客观地表示了生产消耗价值补偿的尺度,企业只有使收益大于成本才能有盈利,而企业盈利则是保证满足整个社会需要和扩大再生产的主要源泉。

(2)成本费用是制定价格的重要依据。价格是价值的货币表现,产品或服务的价格应当大体上符合它的价值。企业通过成本费用制定价格时,必须考虑到成本费用的高低。一般情况下,价格应当大于成本费用,使其价值尽可能地得到体现。

(3)成本费用可以综合反映企业的经营管理质量。企业在生产经营过程中,对一些重大问题的决策,都要进行技术经济分析。其中,决策方案经济效果是技术经济分析的重点,而产品成本则是考察和分析决策方案经济效果的重要指标。

## 三、成本费用的分类

企业的成本费用多种多样,为了更好地进行成本费用管理,必须对成本费用进行合理的分类。

### 1. 按照成本费用的经济内容分类

成本费用按其经济内容分类,就是将物业服务企业在提供管理服务过程中发生的各种成本费用,按照它们的原始形态进行归类。具体可分为以下几项:

(1)外购材料。外购材料是指企业耗用的一切从外单位购进的各种材料。其包括辅助材料、燃料和动力、构配件、零件、低值易耗品、包装物等。

(2)工资。工资是指企业支付给职工的劳动报酬。

(3)提取的职工福利费。职工福利费是指企业按照工资总额的一定比例计提的职工福利费。

(4)折旧费。折旧费是指企业按照规定的固定资产折旧范围和折旧方法计算提取的固定资产折旧费用。

(5)利息支出。利息支出是指企业财务费用中各项债务的利息支出减去利息收入后的净额。

(6)税费。这里讲的税费是指应计入企业管理费用的各种税费,如房产税、车船使用税、土地使用税、印花税等。

(7)其他支出。其他支出是指不属于以上各种要素的费用支出,如差旅费、邮电通信费、租赁费、保险费等。

## 小提示

成本费用按照经济内容进行分类,便于分析物业服务企业各个时期各种费用占整个费用的比重,进而分析企业各个时期各种要素费用支出的水平,有利于考核费用计划的执行情况。

**2. 按照成本费用的经济用途分类**

成本费用按经济用途分类,就是将企业的费用按照用于哪些方面、起什么作用来分类,可分为经营成本和期间费用。

(1)经营成本。经营成本是企业在从事物业管理活动中发生的各项直接支出。其包括直接人工费、直接材料费和间接费用等。实行一级成本核算的企业,可不设间接费用,有关支出直接计入管理费用。

1)直接人工费是指物业服务企业中直接从事物业管理服务活动的人员的工资、奖金等。

2)直接材料费是指物业服务企业在从事物业管理服务活动中直接消耗的各种材料、辅助材料、燃料和动力、构配件、零件、低值易耗品、包装物等。

3)间接费用是指物业服务企业为提供物业管理服务而发生的各项间接费用。其包括生产经营部门管理人员的工资和福利费、折旧费、修理费、办公费、水电费、机物料消耗、劳动保护费等;但不包括企业行政管理部门为组织和管理物业服务企业生产经营活动而发生的管理费用。

(2)期间费用。期间费用是指企业当期发生的必须从当期收入中得到补偿的与物业管理服务活动没有直接联系的费用。物业服务企业的期间费用主要包括管理费用、营业费用和财务费用。

1)管理费用。管理费用是指企业行政管理部门为管理和组织经营活动而发生的各项费用。其包括公司经费、工会经费、职工教育经费、劳动保险费、待业保险费、董事会费、咨询费、审计费、诉讼费、绿化费、税费、土地使用费、土地损失补偿费、技术转让费、无形资产摊销、业务招待费、坏账损失、存货盘亏、毁损和报废损失及其他管理费用。其中,公司经费包括企业总部管理人员工资、奖金、职工福利费、差旅费、办公费、折旧费、修理费、物料消耗、低值易耗品摊销及其他公司经费。

2)营业费用。营业费用是指物业服务企业在营销过程中发生的费用,如展览费和广告费等。

3)财务费用。财务费用是指物业服务企业为了筹集资金而发生的各项费用。其包括利息支出、汇兑损失、银行及金融机构手续费和企业筹资发生的其他财务费用等。

## 知识链接

### 不得列入成本费用的支出

按照财务制度的规定,物业服务企业不得列入成本费用的支出包括以下几项:

(1)购置和建造固定资产、无形资产和其他资产的支出。

(2)对外投资支出。

(3)被没收的财产,支付的滞纳金、罚款、违约金、赔偿金。
(4)企业的赞助、捐赠支出。
(5)国家法律法规规定标准之外的各种付费。

## 四、成本费用管理的基本原则

(1)遵守成本费用开支范围的规定,严格区分不同性质的支出。物业服务企业的管理服务活动多种多样,所发生的成本费用支出也是多方面的。这些费用支出的性质不同,用途也有差别。因此,应明确其各自的界限,分别加以管理,严格遵守成本费用开支范围的规定。

(2)成本费用最低化原则。降低成本费用支出,提供优质服务,是实现物业管理目标的根本途径。特别是在物业管理资金来源不丰富、数量有限的情况下,一定要努力降低成本费用开支,使每一分钱都能发挥效益,实现成本费用的最合理使用。需要注意的是,强调成本费用最低化,并非意味着要降低服务质量,只有在保证优质服务的基础上降低成本费用才是企业生存发展的根本途径。

(3)建立成本费用分级分口管理责任制度。成本费用的管理,涉及企业的各个部门和全体员工。为调动降低成本费用的积极性,有必要建立健全成本费用管理责任制,把成本费用指标逐项分解到部门、岗位、人员。通过成本费用分级分口管理责任制度,可以增加管理人员及作业人员的勤俭意识和节约意识,把部门和岗位考核中关于成本费用的考核与奖惩相结合,可以使职工自觉抵制铺张浪费,为降低成本费用创造良好的制度环境和群众环境。

## 五、成本费用管理的内容

成本费用管理是物业经营企业对物业经营管理服务过程中各项成本费用开支进行的预测、决策、预算、控制、核算、分析和考核等一系列管理活动的总称。

### 1. 成本费用预测

成本费用预测是根据成本费用的历史数据、未来可能发生的各种变化和将要采取的各种措施,采用一定的专门方法,对未来的成本费用水平及其发展变化趋势进行合理的预计和测算。通过成本费用的预测,可以减少企业经营管理服务活动的盲目性,充分挖掘降低成本的潜力,避免不必要的浪费。

### 2. 成本费用决策

成本费用决策是根据成本费用预测提供的资料和其他有关资料,依据一定的标准,从多个方案中选择最优方案的过程。成本费用决策是编制预算的基础,是事前控制的一部分,是整个企业成本费用管理的重点。

### 3. 成本费用预算

成本费用预算是对成本费用进行计划管理的工具。它是以货币形式编制企业在计划期内的生产费用、成本水平、成本降低率及为降低成本所采取的主要措施和规划的书面方案,它是建立企业成本管理责任制、开展成本控制和核算的基础。

### 4. 成本费用控制

成本费用控制是指在企业经营管理服务过程中,对影响成本费用的各种因素加强管理,并采取各种有效措施,将实际发生的各种消耗和支出严格控制在成本预算范围内,随时揭示

模块七 物业服务企业成本费用管理

并及时反馈,严格审查各项费用是否符合标准、计算实际成本和预算成本之间的差异并进行分析,消除各种损失浪费现象,发现和总结先进经验。通过成本费用控制,使其最终实现甚至超过预期的成本费用节约目标。

#### 5. 成本费用核算

成本费用核算是指对企业经营管理服务过程中实际发生的成本费用进行计算,并进行相应的会计处理。核算是对成本费用预算执行结果的反映,属于事后反映,它为成本费用管理提供了重要的会计信息。

#### 6. 成本费用分析

成本费用分析是在企业成本费用形成过程中,对成本费用进行的对比评价和剖析总结工作。它贯穿于企业成本费用管理的全过程。也就是说,成本费用分析主要利用企业成本费用核算资料(成本信息),与预算成本进行比较,了解成本费用的变动情况;同时,也要分析主要技术经济指标对成本费用的影响,系统地研究成本费用变动的因素,检查成本费用预算的合理性,并通过成本费用分析深入揭示成本费用变动的规律,寻找降低成本费用的途径,以便有效地进行成本费用控制。

#### 7. 成本费用考核

成本费用考核是定期对企业成本费用预算的执行结果进行评价,以判定相关部门和人员的工作业绩或工作质量的一种活动。通过成本费用的考核,实施必要的奖惩措施,有助于提高职工对加强成本费用管理的认识,达到降低成本费用的目的。

### 小提示

成本费用管理的7个内容是一个相互联系的有机整体,在整个过程中,成本费用的预测、决策和预算是规划阶段,为成本费用管理提出了奋斗目标;成本费用的控制和核算是执行阶段,指导、监督成本费用预算的执行,确保成本费用预算的实现;分析和考核是成本费用管理的总结阶段,为成本费用的管理提供了动力。

## 单元二 成本费用预测

### 一、成本费用预测的意义

成本费用预测是通过企业成本费用信息的具体情况,对未来的成本费用水平及其发展趋势作出科学的估计,成本费用预测在物业服务企业经营管理服务过程中具有十分重要的作用。其意义具体表现为以下几个方面。

#### 1. 成本费用预测是成本费用决策的依据

物业服务企业对成本费用的预测是从客观实际出发,系统地研究经营管理服务过程中的有关信息,并对实际情况作出科学的推断,提出经营管理服务过程成本费用支出的若干可行性方案,供企业决策。企业管理者在进行成本费用决策时,主要是根据不同成本费用决策方案中成本费用水平的测算与比较结果为依据,从提高经济效益的角度,来选择最优成本决策和制定成本预算。

**2. 成本费用预测是成本费用预算的基础**

企业做出可靠的成本费用预算具有十分重要的意义。要制定出正确、可靠的成本费用预算,必须遵循客观经济规律,从实际出发,对成本费用作出科学的预测。这样才能保证成本费用预算不脱离实际,切实起到控制成本费用的作用。

**3. 成本费用预测是成本费用管理的重要环节**

成本费用预测是在分析企业各种经济与技术要素对成本费用升降影响的基础上,推算其成本费用水平变化的趋势及其规律性,预测实际成本费用。它是预测和分析的有机结合,是事后反馈与事前控制的结合。通过成本费用预测,有利于及时发现问题,找出成本费用管理中的薄弱环节,采取措施,控制成本费用。

## 二、成本费用预测的基本程序

(1) 社会调查。社会调查内容主要包括各产品的市场需求情况、市场占有率、国内外同类产品的成本费用水平及其他必要的信息。

(2) 制订预测计划。制订预测计划是预测工作顺利进行的保证。成本费用预测计划的内容主要包括组织领导及工作布置、配合的部门、时间进度、搜集材料的范围等。

(3) 搜集整理预测资料。根据预测计划,搜集整理预测资料是进行预测的重要条件。预测资料一般包括历年的成本费用水平和利润水平、工时消耗定额、技术革新和新技术推广计划等。

(4) 建立预测模型。为进行成本费用定量预测,要建立预测的数学模型;对定性预测的问题也应建立一些合理的逻辑推理程序,然后根据数学模型和推理程序,进行成本费用预测。

(5) 分析预测误差。成本费用预测往往与实施过程中及其后的实际成本费用有出入而产生预测误差。预测误差的大小,反映预测准确程度的高低。如果误差较大,应分析产生误差的原因并积累经验。

(6) 修正预测值。通过前面分析,认定预测结果与未来实际可能的误差后,要对已有的预测结果进行修正,并以此作为成本费用决策和成本费用计划的依据。

## 三、成本费用预测的方法

成本费用预测的方法主要有定性预测和定量预测两种方法。

**1. 定性预测法**

成本费用的定性预测是指成本费用管理人员根据专业知识和实践经验,通过调查研究,利用已有资料,对成本费用的发展趋势及可能达到的水平所作的分析和推断。由于定性预测主要依靠管理人员的素质和判断能力,因而这种方法必须建立在对企业成本费用的历史资料、现状及影响因素深刻了解的基础之上。这种方法一般在资料缺乏或难于组织定量预测时采用,尤其被更多地运用于中长期成本费用预测。目前经常使用的定性预测法主要有专家预测法和群众预测法。

(1)专家预测法。专家预测法是以专家作为索取信息的对象,组织多位专家并运用专家的知识和经验,通过调查研究对问题作出判断、评估和预测的一种方法。该方法主要是指按规定的程序,采用函件询问的方式,以专家背对背地做出判断分析来代替面对面的会议,让专家的不同意见充分发表,经过客观分析和几次征询及反馈,使各种不同意见趋向一致,从而得出比较符合市场发展规律的成本费用预测结果。专家预测法中最为典型的一种方法是德尔菲法。

德尔菲法也称为函询调查法,是采用函询调查的方式,向有关专家提出所要预测的问题,请他们在互不商量的情况下,背对背地各自作出书面答复,然后将收集的意见进行综合、整理和归类,并匿名反馈给各个专家,再次征求意见。如此经过多次反复之后,就能对所需预测的问题取得较为一致的意见,从而得出预测结果。为了能体现各种预测结果的权威程度,可以针对不同专家的预测结果分别给予重要性权数,再将他们对各种情况的评估作加权平均计算,从而得到期望平均值,作出较为可靠的判断。这种方法的优点是能够最大限度地利用各个专家的能力,相互不受影响,意见易于集中,而且真实;缺点是受专家的业务水平、工作经验和成本信息的限制,有一定的局限性。这是一种广泛应用的专家预测方法,其具体程序如下:

1)组织领导。开展德尔菲法预测,需要成立一个预测领导小组。领导小组负责草拟预测主题,编制预测事件一览表,选择专家,以及对预测结果进行分析、整理、归纳和处理。

2)选择专家。选择专家是关键。专家一般是指掌握某一特定领域知识和技能的人,人数不宜过多,一般以10~20人为宜。该方法以信函方式与专家直接联系,专家之间没有任何联系,可避免当面讨论时容易产生相互干扰或当面表达意见受到约束等弊病。

3)预测内容。根据预测任务,制订专家应答的问题提纲,说明作出定量估计、进行预测的依据及其对判断的影响程度。

4)预测程序:

第一轮,提出要求,明确预测目标,书面通知被选定的专家或专门人员。要求每位专家说明有什么特别资料可用来分析这些问题及这些资料的使用方法。同时,请专家提供有关资料,并提出进一步需要哪些资料。

第二轮,专家接到通知后,根据自己的知识和经验,对所预测事件的未来发展趋势提出自己的观点,并说明其依据和理由,书面答复主持预测的单位。

第三轮,预测领导小组根据专家定性预测的意见,对相关资料加以归纳整理,对不同的预测值分别说明预测值的依据和理由(根据专家意见,但不注明哪个专家意见),然后再寄给各位专家,要求专家修改自己原先的预测,以及提出还有什么要求。

第四轮,专家接到第二次信后,就各种预测的意见及其依据和理由进行分析,再次进行预测,提出自己修改的意见及其依据和理由。如此反复往返征询、归纳、修改,直到意见基本一致为止。修改的次数根据需要决定。

(2)群众预测法。群众预测法是指集合企业内部群众,如经营管理人员、业务人员等的意见,凭他们的经验和判断共同讨论成本费用趋势,从而进行成本费用预测的方法。该方法的基本预测思路与专家预测法相同,区别仅表现为两个方面:一是索取信息的对象是企业内部的群众,而非专家。由于内部群众最熟悉企业内部的生产经营实际情况,往往可能立即发现问题,但由于其所处的位置决定了这些人的意见往往过于狭隘,仅着眼于目前企业内部(甚至只是某一环节),不善于从比较高的层次或角度考虑问题。二是无须采取保密的方式,而代之以职工群众大会公布、张榜公布或座谈会等形式,大家根据自己的体会和感受,当时即可进行广泛和全面讨论,形成最后预测结果。在采用群众预测法时,可将目标予以分解,对不同的具体问题,尽量充分吸收从事或负责该项工作的职工群众的意见。

群众预测法的一般程序如下:

第一步,预测组织者根据企业经营管理的要求,向研究问题的有关人员提出预测项目和预测期限的要求,并尽可能提供有关资料。

第二步,有关人员根据预测要求,凭个人经验和分析判断能力,提出各自的预测方案。

第三步,预测组织者计算有关人员预测方案的期望值。

第四步,将参与预测的有关人员分类,如经理、管理职能科室、业务人员等,计算各类综合期望值。

第五步,确定最终的预测值。

**2. 定量预测法**

定量预测法又称统计预测法,是根据系统、全面的成本费用的相关数据,使用统计方法和数学模型对未来成本费用进行预测的一种方法。该方法偏重于数量方面的分析,重视预测对象的变化程度,能做出变化程度在数量上的准确描述。它主要把历史统计数据和客观实际资料作为预测的依据,运用数学方法进行处理分析,受主观因素的影响较少。但是它比较机械,不易灵活掌握,对信息资料质量要求较高。目前经常使用的定量预测法主要有高低点法和回归分析法。

(1)高低点法。高低点法是成本费用预测的一种常用方法,是根据统计资料中完成业务量(产量或产值)最高和最低两个时期的成本数据,通过计算总成本中的固定成本、变动成本和变动成本率来预测成本的。该方法的基本原理是:成本费用的发展趋势可以根据总成本的模型 $y=a+bx$ 来反映。

式中　$y$——一定期间成本费用的总额;

　　　$a$——固定成本;

　　　$b$——单位变动成本;

　　　$x$——业务量。

高低点法的具体分析步骤如下:

1)选择高低2点的坐标,找出最高点业务量及相应的成本,从而确定最高点坐标$(x_1,y_1)$,同样确定最低点坐标$(x_2,y_2)$。

2)计算 $b$ 值,公式如下:

$$b=\frac{最高点成本-最低点成本}{最高点业务量-最低点业务量}=\frac{y_1-y_2}{x_1-x_2}$$

3)计算 $a$ 值,公式如下:

$$a=最高点成本-b\times 最高点业务量=y_1-bx_1$$

或

$$a=最低点成本-b\times 最低点业务量=y_2-bx_2$$

**【例 7-1】** 某物业公司最近 10 个月某项业务费用发生情况表 7-1。下月预计发生维修业务量为 350 工时，用高低点法预计下月的维修费是多少？

表 7-1　某物业公司费用数据

| 月份 | 3 | 4 | 5 | 6 | 7 | 8 | 9 | 10 | 11 | 12 |
|---|---|---|---|---|---|---|---|---|---|---|
| 费用/元 | 2 000 | 3 090 | 2 780 | 1 990 | 7 500 | 5 300 | 4 300 | 6 300 | 5 600 | 6 240 |
| 业务量/工时 | 100 | 125 | 175 | 200 | 500 | 300 | 250 | 400 | 475 | 425 |

从表中可知，业务量最高点和最低点分别为 7 月份和 3 月份。据此计算参数 $a$ 和 $b$。

$b$ ＝ 高点与低点的成本之差 ÷ 高点与低点业务量之差
　　＝（7 500－2 000）÷（500－100）＝13.75（元/工时）

然后，可以用 7 月份和 3 月份数据计算固定成本的值。这里用 7 月份的数据。

$$a = y - bx = 7\ 500 - 13.75 \times 500 = 625（元）$$

这样，运用高低点法得到的成本预测公式为

$$y = 625 + 13.75x$$

则预计下月的维修费用为

$$维修费用 = 625 + 13.75 \times 350 = 5\ 437.5（元）$$

（2）回归分析法。在具体的成本费用预测过程中经常会涉及几个变量或几种经济现象，并且需要探索它们之间的相互关系。例如，成本与价格及劳动生产率等都存在着数量上的一定相互关系。对客观存在的现象之间相互依存关系进行分析研究，测定两个或两个以上变量之间的关系，寻求其发展变化的规律性，从而进行推算和预测，称为回归分析。在进行回归分析时，无论变量的个数多少，必须选择其中的一个变量为因变量，而将其他变量作为自变量，然后根据已知的历史统计数据资料，研究测定因变量和自变量之间的关系。利用回归分析法进行预测，称之为回归预测。

在回归预测中，所选定的因变量是指需要求得预测值的那个变量，即预测对象。自变量则是影响预测对象变化的，与因变量有密切关系的那个或那些变量。

回归分析有一元线性回归分析、多元线性回归分析和非线性回归分析等。这里仅介绍一元线性回归分析在成本预测中的应用。

1）一元线性回归分析的基本原理。一元线性回归预测法是根据历史数据在直角坐标系上描绘出相应点，再在各点间作一直线，使直线到各点的距离最小，即偏差平方和为最小，因而，这条直线就最能代表实际数据变化的趋势（或称倾向线），用这条直线适当延长来进行预测是合适的（图 7-1）。其基本公式如下：

$$Y = a + bX$$

式中　$X$——自变量；
　　　$Y$——因变量；
　　　$a, b$——回归系数，也称待定系数。

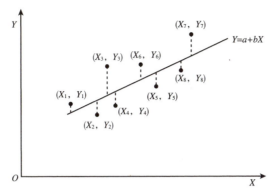

**图 7-1　一元线性回归预测法的基本原理**

2) 一元线性回归预测的步骤。

①先根据 X、Y 两个变量的历史统计数据,把 X 与 Y 作为已知数,寻求合理的 a、b 回归系数,然后,依据 a、b 回归系数来确定回归方程。这是运用回归分析法的基础。

②利用已求出的回归方程中 a、b 回归系数的经验值,将 a、b 作为已知数,根据具体条件,测算 Y 值随着 X 值的变化而呈现的未来演变。这是运用回归分析法的目的。

3) 回归系数 a 和 b 的求解。求解回归直线方程式中 a、b 两个回归系数要运用最小二乘法。具体的计算方法不再叙述,其结果如下:

$$b = \frac{N\sum X_i Y_i - \sum Y_i \cdot \sum X_i}{N\sum X_i^2 - \sum X_i \cdot \sum X_i}$$

$$a = \frac{\sum Y_i - b\sum X_i}{N}$$

或

$$b = \frac{\sum X_i Y_i - \overline{X}_i \cdot \sum Y_i}{\sum X_i^2 - \overline{X}_i \cdot \sum X_i}$$

$$a = \overline{Y}_i - b\overline{X}_i$$

式中　$X_i$——自变量的历史数据;

$Y_i$——相应的因变量的历史数据;

$N$——所采用的历史数据的组数;

$\overline{X}_i$——$X_i$ 的平均值,$\overline{X}_i = \sum X_i / N$;

$\overline{Y}_i$——$Y_i$ 的平均值,$\overline{Y}_i = \sum Y_i / N$。

**【例 7-2】** 某物业公司 2019 年 3—9 月份成本费用核算资料见表 7-2。如果 2019 年 10 月份和 11 月份预算成本费用分别为 20 万元和 30 万元,分别预测 10 月、11 月的实际成本费用。

表 7-2　某物业公司成本费用核算资料　　　　　　　　　　　　　　　万元

| 月份 | 3 | 4 | 5 | 6 | 7 | 8 | 9 | 合计 |
|---|---|---|---|---|---|---|---|---|
| 预算成本 X | 17.9 | 14.2 | 21.9 | 26 | 33.5 | 38.5 | 30 | $\sum X = 182$ |
| 实际成本 Y | 19.8 | 17.4 | 22.2 | 24.5 | 28.9 | 32.3 | 27.1 | $\sum Y = 172.2$ |
| $X^2$ | 320.41 | 201.64 | 479.61 | 676 | 1 122.25 | 1 482.25 | 900 | $\sum X^2 = 5\ 182.16$ |
| XY | 354.42 | 247.08 | 486.18 | 637 | 968.15 | 1 243.55 | 813 | $\sum XY = 4\ 749.38$ |

根据上表资料代入公式计算 $a$ 和 $b$：

$$b=\frac{N\sum XY-\sum X\cdot\sum Y}{N\sum X^2-(\sum X)^2}=\frac{7\times 4749.38-182\times 172.2}{7\times 5182.16-182^2}=0.60$$

$$a=\frac{\sum Y-b\sum X}{N}=\frac{172.2-0.60\times 182}{7}=9$$

因此，回归方程为 $Y=9+0.6X$。

如果本年 10 月预算成本费用为 20 万元，即 $X=20$，则

$$实际成本费用\ Y_{10}=9+0.6\times 20=21(万元)$$

实际成本比预算成本费用将超支 1 万元。

如果本年 11 月预算成本费用为 30 万元，即 $X=30$，则

$$实际成本费用\ Y_{11}=9+0.6\times 30=27(万元)$$

实际成本比预算成本费用将降低 3 万元。

## 单元三　成本费用预算

### 一、成本费用预算的意义

预算是以货币为计量单位，将企业经过决策分析确定的行动目标和实施方法以计划形式反映出来的收支预计。成本费用预算是企业成本费用管理的目标，是进行成本费用控制的依据。成本费用预算在物业服务企业经营管理服务中具有十分重要的意义。具体表现为以下几个方面：

(1) 成本费用预算是对生产耗费进行控制、分析和考核的重要依据。

(2) 成本费用预算是编制核算单位其他有关生产经营计划的基础。

(3) 成本费用预算可以动员全体职工深入开展增产节约、降低产品成本的活动。

(4) 成本费用预算是建立企业成本管理责任制、开展经济核算和控制生产费用的基础。

### 二、成本费用预算的编制程序

(1) 拟定和下达成本费用预算的编制方针。成本费用预算的编制方针是在预测与决策的基础上，根据预算委员会拟定的企业总预算方针、各项政策及企业总目标和分目标制定的，它提出了企业在计划期内成本费用管理的总目标和对各职能部门成本管理工作的总要求，是企业在预算期内经营方针、政策、意图的具体体现。

(2) 草拟分项成本费用预算。预算委员会组织各职能部门按具体目标要求编制本部门成本费用预算草案。由于各生产经营部门与具体业务直接接触，因此编制的分项预算往往切合实际，分项预算由生产经营部门编制。

(3) 编制综合成本费用预算。预算委员会对各部门送来的分项预算经过反复协调、平衡，然后经分析并汇总成综合预算，并提前一个月报送企业领导和审议机构。

(4)审批成本费用预算。企业领导和审议机构通过或责令修改成本费用预算,并提前一个月提交董事会通过。

(5)下达执行。董事会通过、批准后的成本费用预算,由执行部门下达给各部门执行。

## 三、成本费用预算的编制方法

物业服务企业成本费用预算编制的常用方法有固定预算、弹性预算、增量预算及零基预算。

### 1. 固定预算

固定预算又称静态预算,是指在编制预算时,只根据预算期内正常的、可实现的某一固定业务量(如生产量、销售量)水平作为唯一基础来编制预算的一种方法。其是最传统的,也是最基本的预算编制方法。固定预算法是按照预算期内可能实现的经营活动水平确定相应的固定预算数来编制预算的方法。

一般来说,固定预算只适用于业务量水平较为稳定的企业或非营利组织编制预算。

### 2. 弹性预算

弹性预算是相对于固定预算(静态预算)而言的。所谓弹性预算,是指用数量形式反映的,按未来一定时间可以预见的多种业务量(一般是间隔5%或10%)分别确定的,具有伸缩性的预算。这种预算是随着业务量的变动而作相应的变动,具有弹性。

弹性预算的编制程序一般包括以下几个步骤:

(1)确定某一相关范围,预期在未来期间内业务活动水平将在这个相关范围内变动。

(2)选择经营活动水平的计量标准,如产量单位、直接人工小时、机器小时等。

(3)根据成本与计量标准之间的依存关系,可将企业的成本分为固定成本、变动成本、混合成本三大类。

(4)按成本函数($y=a+bx$)将混合成本分解为固定成本和变动成本。

(5)确定预算期内各业务活动水平。

(6)可利用多栏式的表格分别编制对应于不同经营活动水平的预算。

### 知识链接

**弹性预算的特点**

(1)弹性预算是以业务量变动水平为预算前提的。

(2)弹性预算主要用于成本预算和利润预算。

(3)弹性预算能动态地反映和掌握成本及利润规划。

(4)弹性预算只对变动费用进行调整。

### 3. 增量预算

增量预算是指在基期成本费用水平的基础上,结合预算期业务量水平及有关低成本的措施,通过调整有关原有成本费用项目而编制预算的方法。这种预算方法比较简单,但它是以过去的水平为基础,往往不加分析地保留或接受原有成本项目,或按主观臆断平均削减,或只增不减,这样容易造成预算的不足,或者是安于现状,造成预算不合理的开支。

### 4. 零基预算

零基预算又称零底预算,是指在编制预算时,对所有的预算支出均以零为基底,不考虑以往情况如何，从根本上研究、分析每项预算有否支出的必要和支出数额的大小。这种预算方法不以历史数据为基础，而以零为出发点，零基预算法因此而得名。

零基预算的编制主要有以下几个步骤：

(1)划分和确定基层预算单位。企业各基层业务单位通常被视为能独立编制预算的基层单位。

(2)编制本单位的费用预算方案。由企业提出总体目标，然后各基层预算单位从企业的总目标和自身的责任目标出发，编制本单位为实现上述目标的费用预算方案，在方案中必须详细说明提出项目的目的、性质、作用以及需要开支的费用数额。

(3)进行成本-效益分析。由企业领导、总会计师等人组成的预算委员会应对各部门提出的预算方案进行成本-效益分析，将每一费用项目的所费与所得进行对比计算，对各个费用开支方案进行评价，然后将各个费用开支方案在权衡轻重缓急的基础上，分成若干层次，排出先后顺序。

(4)分配资金，落实预算。根据成本-效益分析所确定的各费用项目的层次及先后顺序，将企业可动用的资金在各有关项目之间进行合理的分配。其原则是，既要优先保证重点预算项目的资金需要，又要使预算期内的各项生产经营活动得以均衡、协调发展。

(5)编制并执行预算。资金分配方案确定后，就可制订零基预算正式稿，经批准后下达执行。执行中遇有偏离预算的地方要及时纠正；遇有特殊情况要及时修正；遇有预算本身问题要找出原因，总结经验加以提高。

## 单元四　成本费用的控制和考核

### 一、成本费用控制

#### 1. 成本费用控制的概念

成本费用控制的概念有广义和狭义之分。狭义的成本费用控制是指按事先编制的成本费用预算，对所有成本费用开支进行严格的计算、限制和监督，及时揭示实际成本费用与预算的差异，并积极采取措施予以纠正，使实际成本费用限定在预算范围之内；广义的成本费用控制，除包括狭义的成本费用控制外，还包括对成本费用的分析与考核，从而使成本费用控制成了责权利紧密结合的有机整体。这里的成本费用控制是指广义的成本费用控制。

#### 2. 成本费用控制的作用

成本费用控制在物业服务企业成本费用管理过程中具有十分重要的作用。具体表现在以下几个方面：

(1)促使节约资金并合理利用资金，降低成本费用，增加企业利润。

(2)有助于加强企业管理部门对各部门的业绩考核监督。

(3)能够激发职工对成本费用控制的责任感。

(4)能够增强企业竞争优势的有效途径。

#### 3. 成本费用控制的原则

(1)责权组合原则。成本费用控制中应明确规定各部门和有关人员应承担的责任，赋予其相应的权限，并通过考核其责任履行情况，予以相应的奖惩，使成本费用控制的目标及相应的管理措施真正落到实处。

(2)全面原则。成本费用控制涉及企业管理工作的方方面面,因而必须树立统筹兼顾的全面观念,才能使成本费用得到有效的控制,达到整体经济效益最优。

(3)效益性原则。成本费用控制应与提供优质的物业管理服务相结合,不能为降低耗费而不提供或少提供服务。即成本费用控制应以相同服务水平下成本费用最小化或相同成本费用水平下服务数量和质量最大化为目标。

(4)例外管理原则。在成本费用控制措施实施过程中,有可能出现一些事先不曾预计的影响因素和状态。这些因素如果不及时处理,就会导致不利的后果。例外管理原则要求成本费用管理人员重视导致实际耗费脱离标准(目标值)差异较大的"例外"事项,认真分析这些事项产生的原因和责任主体,对不利因素进行归类和统计分析,及时采取调整措施,防止这些不利因素进一步扩展。

### 4. 成本费用控制的程序

(1)收集实际成本费用数据。

(2)对实际成本费用数据与成本费用预算目标进行比较。

(3)分析成本费用偏差及原因。

(4)采取措施纠正偏差。

(5)必要时修改成本预算。

(6)按照规定的时间间隔编制成本费用报告。

### 5. 成本费用控制的方法

(1)标准成本法。标准成本法是指通过制定企业经营活动的标准成本,在第一个经营周期结束后对实际成本与标准成本的差异进行分析,然后根据差异产生的原因分别采取调整措施的一种成本控制方法。

标准成本法的优点是能提高成本费用的计划控制水平,并能改进业绩的衡量。该种方法通过计算成本差异,将实际成本与预算成本进行比较。所谓成本差异,就是在实际作业水平下的实际成本和计划成本的差额。通过建立单位价格和数量标准,总差异又可分解成价格差异和用量或效率差异。通过差异的分解,管理者可以获得更多的信息。如果是不利差异,管理者就能分辨出它到底是由计划价格和实际价格的差额所引起的,还是由计划用量和实际用量之间的差额所引起的,抑或是两个方面的原因都有。管理者对资源的投入数量比对资源的价格能够实施更多的控制。因此,效率差异能提供专门的信号,告诉人们应采取什么纠正措施及应该在什么地方采取纠正措施。所以,从原理上说,利用效率差异分析能加强经营控制。另外,控制系统通过分离出管理者几乎不能控制的价格差异,改进了管理效率指标。

标准成本法的缺点是有可能会导致逆向选择行为。例如,材料价格差异的报告可能会鼓励采购部门为了获得折扣而大量购买。然而,大量购买可能会导致大量存货的堆积,而这是一个企业不愿得到的结果。

标准成本法的基本程序包括标准成本的确定、成本差异的定量分析、差异控制责任的调查及制订改进措施并重新修订标准成本等环节。

(2)目标成本法。目标成本法是为了更有效地实现成本费用控制的目标,使客户需求得到最大程度的满足,从战略的高度分析,与战略目标相结合,使成本控制与企业经营管理全过程的资源消耗和资源配置协调起来而产生的成本控制方法。目标成本的制定,从企业的总目标开始,逐级分解成基层的具体目标,制定时强调执行人自己参与,专业人员协助,以发挥各级管理人员和全体员工的积极性与创造性。

## 二、成本费用的考核

为了有效地进行成本费用管理,企业需实行分级分口管理责任制,建立成本费用考核的组织体系,即建立以责任中心为基本控制单元的组织体系。在这一组织体系中,企业通常将成本费用预算分解为各责任中心的成本费用预算,并据以进行成本费用的分析考核。

### 1. 成本费用考核体系的构成

物业服务企业成本费用考核体系的构成要素主要包括以下内容:

(1)考核对象。企业成本费用考核体系的考核对象,可以是整个企业,也可以是企业的各个职能部门。在进行成本费用考核时必须首先确定企业的具体工作环节和工作内容,明确评价工作的对象。

(2)考核目标。成本费用考核目标应服从和服务于企业总目标,不同的考核目标决定了不同的考核指标、考核标准和考核方法的选择。

(3)考核指标。考核指标是考核对象对应于考核目标的具体考核内容,是成本费用考核方案的重点和关键。

(4)考核标准。标准是比较各数量值或各质量值的指标或基准。考核标准是得出考核结论、认识问题所在的参照条件。

(5)考核方法。考核方法是企业成本费用考核的具体手段。有了考核指标和考核标准,还需要一定的方法对考核指标和标准进行实际运用,以取得公正、合理的考核评价结果。

(6)分析报告。分析报告是通过对成本费用的考核得出的结论性文件。在分析报告中,将考核对象的考核指标的数值状况与预先确定的考核标准进行比较,通过差异分析,找出产生差异的原因、责任及影响,得出考核结论。

### 小提示

上述六个基本要素共同组成一个完整的成本费用考核体系,它们之间相互联系、相互影响。不同的目标决定了不同对象、指标、标准和方法的选择,其报告的形式也不相同。可以说,目标是考核的中枢。没有明确的目标,整个考核体系将无法发挥其应有的作用。

### 2. 成本费用考核的步骤

(1)确定考核工作实施机构。考核工作组织实施机构直接组织实施考核,负责成立考核评价工作组,并选聘有关专家组成专家咨询组。无论谁来组织实施评价,对工作组及专家咨询的任务和要求应给予明确的规定。参加考核工作的成员应具备下列基本条件:

1)具有较丰富的物业管理、财务会计等专业知识;

2)熟悉物业服务企业经营管理业务,有较强的综合分析判断能力;

3)评价工作主持人员应有较长的管理工作经历,并能坚持原则,秉公办事。

(2)制订考核工作方案。考核评价工作组根据有关规定制订考核评价工作方案,确定评价对象、评价目标、评价指标、评价标准、评价方法及分析报告的形式。

(3)收集并整理基础资料和数据。根据考核工作方案的要求及考核需要收集、核实和整理基础资料与数据,包括其他物业公司同等规模的考核方法及考核标准值、企业以前年度的成本费用分析报告资料等,并确保资料的真实性、准确性和全面性。

(4)计分。计分是成本费用考核的关键步骤。根据考核工作方案确定的考核方法,利用收集整理的资料数据计算考核指标的实际值。首先,按照核实准确的会计决算报表及统计数据计算定量考核指标的实际值。然后,根据选定的考核标准,计算出各项基本指标的得分。最后,利用修正指标对初步评价结果进行修正,并对评价的分数和计分过程进行复核。

(5)评价结论。结合相关资料(如相同行业及同规模企业的情况比较),得出考核结论,并听取有关方面负责人的意见,进行适当的修正和调整。在此基础上按考核工作方案确定的报告形式撰写分析报告。

### 3. 成本中心的业绩考核

成本中心是指仅对所发生成本负责的责任中心。凡直接参与企业经营管理服务的部门,都可以设置为成本中心。这些成本中心通常只发生成本费用,而不会直接形成收入。

物业服务企业成本中心考核的主要内容是成本,即通过各成本中心的实际责任成本与预算成本的比较来评价成本中心业务活动的优劣。与此相适应,成本中心的考核指标也主要采用相对指标和比较指标,包括成本(费用)降低额和降低率指标。其计算公式分别为

$$成本(费用)降低额 = 预算责任成本(费用) - 实际责任成本(费用)$$

$$成本(费用)降低率 = \frac{成本(费用)降低额}{预算责任成本(费用)} \times 100\%$$

在进行成本中心考核时,如果预算业务量与实际业务量不一致,应注意先调整预算指标,然后再进行上述指标计算。

## 知识链接

成本费用的日常管理,是成本费用控制的重要组成部分。进行成本费用的日常管理,能够落实成本费用预算和各项控制措施,更为有效地节约成本费用。在日常管理中,凭证控制和制度控制二者相结合是较为有效的方法。

(1)严格执行预算,控制成本费用的开支。在日常管理中,根据事先制定的成本费用预算,为各部门设立费用手册以记载成本费用的开支。每发生一笔费用,就根据有关凭证核减相应指标,并随时结出指标结存额。这一方法能使各责任部门随时了解各项费用支出的数额及指标余额。如发现支出过多,可及时查明原因,采取控制措施。

(2)建立费用开支审批制度。每项成本费用的开支都应经过一定的审批手续,这样有助于控制成本费用水平。

物业服务企业应结合国家有关的法律法规及各项费用开支特点,制订符合企业自身特点的审批制度,明确各项费用的审批部门和各部门的审批权限。一般的、正常的、零星的成本费用开支,由责任部门归口审批;而重大支出、预算外支出,应由企业最高管理层直至业主大会审批。

(3)健全费用报销审核制度。每一笔费用的报销都应通过审核原始凭证予以控制。原始凭证审核的重点如下:

1)检查凭证内容的真实性。

2)审核其是否符合费用开支范围和开支标准,是否属于合理开支。

3)审核其有无预算指标及其手续是否齐全等。

经过审核、确认无误后的原始凭证,方能予以报销。手续不全的,要补办手续;违反制度规定的,则不予报销。

## 模块小结

成本费用管理对物业服务企业挖掘降低成本的潜力、提高经济效益具有重要的意义。本模块主要介绍物业服务企业成本管理的概述、成本费用预测、预算、控制和考核。

## 思考与练习

### 一、填空题

1. _____是企业在日常经营活动中,为生产产品、提供劳务或销售商品而发生的各种可以用货币衡量的资产耗费。
2. 成本费用按经济用途分类,就是将企业的费用按照用于哪些方面、起什么作用分为_____和_____。
3. 物业服务企业的期间费用主要包括_____、_____和_____。
4. 成本费用控制的方法有_____、_____。

### 二、选择题

1. 成本费用预算的意义具体表现为(　　)几个方面。
   A. 成本费用预算是对生产耗费进行控制、分析和考核的重要依据
   B. 成本费用预测是成本费用决策的依据、成本费用预算的基础
   C. 成本费用预算是编制核算单位其他有关生产经营计划的基础
   D. 成本费用预算可以动员全体职工深入开展增产节约、降低产品成本的活动
   E. 成本费用预算是建立企业成本管理责任制、开展经济核算和控制生产费用的基础
2. 物业服务企业成本费用预算编制的常用方法有(　　)。
   A. 固定预算　　　　B. 弹性预算　　　　C. 增量预算
   D. 增少预算　　　　E. 零基预算
3. 成本费用控制的作用包括(　　)。
   A. 促使节约资金并合理利用资金,降低成本费用,增加企业利润
   B. 有助于加强企业管理部门对各部门的业绩考核监督
   C. 能够激发职工对成本费用控制的责任感
   D. 是增强企业竞争优势的有效途径
   E. 是企业降低经营风险的重要措施

### 三、简答题

1. 成本与费用的区别有哪些?
2. 成本费用在物业服务企业经营管理服务中的作用主要体现在哪些方面?
3. 按照成本费用的经济内容分类包括哪些?
4. 不得列入成本费用的支出包括哪些?
5. 成本费用管理的基本原则主要包括哪几项?
6. 成本费用管理的内容有哪些?
7. 成本费用预算的编制程序一般包括哪些步骤?

# 模块八 物业服务企业营业收入与利润管理

物业服务企业营业收入与利润管理

## 知识目标

1. 了解物业服务企业营业收入的概念及作用；熟悉营业收入的构成、营业收入的管理；掌握营业收入的确认、主营业务收入的核算。
2. 了解利润的构成、原则；熟悉利润分配的项目、顺序；掌握利润分配的顺序。

## 能力目标

1. 能进行营业收入的确认；主营业务收入的核算。
2. 能掌握利润分配的顺序及程序。

## 案例导入

××地产物业管理公司以"回归自然，实现人的积极与健康生活追求"为理念，在房地产物业领域覆盖珠三角、华东、环渤海等重要地区。

2021年上半年，该企业营业利润为203 986 399.82元，较去年同期下降49.84%，其中营业收入较去年下降10.79%。利润总额为209 947 005.83元，较2020年同期下降47.92%。净利润为133 758 384.39元，较2020年同期下降50.40%。2021年公司向投资者每股派发现金股利0.08元，股利派发于2021年7月11日进行。

讨论：物业服务企业营业收入和利润核算时应该注意些什么呢？营业利润要如何计算？利润总额与营业利润的关系是什么？什么是净利润呢？企业进行利润分配时，又需要进行哪些程序呢？

· 155 ·

模块八　物业服务企业营业收入与利润管理

# 单元一　营业收入管理

## 一、物业服务企业营业收入的概念及作用

### 1. 物业服务企业营业收入的概念

物业服务企业营业收入是指物业管理公司从事物业管理和其他经营活动所取得的各项收入。企业的营业收入可以是获取现金，也可以形成企业债权的增加，还可以形成某种负债的减少，以及以上几种形式的组合。

### 2. 营业收入的作用

营业收入在物业服务企业经营管理服务中具有十分重要的作用。主要表现在以下几个方面：

(1) 营业收入是企业补偿生产经营耗费的主要资金来源。营业收入关系到企业的生产经营活动能否正常进行。加强营业收入管理，可以使企业的各种耗费得到合理及时补偿，有利于企业再生产活动的顺利进行。

(2) 营业收入是企业的经营成果的主要组成，是企业取得利润的重要保障。所以，加强营业收入管理是实现企业财务目标的重要手段之一。

(3) 营业收入是企业现金流入量的重要组成部分。加强营业收入管理，可以促使企业深入研究和了解市场需求的变化，作出正确的经营决策，避免盲目生产，提高企业的素质，增强企业的竞争力。

## 二、营业收入的构成

根据营业业务对企业经营成果的影响程度的不同，可以将物业服务企业营业收入划分为主营业务收入和其他业务收入。

### 1. 主营业务收入

物业服务企业的主营业务收入是指企业在从事物业经营管理服务活动中，为业主、使用人提供维修、管理和服务所取得的收入。其主要包括以下内容：

(1) 物业经营收入。物业经营收入是指企业经营业主委员会或者物业产权人、使用人提供的房屋建筑物和共用设施取得的收入，如房屋出租收入和经营停车场、游泳池、各类球场等共用设施收入。

(2) 物业管理收入。物业管理收入是指企业向物业产权人、使用人收取的公共性服务费收入、公众代办性服务费收入和特约服务费收入。

(3) 物业大修收入。物业大修收入是指企业接受业主委员会或物业产权人、使用人的委托，对房屋共用部位、共用设施设备进行大修取得的收入。

### 2. 其他业务收入

物业服务企业的其他业务收入是指企业在从事主营业务以外的其他多种经营业务活动所取得的收入。其主要包括以下内容：

(1)房屋中介代销手续费收入。房屋中介代销手续费收入是指企业在为物业产权人、使用人提供维修和服务的同时,也常受房地产开发商的委托,对其开发的房产从事代理销售活动,并从中收取一定的代销手续费。

(2)材料物资销售收入。材料物资销售收入是指企业将不需用的材料物资对外出售所取得的收入。

(3)商业用房经营收入。商业用房经营收入是指企业利用业主委员会或物业产权人、使用人提供的商业用房,从事经营活动所取得的收入。

(4)无形资产转让收入。无形资产转让收入是指转让无形资产的使用权所获取的收入。

## 三、营业收入的确认

营业收入的确认实际上是解决营业收入要不要记在账上及何时记在账上,并在损益表上反映的问题。从总体来说,物业服务企业的收入应依据权责发生制原则确认,但具体的收入确认原则应依不同的收入类别而定。企业应当合理确认营业收入的实现,并将已实现的收入按时入账。

### 1. 提供劳务收入的确认

企业提供劳务的收入,应该按以下情况加以确认:

(1)在同一个会计年度开始并完成的劳务,应当在完成劳务时确认收入。一般情况下,企业应当在劳务已经提供;同时,收讫价款或取得收取价款的凭证时确认为营业收入。

(2)如果劳务的开始和完成分别属于不同的会计年度,且在期末能够对该项劳务的结果做出可靠估计的,应当在期末采用完工百分比法来确认收入。

在采用完工百分比法确认收入时,收入和相关成本应按以下步骤进行:

1)确定劳务的完成程度。一般按已发生的成本占估计总成本的比例确定。其计算公式为

$$劳务完成程度 = 已发生成本 / 估计总成本 \times 100\%$$

2)计算本期应确认的劳务收入和劳务成本。其计算公式为

应确认的劳务收入＝劳务总收入×累计劳务完成程度－前期已确认的劳务收入

应确认的劳务成本＝劳务总成本×累计劳务完成程度－前期已确认的劳务成本

其中,劳务总收入是指按照劳务合同或协议中约定的交易总金额;劳务总成本是指已发生的成本和完成整个劳务还要发生的估计成本之和。

### 2. 销售商品收入的确认

企业销售商品的收入,应当在同时满足下列条件时予以确认:

(1)企业已将商品所有权上的主要风险和报酬转移给购货方。已将商品所有权上的主要风险和报酬转移给购货方,是指与商品所有权有关的主要风险和报酬同时转移给了购货方。与商品所有权有关的风险,是指商品可能发生减值或毁损等形成的损失;与商品所有权有关的报酬,是指商品价值增值或通过使用商品等形成的经济利益。判断企业是否已将商品所有权上的主要风险和报酬转移给购货方,应当遵循实质重于形式的原则,同时考虑商品实物的交付及凭证的转移。

(2)企业既没有保留通常与所有权相联系的继续管理权,也没有对已售出的商品实施控制。通常,企业售出商品后不再保留与商品所有权相联系的继续管理权,也不再对售出商品

实施有效控制,表明商品所有权上的主要风险和报酬已经转移给购货方,应在发出商品时确认收入;反之,则销售收入不成立,如售后回购。

(3)收入的金额能够可靠地计量。企业销售商品的收入如果不能可靠地计量,也就无法确认收入。企业在销售商品时,售价通常已经确定,但在销售过程中由于某些不确定因素,也可能会出现售价变动的情况,在新的售价未确定前不应确认收入。

(4)相关的经济利益能够流入本企业。相关的经济利益很可能流入企业,是指销售商品价款收回的可能性大于不能收回的可能性,即销售商品价款收回的可能性超过50%。企业在确定销售商品价款收回的可能性时,应当结合以前和买方交往的直接经验、政府有关政策、其他方面取得的信息等因素进行分析。一般情况下,如果商品符合买方要求,双方已经交付账单并承诺付款,则表明商品的经济利益能够流入企业。

(5)相关的已发生或将发生的成本能够可靠地计量。通常,与销售商品相关的已发生或将发生的成本能够合理地估计,如库存商品的成本、商品运输费用等。如果库存商品是本企业生产的,其生产成本能够可靠地计量;如果库存商品是外购的,购买成本能够可靠地计量。有时,与销售商品相关的已发生或将发生的成本不能合理地估计,那么企业不应确认收入,已收到的价款应确认为负债。

### 3. 让渡资产使用权收入的确认

让渡资产使用权收入主要包括利息收入、使用费收入,企业对外出租资产收取的租金、进行债券投资收取的利息、进行股权投资取得的现金股利。

让渡资产使用权收入同时满足下列条件的,才能予以确认:

(1)相关的经济利益很可能流入企业;

(2)收入的金额能够可靠地计量。

## 四、主营业务收入的核算

### 1. 物业管理收入的核算

物业管理收入是指物业管理公司向物业产权人、使用人收取的公共性服务费收入、公众代办性服务费收入和特约服务收入。

(1)公共性服务收入的核算。物业服务企业的公共性服务收入,主要是指物业公司提供公共卫生清洗、公用设施的维修保养、绿化和提供保安服务而收取的公共性服务收费收入,是物业管理收入的主要来源。

物业管理的公共性服务收费主要包括:管理、服务人员的工资和按规定提取的职工福利费、楼内公共设施维修及保养费、绿化管理费、卫生清洁费、保安费、物业公司的办公费与物业管理公司的固定资产折旧费、法定税费,以及经业主同意的其他费用。

物业服务收费应当区分不同物业的性质和特点分别实行政府指导价与市场调节价,具体定价形式由省、自治区、直辖市人民政府价格主管部门会同房地产行政主管部门确定。

物业服务收费实行政府指导价的,有定价权限的人民政府价格主管部门应当会同房地产行政主管部门,根据物业管理服务等级标准等因素制定相应的基准价及其浮动幅度,并定期公布。具体收费标准由业主与物业服务企业根据规定的基准价和浮动幅度在物业服务合同中约定。

实行市场调节价的物业服务收费,由业主与物业服务企业在物业服务合同中约定。

公共性服务费一般以房屋的建筑面积为计算依据。各套房屋的建筑面积,除各套"自用"建筑面积外,还要合理分摊"公用"建筑面积。

$$各套房屋自用建筑面积应分摊的公用建筑面积的分摊率 = \frac{该幢房屋共用建筑面积}{该幢房屋自用建筑面积中和} \times 100\%$$

某套房屋建筑面积＝
该套房屋的自用建筑面积×(1＋各套房屋自用建筑面积应分摊的共用建筑面积的分摊率)

【例 8-1】 某幢房屋的建筑面积为 8 000 平方米,其中各套房屋的自用建筑面积总和为 6 650 平方米,公用建筑面积的总和为 1 350 平方米,则

各套房屋自用建筑面积的分摊率＝1 350÷6 650×100％＝20％

如某套房屋的自用建筑面积为 98 平方米,则:

该套房屋的建筑面积＝98×(1＋20％)＝117.6(平方米)

公共性服务费一般采用预收的办法,预收期限一般不得超过 3 个月。采用定期预收的,应分月度确认经营收入。预收的公共性服务费收入应记入"预收账款"账户,待到确认期时,再反映为收入。

(2)公众代办性服务费收入的核算。公众代办性服务是物业管理公司为满足一些业主和住户的一定需要而提供的服务项目。对于此类服务,物业管理公司应事先设立服务项目,并将各项服务的内容、质量、收费标准等予以公布,其服务的内容一般有室内卫生清洁、收洗缝制衣物、代收水电费、代购代订车船机票、接送小孩上下学、房屋自用部位和设施的修缮等。上述服务均以受托为原则,由业主自由选择,当业主自愿选择上述服务时,物业管理公司就可以根据预先设定的标准进行收费。按照《物业服务收费管理办法》规定,物业管理区域内,供水、供电、供气、供热、通信、有线电视等单位应当向最终用户收取有关费用。物业服务企业接受委托代收上述费用的,可向委托单位收取手续费,不得向业主收取手续费等额外费用。

(3)特约服务收入的核算。特约服务是物业公司为满足业主的个别需要,受托而提供的服务,如为业主进行房屋的装修等。受托特约服务所耗的材料费和人工费均按实际核算,对于所收取的服务费,除物价部门规定有统一收费标准的外,均实行市场调节价。物业公司可以就受托服务项目与业主协商定价,并签订合同,以便明确各项服务的成本和收费水平。

**2. 物业经营收入的核算**

物业经营收入是指物业管理公司经营业主委员会或者物业产权人提供房屋、建筑物和共用设施所取得的收入。物业管理专用房屋按公房住宅租金标准计收租金。

物业管理专用房屋产权归建设单位所有。经业主大会或业主代表大会同意,可以按建筑安装工程造价折算购买,其费用由全体业主承担,产权归全体业主共有,其租金收入用以补充专项维修基金。物业管理公司通过同业主委员会或者业主、产权人协商,有偿使用上述全体业主共有的财产(一般为支付租金的形式),用于房屋出租,经营停车场、游泳池、各类球场等共用设施的收入,即作为物业经营收入进行核算。

**3. 物业大维修收入的核算**

物业大修收入是指物业管理公司接受业主委员会或者物业产权人的委托,对房屋共用部位、共用设施设备进行大修取得的收入。

按照国务院颁布的《物业管理条例》规定,建设单位或业主交纳的专项维修资金属全体业

主共同所有。当小区房屋的共用部位和共用设施设备需要维修时，物业管理公司接受业主委员会或物业产权人、使用人的委托，对房屋共用部位、共用设施设备进行大修时，可动用专项维修基金，所得收入即可作为大修收入核算。

**4. 其他业务收入的核算**

其他业务收入是指物业服务企业从事主营业务以外的其他业务活动所取得的收入。对于物业管理公司从事包括房屋中介代销、物资销售、废品回收、商业用房经营等所得的收入，均应通过"其他业务收入"账户进行核算。

（1）房屋中介所得收入的核算。物业管理公司在从事物业管理服务过程中，还具有工商部门核定的房屋中介资格。

（2）销售材料物资收入的核算。物业管理公司在对于库存的各种材料物资进行销售时所得的收入应计入其他业务收入。

（3）废品回收收入的核算。物业管理公司在为业主服务的过程中，会有一定量的废品回收收入，此部分收入应计入其他业务收入。

（4）商业用房经营收入的核算。房屋出租收入应作为主营业务收入处理，而商业用房经营收入则作为其他业务收入处理。二者在财务处理上之所以有所区别，主要是由物业服务企业的经营特点所决定的。由于商业用房均是通过对原房屋进行重新装修、改造，添加部分经营设施，并增加了房屋的经济功能以开展商业性经济活动。因此，这种商业用房的经营收入就不仅是房屋本身所带来的收益，而是利用房屋作为载体从事商业活动所带来的收益。所以，从物业服务企业的经营特点来看，此项活动所得的收入应区别于房屋出租所得的收入，只能将其收入作为其他业务收入来处理。

## 五、营业收入的管理

（1）做好市场预测。企业要在市场竞争中取胜，必须认真做好市场预测，及时了解市场需求，掌握市场动态，并应搞好产品的宣传和售后服务工作，以赢得使用单位和消费者的信任，提高产品在国内外市场上的占有率。

（2）制订生产经营计划，保证营业收入的实现。营业收入计划的编制主要是通过预测的销售量计算出其销售收入。销售收入可以按照各种产品分别计算，然后再加总计算出计划期的总销售收入。销售收入由产品销售数量和销售价格决定。

（3）处理好经营中的过程控制，提高企业的经济效益。为了保证营业收入按计划实现，企业应该做好全方位的配套工作；保证资金链的通畅，并按照营业收入的预测确定合理的资金来源和渠道，降低资金成本；做好生产管理，从材料采购开始，在保证产品质量的前提下压缩采购成本、生产成本；做好销售过程中的促销工作，特别是丰富广告形式和合理投入广告经费；加快应收款的回收，保证企业财务管理最终目标的实现。

## 单元二　利润分配

### 一、利润的构成

利润是企业在一定时期内的经营成果的综合体现,是劳动者创造的剩余产品价值的一部分,是企业最终财务成果的货币表现。其集中反映物业服务企业在经营管理服务活动各方面的经济效益,是一项相当重要的综合性经济指标。物业服务企业的利润按其来源及构成的不同,可以分为营业利润、利润总额和净利润。

#### 1. 营业利润

营业利润体现了企业从事正常的物业管理经营业务所获取的利润。其由主营业务利润、其他业务利润、营业费用、管理费用、财务费用等构成。其计算公式为

营业利润＝主营业务利润＋其他业务利润－营业费用－管理费用－财务费用

#### 2. 利润总额

利润总额也称税前利润,是企业在缴纳所得税前的全部经营成果,是指正常经营活动带来的营业利润,加上与企业经营活动没有直接关系的营业外收支净额。其由营业利润、投资净收益、补贴收入、营业外收支净额等构成。其计算公式为

利润总额＝营业利润＋投资收益＋补贴收入＋营业外收入－营业外支出

#### 3. 净利润

净利润又称税后利润,是企业在缴纳所得税后最终的经营成果,可用于利润分配,是利润总额扣除所得税后的金额。其计算公式为

净利润＝利润总额－所得税

### 二、利润分配的原则

利润分配是指企业按照国家财经法规和企业章程,对所实现的净利润在企业与投资者之间、利润分配各项目之间和投资者之间进行分配。企业的利润分配对企业具有重大的意义。利润分配要求企业协调各方面的关系,严格遵照国家的法规和相关制度进行。

为合理组织企业财务活动和正确处理财务关系,物业服务企业在进行利润分配时应遵循以下原则:

(1)依法分配原则。企业的利润分配必须依法进行。这是正确处理各方面利益关系的关键。为规范企业的利润分配行为,国家制定和颁布了若干法规。这些法规规定了企业利润分配的基本要求、一般程序和重大比例,企业应认真执行,不得违反。

(2)兼顾各方利益原则。利润分配是利用价值形式对社会产品的分配,直接关系到有关各方的切身利益,因此,要坚持全局观念,兼顾各方利益,既要满足国家集中财力的需要,又要考虑物业服务企业自身发展的要求;既要维护投资者的合法权益,又要考虑员工的长远利益。

(3)分配与积累并重原则。企业获得的净利润一部分分配给投资者,另一部分留存在企业形成积累。这部分留存收益(盈余公积金和未分配利润之和)仍归投资者所有,能为企业扩

## 模块八 物业服务企业营业收入与利润管理

大再生产提供资金,并增强企业抵抗风险的能力,有利于投资者的长远利益。因此,企业在进行利润分配的过程中,应兼顾近期利益和长远利益,处理好积累和分配的比例关系。

(4)投资与收益对等原则。企业分配收益应当体现"谁投资,谁受益"、受益大小与投资比例相适应,即投资与收益对等原则,这是正确处理投资者利益关系的关键。投资者因其投资行为而享有收益权,并且其投资收益应同其投资比例对等。这就要求企业在向投资者分配利益时,应本着平等一致的原则,按照各方投入资本的多少来进行,决不允许发生任何一方随意多分多占的现象。

### 三、利润分配的项目

企业利润分配的项目包括以下内容:

(1)提取盈余公积金。盈余公积金是从税后净利润中提取形成的。其主要用途是弥补亏损、扩大公司生产经营或转增公司资本。盈余公积金可分为法定盈余公积金和任意盈余公积金。

(2)提取公益金。公益金也是从公司的税后利润中提取形成的,专门用于职工集体福利设施的建设。

(3)分派股利。企业向股东(投资者)分配利润,要在提取盈余公积金、公益金之后。股利(利润)分配应以股东(投资者)持有股份(投资额)的多少为依据。每一股东(投资者)取得的股利(分得的利润)与其持有的股份数(投资额)成正比。

### 四、利润分配的顺序

企业的利润总额按照国家规定作出相应调整后,首先要缴纳所得税,税后剩余部分的利润为可供分配的利润。企业可供分配的利润再按如下顺序进行分配:

(1)弥补以前年度亏损。企业发生经营性亏损后,应由企业自行弥补。当年亏损可以用下一年度的税前利润弥补,下一年度不足以弥补的,可以在五年内延续弥补,五年内不足以弥补的,用税后利润弥补。

(2)提取法定公积金。法定公积金按照净利润扣除弥补以前年度亏损后的10%提取,法定公积金达到注册资本的50%时,可不再提取。

(3)提取任意公积金。企业提取法定盈余公积金后,经过股东会决议,可以提取任意盈余公积金;企业也可根据需要提取任意盈余公积金。任意盈余公积金的提取比例由企业视情况而定。

(4)向投资者分配利润。企业以前年度未分配完的利润,可以并入本年度向投资者分配。企业当年无利润不得向投资者分配利润。企业以前年度亏损未弥补完,不得提取盈余公积金,企业在未提取盈余公积金之前,不得向投资者分配利润。

**知识链接**

#### 确定利润分配政策时应考虑的因素

利润分配政策的确定受到各方面因素的影响,一般来说,应考虑的主要因素如下。

1. 法律因素

为了保护债权人和股东的利益,国家有关法规如《中华人民共和国公司法》对企业利润分配予以一定的硬性限制。这些限制主要体现为以下几个方面：

（1）资本保全约束。资本保全是企业财务管理应遵循的一项重要原则。它要求企业发放的股利或投资分红不得来源于原始投资（或股本），而只能来源于企业当期利润或留存收益。其目的是防止企业任意减少资本结构中所有者权益（股东权益）的比例，以维护债权人利益。

（2）资本积累约束。资本积累要求企业在分配收益时，必须按一定的比例和基数提取各种公积金。另外，它要求在具体的分配政策上，贯彻"无利不分"原则，即当企业出现年度亏损时，一般不得分配利润。

（3）偿债能力约束。偿债能力是指企业按时足额偿付各种到期债务的能力。对于股份公司而言，当其支付现金股利后会影响公司偿还债务和正常经营时，公司发放现金股利的数额就要受到限制。

（4）超额累积利润约束。对于股份公司而言，由于投资者接受股利交纳的所得税要高于进行股票交易的资本利得所缴纳的税费，因此许多公司通过积累利润使股价上涨方式来帮助股东避税。西方许多国家都注意到了这一点，并在法律上明确规定公司不得超额累积利润，一旦公司留存收益超过法律认可的水平，将被加征额外税款。我国法律目前对此尚未做出规定。

2.股东因素

股东出于对自身利益的考虑，可能对公司的利润分配提出限制、稳定或提高股利发放率等不同意见。其包括以下几个方面考虑：

（1）控制权考虑。公司的股利支付率高，必然导致保留盈余减少，这又意味着将来发行新股的可能性加大，而发行新股会稀释公司的控制权。因此，公司的老股东往往主张限制股利的支付，而愿意较多地保留盈余，以防止控制权旁落他人。

（2）避税考虑。一些高收入的股东出于避税考虑（股利收入的所得税高于交易的资本利得税），往往要求限制股利的支付，而较多地保留盈余，以便从股价上涨中获利。

（3）稳定收入考虑。一些股东往往靠定期的股利维持生活，他们要求公司支付稳定的股利，反对公司留存较多的利润。

（4）规避风险考虑。在某些股东看来，通过增加留存收益引起股价上涨而获得的资本利得是有风险的，而目前所得股利是确定的，即便是现在较少的股利，也强于未来较多但是存在较大风险的资本利得，因此他们往往要求较多地支付股利。

3.公司因素

公司出于长期发展与短期经营考虑，需要综合考虑以下因素，并最终制定出切实可行的分配政策。这些因素主要有以下几项：

（1）公司举债能力。如果一个公司举债能力强，能够及时地从资金市场筹集到所需的资金，则有可能采取较为宽松的利润分配政策；而对于一个举债能力较弱的公司而言，宜保留较多的盈余，因而往往采取较紧的利润分配政策。

（2）未来投资机会。利润分配政策要受到企业未来投资机会的影响。主要表现在：当企业预期未来有较好的投资机会，且预期投资收益率大于投资者期望收益率时，企业经营者会首先考虑将实现的收益用于再投资，减少用于分配的收益金额。这样有利于企业的长期发展，同时也能被广大的投资者所理解。相反，如果企业缺乏良好的投资机会，保留大量盈余会造成资金的闲置，可适当增大分红数额。正因为如此，处于成长中的企业多采取少分多留政

163

(25) 行：走，此指前行。

(26) 樯（qiáng）倾楫（jí）摧：桅杆倒下，船桨折断。樯：桅杆。楫：船桨。倾：倒下。摧：折断。

(27) 薄暮冥冥（míng míng）：傍晚天色昏暗。薄：迫近。冥冥：昏暗的样子。

(28) 斯：这，在这里指岳阳楼。

(29) 则：就。有：产生……（的情感）。去国怀乡，忧谗畏讥：离开国都，怀念家乡，担心人家说坏话，惧怕人家嘲笑。去：离开。国：国都，指京城。去国：离开京都，也即离开朝廷。忧：担忧。谗：谗言。畏：害怕，惧怕。讥：嘲笑。

(30) 萧然：萧条的样子。感极：感慨到了极点。而：表示顺接。者：起强调作用。

(31) 至若春和景明：至于到了春天，气候和暖，阳光普照。至若：至于。春和：春风和煦。景：日光。明：明媚。

(32) 波澜不惊：湖面平静，没有惊涛骇浪。惊：这里有"起""动"的意思。

(33) 上下天光，一碧万顷：天色湖光相接，一片碧绿，广阔无际。一：全。万顷：极言其广。

(34) 沙鸥翔集，锦鳞游泳：沙鸥时而飞翔时而停歇，美丽的鱼在水中游来游去。沙鸥：沙洲上的鸥鸟。翔集：时而飞翔，时而停歇。集：栖止，鸟停息在树上。锦鳞：指美丽的鱼。鳞：代指鱼。游泳：或浮或沉。游：贴着水面游。泳，潜入水里游。

(35) 岸芷（zhǐ）汀（tīng）兰：岸上与小洲上的花草。芷：香草的一种。汀：小洲，水边平地。

(36) 郁郁：形容草木茂盛。

(37) 而或长烟一空：有时大片烟雾完全消散。或：有时。长：大片。一：全。空：消散。

(38) 皓月千里：皎洁的月光照耀千里。

(39) 浮光跃金：波动的光闪着金色，这是描写月光照耀下的水波。

(40) 静影沉璧：静静的月影像沉入水中的璧玉，这里是写无风时水中的月影。璧：圆形正中有孔的玉。

(41) 渔歌互答：渔人唱着歌互相应答。互答：一唱一和。

(42) 何极：哪有穷尽。何：怎么。极：穷尽。

(43) 心旷神怡：心情开朗，精神愉快。旷：开朗。怡：愉快。

(44) 宠辱偕（xié）忘：荣耀和屈辱一并都忘了。偕：一起。宠：荣耀。辱：屈辱。

(45) 把酒临风：端酒面对着风，就是在清风吹拂中端起酒来喝。把：持，执。临：面对。

（46）洋洋：高兴得意的样子。

（47）嗟（jiē）夫：唉。

（48）尝：曾经。求：探求。古仁人：古时品德高尚的人。之：的。心：思想感情（心思）。

（49）或异二者之为：或许不同于（以上）两种心情。或：近于"或许""也许"的意思，表委婉口气。异：不同于。为：这里指心情。二者：这里指前两段的"悲"与"喜"。

（50）不以物喜，不以己悲：不因为外物（好坏）和自己（得失）而或喜或悲（此句为互文）。以：因为。

（51）居庙堂之高则忧其民：在朝中做官担忧百姓。庙：宗庙。堂，殿堂。庙堂：指朝廷。下文的"进"，对应"居庙堂之高"。进：在朝廷做官。

（52）处江湖之远则忧其君：处在僻远的地方做官则为君主担忧。处江湖之远：处在偏远的江湖间，意思是不在朝廷上做官。下文的"退"，对应"处江湖之远"。之：定语后置的标志。

（53）是：这样。退：不在朝廷做官。

（54）其必曰"先天下之忧而忧，后天下之乐而乐"：他们一定会说"在天下人忧之前先担忧，在天下人乐之后才乐"吧。先：在……之前；后：在……之后。必：一定。

（55）微斯人，吾谁与归：如果没有这样的人，我同谁一道呢？微：没有。斯人：这样的人。谁与归：就是"与谁归"。

（56）时六年：庆历六年（1046年）。

【导读】

"洞庭天下水，岳阳天下楼"。一提起岳阳楼，人们就会很自然地想起千古名臣范仲淹，千古名文《岳阳楼记》。这篇文章通过描绘岳阳楼的景色及迁客骚人登楼览景后产生的不同感情，表达了自己"不以物喜，不以己悲"的旷达胸襟与"先天下之忧而忧，后天下之乐而乐"的政治抱负。范仲淹主张的政事通达、人心和顺成为后代无数治国理政者孜孜以求的理想境界。

 经典名句

1. 天下兴亡，匹夫有责。　　　　　　　　　　　　　　——《日知录·正始》

【译文】天下大事的兴盛、灭亡，每一个老百姓都有义不容辞的责任。

2. 苟利国家，不求富贵。　　　　　　　　　　　　——《礼记·儒行》

　　【译文】如果对国家有利，自己就不去追求富贵。

3. 烈士之爱国也如家。　　　　　　　　　　　　　——《抱朴子·广譬》

　　【译文】有抱负、有气节的人热爱祖国，犹如热爱自己的家。在国家有难时，他们往往舍弃小家，为国尽忠。

　　【注释】烈士：有抱负、有气节的人。

## 经典散文

**藤野先生**　　　　　　　　　　　　　　　　　　　　——近代·鲁迅

　　东京也无非是这样。上野的樱花烂熳的时节，望去确也像绯红的轻云，但花下也缺不了成群结队的"清国留学生"的速成班，头顶上盘着大辫子，顶得学生制帽的顶上高高耸起，形成一座富士山。也有解散辫子，盘得平的，除下帽来，油光可鉴，宛如小姑娘的发髻一般，还要将脖子扭几扭。实在标致极了。

　　中国留学生会馆的门房里有几本书买，有时还值得去一转；倘在上午，里面的几间洋房里倒也还可以坐坐的。但到傍晚，有一间的地板便常不免要咚咚咚地响得震天，兼以满房烟尘斗乱；问问精通时事的人，答道，"那是在学跳舞。"

　　到别的地方去看看，如何呢？

　　我就往仙台的医学专门学校去。从东京出发，不久便到一处驿站，写道：日暮里。不知怎地，我到现在还记得这名目。其次却只记得水户了，这是明的遗民朱舜水先生客死的地方。仙台是一个市镇，并不大；冬天冷得厉害；还没有中国的学生。

　　大概是物以稀为贵罢。北京的白菜运往浙江，便用红头绳系住菜根，倒挂在水果店头，尊为"胶菜"；福建野生着的芦荟，一到北京就请进温室，且美其名曰"龙舌兰"。我到仙台也颇受了这样的优待，不但学校不收学费，几个职员还为我的食宿操心。我先是住在监狱旁边一个客店里的，初冬已经颇冷，蚊子却还多，后来用被盖了全身，用衣服包了头脸，只留两个鼻孔出气。在这呼吸不息的地方，蚊子竟无从插嘴，居然睡安稳了。饭食也不坏。但一位先生却以为这客店也包办囚人的饭食，我住在那里不相宜，几次三番，几次三番地说。我虽然觉得客店兼办囚人的饭食和我不相干，然而好意难却，也只得别寻相宜的住处了。于是搬到别一家，离监狱也很远，可惜每天总要喝难以下咽的芋梗汤。

从此就看见许多陌生的先生，听到许多新鲜的讲义。解剖学是两个教授分任的。最初是骨学。其时进来的是一个黑瘦的先生，八字须，戴着眼镜，挟着一叠大大小小的书。一将书放在讲台上，便用了缓慢而很有顿挫的声调，向学生介绍自己道："我就是叫作藤野严九郎的……"

后面有几个人笑起来了。他接着便讲述解剖学在日本发达的历史，那些大大小小的书，便是从最初到现今关于这一门学问的著作。起初有几本是线装的；还有翻刻中国译本的，他们的翻译和研究新的医学，并不比中国早。

那坐在后面发笑的是上学年不及格的留级学生，在校已经一年，掌故颇为熟悉的了。他们便给新生讲演每个教授的历史。这藤野先生，据说是穿衣服太模糊了，有时竟会忘记带领结；冬天是一件旧外套，寒颤颤的，有一回上火车去，致使管车的疑心他是扒手，叫车里的客人大家小心些。

他们的话大概是真的，我就亲见他有一次上讲堂没有带领结。

过了一星期，大约是星期六，他使助手来叫我了。到得研究室，见他坐在人骨和许多单独的头骨中间，——他其时正在研究着头骨，后来有一篇论文在本校的杂志上发表出来。

"我的讲义，你能抄下来么？"他问。

"可以抄一点。"

"拿来我看！"

我交出所抄的讲义去，他收下了，第二三天便还我，并且说，此后每一星期要送给他看一回。我拿下来打开看时，很吃了一惊，同时也感到一种不安和感激。原来我的讲义已经从头到末，都用红笔添改过了，不但增加了许多脱漏的地方，连文法的错误，也都一一订正。这样一直继续到教完了他所担任的功课：骨学、血管学、神经学。

可惜我那时太不用功，有时也很任性。还记得有一回藤野先生将我叫到他的研究室里去，翻出我那讲义上的一个图来，是下臂的血管，指着，向我和蔼的说道："你看，你将这条血管移了一点位置了。——自然，这样一移，的确比较的好看些，然而解剖图不是美术，实物是那么样的，我们没法改换它。现在我给你改好了，以后你要全照着黑板上那样的画。"

但是我还不服气，口头答应着，心里却想道："图还是我画的不错；至于实在的情形，我心里自然记得的。"

学年试验完毕之后，我便到东京玩了一夏天，秋初再回学校，成绩早已发表了，同学一百余人之中，我在中间，不过是没有落第。这回藤野先生所担任的功课，是解剖实习和局部解剖学。

解剖实习了大概一星期,他又叫我去了,很高兴地,仍用了极有抑扬的声调对我说道:"我因为听说中国人是很敬重鬼的,所以很担心,怕你不肯解剖尸体。现在总算放心了,没有这回事。"

但他也偶有使我很为难的时候。他听说中国的女人是裹脚的,但不知道详细,所以要问我怎么裹法,足骨变成怎样的畸形,还叹息道,"总要看一看才知道。究竟是怎么一回事呢?"

有一天,本级的学生会干事到我寓里来了,要借我的讲义看。我检出来交给他们,却只翻检了一通,并没有带走。但他们一走,邮差就送到一封很厚的信,拆开看时,第一句是:"你改悔罢!"

这是《新约》上的句子罢,但经托尔斯泰新近引用过的。其时正值日俄战争,托老先生便写了一封给俄国和日本的皇帝的信,开首便是这一句。日本报纸上很斥责他的不逊,爱国青年也愤然,然而暗地里却早受了他的影响了。其次的话,大略是说上年解剖学试验的题目,是藤野先生在讲义上做了记号,我预先知道的,所以能有这样的成绩。末尾是匿名。

我这才回忆到前几天的一件事。因为要开同级会,干事便在黑板上写广告,末一句是"请全数到会勿漏为要",而且在"漏"字旁边加了一个圈。我当时虽然觉到圈得可笑,但是毫不介意,这回才悟出那字也在讥刺我了,犹言我得了教员漏泄出来的题目。

我便将这事告知了藤野先生;有几个和我熟识的同学也很不平,一同去诘责干事托辞检查的无礼,并且要求他们将检查的结果,发表出来。终于这流言消灭了,干事却又竭力运动,要收回那一封匿名信去。结末是我便将这托尔斯泰式的信退还了他们。

中国是弱国,所以中国人当然是低能儿,分数在60分以上,便不是自己的能力了:也无怪他们疑惑。但我接着便有参观枪毙中国人的命运了。第二年添教霉菌学,细菌的形状是全用电影来显示的,一段落已完而还没有到下课的时候,便影几片时事的片子,自然都是日本战胜俄国的情形。但偏有中国人夹在里边:给俄国人做侦探,被日本军捕获,要枪毙了,围着看的也是一群中国人;在讲堂里的还有一个我。

"万岁!"他们都拍掌欢呼起来。

这种欢呼,是每看一片都有的,但在我,这一声却特别听得刺耳。此后回到中国来,我看见那些闲看枪毙犯人的人们,他们也何尝不酒醉似的喝采,——呜呼,无法可想!但在那时那地,我的意见却变化了。

到第二学年的终结,我便去寻藤野先生,告诉他我将不学医学,并且离开这仙台。他的脸色仿佛有些悲哀，似乎想说话，但竟没有说。

"我想去学生物学，先生教给我的学问，也还有用的。"其实我并没有决意要学生物学，因为看得他有些凄然，便说了一个安慰他的谎话。

"为医学而教的解剖学之类，怕于生物学也没有什么大帮助。"他叹息说。

将走的前几天，他叫我到他家里去，交给我一张照相，后面写着两个字道："惜别"，还说希望将我的也送他。但我这时适值没有照相了；他便叮嘱我将来照了寄给他，并且时时通信告诉他此后的状况。

我离开仙台之后，就多年没有照过相，又因为状况也无聊，说起来无非使他失望，便连信也怕敢写了。经过的年月一多，话更无从说起，所以虽然有时想写信，却又难以下笔，这样的一直到现在，竟没有寄过一封信和一张照片。从他那一面看起来，是一去之后，杳无消息了。

但不知怎地，我总还时时记起他，在我所认为我师的之中，他是最使我感激，给我鼓励的一个。有时我常常想：他的对于我的热心的希望，不倦的教诲，小而言之，是为中国，就是希望中国有新的医学；大而言之，是为学术，就是希望新的医学传到中国去。他的性格，在我的眼里和心里是伟大的，虽然他的姓名并不为许多人所知道。

他所改正的讲义，我曾经订成三厚本，收藏着的，将作为永久的纪念。不幸七年前迁居的时候，中途毁坏了一口书箱，失去半箱书，恰巧这讲义也遗失在内了。责成运送局去找寻，寂无回信。只有他的照相至今还挂在我北京寓居的东墙上，书桌对面。每当夜间疲倦，正想偷懒时，仰面在灯光中瞥见他黑瘦的面貌，似乎正要说出抑扬顿挫的话来，便使我忽又良心发现，而且增加勇气了，于是点上一枝烟，再继续写些为"正人君子"之流所深恶痛疾的文字。

**【注释】**

（1）绯红：中国传统色彩名称，红色的一种。

（2）油光可鉴：形容非常光亮润泽。鉴：照。

（3）标致：外表、风度等接近完美或理想境界，唤起美感上的极大享受（在本文意是：漂亮，这里是反语，用来讽刺）。

（4）斗乱：飞腾纷乱。斗：通"抖"

（5）精通时事：这是讽刺的说法，其实是一些无聊的事。

（6）明的遗民朱舜水：即朱之瑜（1600—1682），号舜水，浙江余姚人，明末思想家。明亡后曾进行反清复明活动，事败后长住日本讲学，客死水户。他忠于明朝，所以说是"明的遗民"。

（7）客死：死在异国他乡。

（8）讲义：为讲课而编写的材料，这里指讲课的内容。

（9）掌故：关于历史人物、典章制度的传说或故事，这里指学校里发生过的一些事情。

（10）落第：原指科举时代应试不中，文中指考试不及格。

（11）不逊：没有礼貌、骄傲、蛮横。逊：谦逊。

（12）诘责：质问并责备。

（13）托辞：借口。

（14）抑扬顿挫：指声音的高低起伏和停顿转折，节奏分明，和谐悦耳。

（15）深恶痛疾：指对某人或某事物极端厌恶痛恨。

**【导读】**

《藤野先生》是鲁迅的一篇回忆散文，以记叙藤野先生为中心内容，以作者的爱国主义思想感情为内在线索，通过直接描写和间接表现、正面记叙与反面衬托，深情地赞颂了藤野先生正直高尚的思想品德、严肃认真的科学态度和一丝不苟的工作作风，特别是"为学术""为中国"的伟大精神，以及他对作者自己的深刻影响。

# 经典故事

### 为中华之崛起而读书

12岁那年，周恩来离开家乡，来到了东北。当时的东北，是帝国主义列强在华争夺的焦点。他在沈阳下了车，前来接他的伯父指着一片繁华、热闹的地方，对他说："没事可不要到那个地方去玩啊！"

"为什么？"周恩来不解地问。

"那是外国的租借地，惹出麻烦来可就糟了，没处说理去！"

"那又是为什么呢？"周恩来打破砂锅问到底。

"为什么？中华不振啊！"伯父叹了口气，没有再说什么。

不久，周恩来进了东关模范学校读书。他始终忘不了大伯接他时说的话，经常想："租借地是什么样的？为什么中国人不能去那，而外国人却可以住在那里？这不是中国的土地吗……"一连串的问题使周恩来迷惑不解，好奇心驱使着他，一定要去看个究竟。

一个风和日丽的星期天，周恩来背着大伯，约了一个要好的同学闯进了租借地。嘿！这一带果真和别处大不相同：一条条街道灯红酒绿，热闹非凡，街道两旁行走的大多是黄头发、白皮肤、大鼻子的外国人和耀武扬威的巡警。

正当周恩来和同学左顾右盼时，忽然发现巡警局门前围着一群人，正大声吵嚷着什么。他们急忙奔了过去，只见人群中有个衣衫褴褛的妇女正在一旁哭诉着什么，一个大个子洋人则得意洋洋地站在一旁。一问才知道，这个妇女的亲人被洋人的汽车轧死了，她原指望中国的巡警局能替她撑腰，惩处这个洋人。谁知中国巡警不但不惩处肇事的洋人，反而把她训斥了一顿。围观的中国人都紧握着拳头。但是，在外国的租借地里，谁又敢怎么样呢？只能劝劝那个不幸的妇女。这时周恩来才真正体会到伯父说的"中华不振"的含义。

从租借地回来后，同学们常常看到周恩来一个人在沉思，谁也不知道他在想什么。直到在一次修身课上，听了周恩来的发言才解开了这个谜。

那天修身课上，魏校长向同学们提出了一个问题："请问诸生为什么读书？"

同学们踊跃回答，有的说："为做官而读书。"也有的说："为挣钱而读书""为明理而读书"……

周恩来一直静静地坐在那里，没有抢着发言。魏校长注意到了，打手势让大家静下来，点名让他回答。周恩来站了起来，清晰而坚定地回答："为中华之崛起而读书！"

魏校长听了为之一振！他怎么也没想到，一个十二三岁的孩子，竟有如此的抱负和胸怀！他睁大眼睛又追问了一句："你再说一遍，为什么而读书？"

"为中华之崛起而读书！"

周恩来铿锵有力的话语，博得了魏校长的喝彩："好啊！为中华之崛起！有志者当效周生啊！"

是的，少年周恩来在那时就已经认识到，中国人要想不受到帝国主义的欺凌，就要振兴中华。读书，就要以此为目标。

# 人与国家之敬业篇

经典诗词

1. 蜂 　　　　　　　　　　　　　　　　　　　　　——唐·罗隐

不论平地与山尖，无限风光尽被占。
采得百花成蜜后，为谁辛苦为谁甜。

【注释】

（1）山尖：山峰。

（2）尽：都。

（3）占：占其所有。

（4）甜：醇香的蜂蜜。

【导读】

罗隐（833—909），字昭谏，新城（今浙江富阳市新登镇）人，唐代诗人。生于太和七年（833年），大中十三年（859年）底至京师，应进士试，历七年不第。蜂与蝶在诗人词客笔下，成为风韵的象征。然而小蜜蜂毕竟与花蝴蝶不同，它是为酿蜜而劳苦一生，积累甚多而享受甚少。无论是平地还是山尖，凡是鲜花盛开的地方，都被蜜蜂占领。它们采尽百花酿成蜜后，到头来又是在为谁忙碌？为谁酿造醇香的蜂蜜呢？这首诗赞美了蜜蜂辛勤劳动、爱岗敬业的高尚品格，也暗喻了作者对不劳而获的人的痛恨和不满。

2. 龟虽寿 　　　　　　　　　　　　　　　　　　　——东汉·曹操

神龟虽寿，犹有竟时。
腾蛇乘雾，终为土灰。
老骥伏枥，志在千里。
烈士暮年，壮心不已。
盈缩之期，不但在天；

养怡之福，可得永年。

幸甚至哉，歌以咏志。

**【译文】**

神龟的寿命即使十分长久，但也还有生命终结的时候。

腾蛇尽管能乘雾飞行，终究也会死亡化为土灰。

年老的千里马躺在马棚里，它的雄心壮志仍然是能够驰骋千里。

有远大抱负的人到了晚年，奋发思进的雄心不会止息。

人的寿命长短，不只是由上天所决定的。

只要自己调养好身心，也可以益寿延年。

我非常庆幸，就用这首诗歌来表达自己内心的志向。

**【注释】**

（1）该诗作于建安十三年（208年），这时曹操53岁。选自《先秦汉魏晋南北朝诗》（中华书局1983年版）。这首诗是曹操所作乐府组诗《步出夏门行》中的第四章。

（2）"神龟"二句：神龟虽能长寿，但也有死亡的时候。神龟：传说中的通灵之龟，能活几千岁。寿：长寿。

（3）竟：终结，这里指死亡。

（4）"腾蛇"二句：腾蛇即使能乘雾升天，最终也得死亡，变成灰土。腾蛇：传说中与龙同类的神物，能乘云雾升天。

（5）骥（jì）：良马，千里马。

（6）伏：趴，卧。

（7）枥（lì）：马槽。

（8）烈士：有远大抱负的人。暮年：晚年。

（9）已：停止。

（10）盈缩：指人的寿命长短。盈：满，引申为长。缩：亏，引申为短。

（11）但：仅，只。

（12）养怡：指调养身心，保持身心健康。怡：愉快、和乐。

（13）永：长久。永年：长寿，活得长。

（14）幸甚至哉，歌以咏志：两句是附文，跟正文没关系，只是抒发作者感情，是乐府诗的一种形式性结尾。

**【导读】**

此诗作者是东汉末年著名的政治家、军事家曹操，约作于公元208年初，他平定乌桓叛乱、消灭袁绍残余势力之后，南下征讨荆、吴之前。此时曹操已经53岁了，不由想起了人生的路程，所以诗一开头便无限感慨地吟道："神龟虽寿，犹有竟时，腾蛇乘雾，终为土灰。"《庄子·秋水篇》说："吾闻楚有神龟，死已三千岁矣。"曹操反其意而用之，说神龟纵活三千年，可还是难免一死呀！"老骥伏枥，志在千里，烈士暮年，壮心不已。"笔力遒劲，韵律沉雄，内蕴着一股自强不息的豪迈气概，深刻地表达了曹操老当益壮、锐意进取的精神面貌。"壮心不已"表达了要有永不停止的理想追求和积极进取精神，永远乐观奋发，自强不息，保持思想上的青春。

### 3. 书愤五首·其一 ——宋·陆游

早岁那知世事艰，中原北望气如山。
楼船夜雪瓜洲渡，铁马秋风大散关。
塞上长城空自许，镜中衰鬓已先斑。
《出师》一表真名世，千载谁堪伯仲间。

**【译文】**

年轻时就立志北伐中原，哪想到竟然是如此艰难。我常常北望那中原大地，热血沸腾，怨气如山啊。

记得在瓜州渡痛击金兵，雪夜里飞奔着楼船战舰。秋风中跨战马纵横驰骋，收复了大散关捷报频传。

想当初我自比万里长城，立壮志为祖国扫除边患。到如今垂垂老鬓发如霜，盼北伐盼恢复都成空谈。

不由得缅怀那诸葛孔明，《出师表》真可谓名不虚传，有谁像诸葛亮鞠躬尽瘁，率三军复汉室北定中原！

**【注释】**

(1) 书愤：书写自己的愤恨之情。书：写。
(2) 早岁：早年，年轻时。那：即"哪"。世事艰：指抗金大业屡遭破坏。
(3) "中原"句：北望中原，收复故土的豪迈气概坚定如山。中原北望："北望中原"的倒文。气：气概。
(4) "楼船"句：此时作者37岁，在镇江府任通判。宋孝宗隆兴元年（1163年），张浚以右丞相都督江淮诸路军马，亲率水兵乘楼船往来于建康、镇江之间。但不久兵败符离，收复故土的愿望化为泡影。楼船：指采石之战中宋军使用的车船，又名明轮船、车轮柯。车船内部安装有以踩踏驱动的机械连接船外的明轮，依靠一组人的脚力踩踏前行。车船在宋代盛极一时。因这种战船高大有楼，故把它称之为楼船。瓜洲：在今江苏邗江南长江边，与镇江隔江相对，是当时的江防要地。
(5) "铁马"句：孝宗乾道八年（1172年），王炎以枢密使出任四川宣抚使，谋划恢复中原之事。陆游入其军幕，并任干办公事兼检法官赴南郑（今陕西汉中）。

其间，他曾亲临大散关前线，研究抗敌策略。但不久王炎调回京城，收复故土的愿望又一次落空。铁马：披着铁甲的战马。大散关：在今陕西宝鸡西南，是当时宋金的西部边界。

(6)"塞上"句：意为作者徒然地自许为是"塞上长城"。塞上长城，比喻能守边的将领。《南史·檀道济传》载，宋文帝要杀大将檀道济，檀临刑前怒叱道："乃坏汝万里长城！"

(7)衰鬓：年老而疏白的头发。斑：指黑发中夹杂了白发。

(8)《出师》一表：蜀汉后主建兴五年（227年）三月，诸葛亮出兵伐魏前曾写了一篇《出师表》，表达了自己"奖率三军，北定中原""兴复汉室，还于旧都"的坚强决心。名世：名传后世。

(9)堪：能够。伯仲：原指兄弟间的次第，这里比喻人物不相上下，难分优劣高低。杜甫《咏怀古迹》之五称赞诸葛亮说："伯仲之间见伊吕，指挥若定失萧曹。"

【导读】

陆游（1125—1210），宋代爱国诗人、词人，字务观，号放翁，越州山阴（今浙江绍兴）人。孝宗时赐进士出身。中年入蜀，投身军旅生活，官至宝章阁待制。晚年退居家乡，但收复中原信念始终不渝。宋孝宗淳熙十三年（1186年）春，陆游居家乡山阴时所作。陆游时年六十有一，这已是时不待我的年龄，然而诗人被黜，罢官已六年，挂着一个空衔在故乡蛰居。想那山河破碎，中原未收而"报国欲死无战场"，感于世事多艰，小人误国而"书生无地效孤忠"，于是诗人郁愤之情便喷薄而出。

4. 破阵子·为陈同甫赋壮词以寄之　　　　　　　　　　　——宋·辛弃疾

醉里挑灯看剑，梦回吹角连营。八百里分麾下炙，五十弦翻塞外声。沙场秋点兵。
马作的卢飞快，弓如霹雳弦惊。了却君王天下事，赢得生前身后名。可怜白发生！

【译文】

醉梦里挑亮油灯观看宝剑，梦中回到了当年的各个营垒，接连响起号角声。把烤牛肉分给部下，乐队演奏北疆歌曲。这是秋天在战场上阅兵。

战马像的卢马一样跑得飞快，弓箭像惊雷一样，震耳离弦。（我）一心想替君主完成收复国家失地的大业，取得世代相传的美名。可怜已成了白发人！

【注释】

(1)醉里：醉酒之中。挑灯：拨动灯火，点灯。看剑：查看宝剑，说明作者即使在醉酒之际也不忘抗敌。

(2)八百里：指牛。《世说新语·汰侈》"晋王恺有良牛，名'八百里驳'"。后诗词多以"八百里"指牛。

(3) 麾：军旗。麾下：指部下。炙：烤肉。
(4) 五十弦：本指瑟，泛指乐器。翻：演奏。塞外声：以边塞作为题材的雄壮悲凉的军歌。
(5) 沙场：战场。点兵：检阅军队。
(6) 马作的卢（dì lú）飞快：战马像的卢马那样跑得飞快；作：像……一样；的卢：马名，一种额部有白色斑点性烈的快马。相传刘备曾乘的卢马从襄阳城西的檀溪水中一跃三丈，脱离险境。
(7) 霹雳（pī lì）：特别响的雷声，比喻拉弓时弓弦响如惊雷。
(8) 天下事：此指恢复中原之事。

**【导读】**

这是辛弃疾寄好友陈同甫的一首词，词中回顾了他当年在山东和耿京一起领导义军抗击金兵的情形，描绘了义军雄壮的军容和英勇战斗的场面，也表现了作者不能实现收复中原的理想的悲愤心情。梦境写得酣畅淋漓，将爱国之心、忠君之念及自己的豪情壮志推向顶点，整首词抒发了作者想要杀敌报国，建功立业却已年老体迈的壮志未酬的思想感情。

**5. 咏绣障** ——唐·胡令能

日暮堂前花蕊娇，争拈小笔上床描。
绣成安向春园里，引得黄莺下柳条。

**【译文】**

天色将晚，堂屋前面的花朵开放得鲜艳美丽，这一景致，引动了几位绣女，她们拿着描花的彩笔，精心地把花朵描在绷着绣布的绣架上。

绣女们把绣成的屏风摆放在春天的花园里，因绣得精巧逼真，竟引逗得黄莺飞下柳条，向着绣障中的花间飞来，在真花假花之中欢啼。

**【注释】**

(1) 此诗一本题作《咏绣障》。绣障：刺绣屏风。
(2) 花蕊（ruǐ）娇：双关语，一指刺绣图样，一喻刺绣少女。花蕊：花心。娇：美丽鲜艳。
(3) 拈（niān）：用两三个指头捏住。床：指绣花时绷绣布的绣架。
(4) 安：安置，摆放。
(5) 下柳条：从柳树枝条上飞下来。

**【导读】**

此诗对绣女们精湛的绣技进行巧妙地称赞。三百六十行，行行出状元，只要各行各业之人都怀着敬业之心，必定能在各自的领域创造出奇迹来。

## 6. 《自励诗》
——近代·吴玉章

春蚕到死丝方尽，人至期颐亦不休。
一息尚存须努力，留作青年好范畴！

**【导读】**

这首诗体现出了一个革命者为革命事业鞠躬尽瘁、死而后已的革命精神和高尚品质，告诉我们要为人民利益奋斗到底，绝不能轻易放弃自己的高尚理想和目标，在任何情况下都要努力进取不虚度年华，为后人留下榜样。

# 经典古文

## 1. 出师表
——三国·诸葛亮

先帝创业未半而中道崩殂。今天下三分，益州疲弊，此诚危急存亡之秋也。然侍卫之臣不懈于内，忠志之士忘身于外者，盖追先帝之殊遇，欲报之于陛下也。诚宜开张圣听，以光先帝遗德，恢弘志士之气，不宜妄自菲薄，引喻失义，以塞忠谏之路也。

宫中府中，俱为一体，陟罚臧否，不宜异同。若有作奸犯科及为忠善者，宜付有司论其刑赏，以昭陛下平明之理，不宜偏私，使内外异法也。

侍中、侍郎郭攸之、费祎、董允等，此皆良实，志虑忠纯，是以先帝简拔以遗陛下。愚以为宫中之事，事无大小，悉以咨之，然后施行，必能裨补阙漏，有所广益。

将军向宠，性行淑均，晓畅军事，试用于昔日，先帝称之曰"能"，是以众议举宠为督。愚以为营中之事，悉以咨之，必能使行阵和睦，优劣得所。

亲贤臣，远小人，此先汉所以兴隆也；亲小人，远贤臣，此后汉所以倾颓也。先帝在时，每与臣论此事，未尝不叹息痛恨于桓、灵也。侍中、尚书、长史、参军，此悉贞良死节之臣，愿陛下亲之、信之，则汉室之隆，可计日而待也。

臣本布衣，躬耕于南阳，苟全性命于乱世，不求闻达于诸侯。先帝不以臣卑鄙，猥自枉屈，三顾臣于草庐之中，咨臣以当世之事，由是感激，遂许先帝以驱驰。后值倾覆，受任于败军之际，奉命于危难之间，尔来二十有一年矣。

先帝知臣谨慎，故临崩寄臣以大事也。受命以来，夙夜忧叹，恐托付不效，以伤先帝之明；故五月渡泸，深入不毛。今南方已定，兵甲已足，当奖率三军，北定中原，庶竭驽钝，攘除奸凶，兴复汉室，还于旧都。此臣所以报先帝而忠陛下之职分也。至于斟酌损益，进尽忠言，则攸之、祎、允之任也。

愿陛下托臣以讨贼兴复之效，不效，则治臣之罪，以告先帝之灵。若无兴德之言，则责攸之、祎、允等之慢，以彰其咎；陛下亦宜自谋，以咨诹善道，察纳雅言，深追先帝遗诏。臣不胜受恩感激。

今当远离，临表涕零，不知所言。

【译文】

先帝开创的大业未完成一半却中途去世了。现在天下分为三国，益州地区民力匮乏，这确实是国家危急存亡的时期啊。不过宫廷里侍从护卫的官员不懈怠，战场上忠诚有志的将士们奋不顾身，大概是他们追念先帝对他们特别的知遇之恩，想要报答在陛下您身上。（陛下）你实在应该扩大圣明的听闻，来发扬光大先帝遗留下来的美德，振奋有远大志向的人的志气，不应当随便看轻自己，说不恰当的话，以致于堵塞人们忠心地进行规劝的言路。

皇宫中和朝廷里的大臣，本都是一个整体，奖惩功过、好坏，不应该有所不同。如果有做奸邪事情，犯科条法令和忠心做善事的人，应当交给主管的官，判定他们受罚或者受赏，来显示陛下公正严明的治理，而不应当有偏袒和私心，使宫内和朝廷奖罚方法不同。

侍中、侍郎郭攸之、费祎、董允等人，这些都是善良诚实的人，他们的志向和心思忠诚无二，因此先帝把他们选拔出来辅佐陛下。我认为（所有的）宫中的事情，无论事情大小，都拿来跟他们商量，这样以后再去实施，一定能够弥补缺点和疏漏之处，可以获得很多的好处。

将军向宠，性格和品行善良公正，精通军事，从前任用时，先帝称赞说他有才干，因此大家评议举荐他做中部督。我认为军队中的事情，都拿来跟他商讨，就一定能使军队团结一心，好的差的各自找到他们的位置。

亲近贤臣，疏远小人，这是西汉之所以兴隆的原因；亲近小人，疏远贤臣，这是东汉之所以衰败的原因。先帝在世的时候，每逢跟我谈论这些事情，没有一次不对桓、灵二帝的做法感到叹息痛心遗憾的。侍中、尚书、长史、参军，这些人都是忠贞诚实、能够以死报国的忠臣，希望陛下亲近他们，信任他们，那么汉朝的兴隆就指日可待了。

我本来是平民，在南阳务农亲耕，在乱世中苟且保全性命，不奢求在诸侯之中出名。先帝不因为我身份卑微，见识短浅，降低身份委屈自己，三次去我的茅庐拜访我，征询我对时局大事的意见，我因此有所感而情绪激动，就答应为先帝奔走效劳。

后来遇到兵败,在兵败的时候接受任务,在危机患难之间奉行使命,那时以来已经有二十一年了。

先帝知道我做事小心谨慎,所以临终时把国家大事托付给我。接受遗命以来,我早晚忧愁叹息,只怕先帝托付给我的大任不能实现,以致损伤先帝的知人之明,所以我五月渡过泸水,深入到人烟稀少的地方。现在南方已经平定,兵员装备已经充足,应当激励、率领全军将士向北方进军,平定中原,希望用尽我平庸的才能,铲除奸邪凶恶的敌人,恢复汉朝的基业,回到旧日的国都。这就是我用来报答先帝,并且尽忠陛下的职责本分。至于处理事务,斟酌情理,有所兴革,毫无保留地进献忠诚的建议,那就是郭攸之、费祎、董允等人的责任了。

希望陛下能够把讨伐曹魏、兴复汉室的任务托付给我,如果没有成功,就惩治我的罪过,(从而)用来告慰先帝的在天之灵。如果没有振兴圣德的建议,就责罚郭攸之、费祎、董允等人的怠慢,来揭示他们的过失;陛下也应自行谋划,征求、询问治国的好道理,采纳正确的言论,深切追念先帝临终留下的教诲。我感激不尽。

今天(我)将要告别陛下远行了,面对这份奏表禁不住热泪纵横,也不知说了些什么。

【注释】

(1) 表:古代向帝王上书陈情言事的一种文体。

(2) 崩殂(cú):死。崩:古代称帝王、皇后之死。殂:死亡。

(3) 益州疲弊:指蜀汉国力薄弱,处境艰难。益州:这里指蜀汉。疲弊:人力疲惫,民生凋敝,困苦穷乏。

(4) 开张圣听:扩大圣明的听闻,意思是要后主广泛地听取别人的意见。开张:扩大。圣:圣明。

(5) 恢弘:这里是动词,形作动,意思是发扬扩大,也作"恢宏"。恢:大。弘:大、宽。气:志气。

(6) 妄自菲薄:过分看轻自己。妄:随便,胡乱,轻率。菲薄:微薄。

(7) 引喻失义:说话不恰当。引喻:引用、比喻,这里是说话的意思。义:适宜,恰当。

(8) 陟(zhì):提升,提拔。

(9) 臧否(pǐ):善恶,这里形容词用作动词,意思是"评论人物的好坏"。

(10) 作奸犯科:做奸邪事情,犯科条法令。

(11) 有司:职有专司,就是专门管理某种事情的官。

(12) 偏私:偏袒私情,不公正。

(13) 内外异法:宫内和朝廷刑赏之法不同。

（14）遗（wèi）：给予。

（15）悉以咨之：都拿来问问他们。悉：副词，都，全。咨：询问，征求意见。

（16）必能裨补阙漏：一定能够弥补缺点和疏漏之处。裨（bì）：弥补，补救。阙：通"缺"，缺点。

（17）有所广益：得到更多的好处。广益：很多的益处。

（18）性行（xíng）淑均：性情品德善良平正。

（19）闻达：闻名显达。

（20）卑鄙：身份低微，见识短浅。卑：身份低下。鄙：见识短浅。

（21）猥（wěi）：辱，这里有降低身份的意思。

（22）驱驰：驱车追赶，这里是奔走效劳的意思。

（23）后值倾覆：后来遇到兵败。

（24）临崩寄臣以大事：刘备在临死的时候，把国家大事托付给诸葛亮，并且对刘禅说："汝与丞相从事，事之如父。"临：将要。

（25）夙夜忧叹：早晚（整天）担忧叹息。夙：清晨。忧：忧愁焦虑。夙夜：早晚。

（26）驽（nú）钝：比喻才能平庸，这是诸葛亮自谦的话。驽：劣马，走不快的马，指才能低劣。钝：刀刃不锋利，指头脑不灵活，做事迟钝。

（27）斟酌损益：斟情酌理、有所兴办。比喻做事要掌握分寸，（处理事务）斟酌情理，有所兴革。

（28）托臣以讨贼兴复之效：把讨伐曹魏、复兴汉室的任务交给我。

（29）不效则治臣之罪：没有成效就治我的罪。

（30）兴德之言：发扬圣德的言论。

（31）彰其咎：揭示他们的过失。

（32）咨诹（zōu）善道：询问（治国的）好道理。诹：询问。

（33）察纳：认识采纳。察：明察。雅言：正确的言论，正言，合理的意见。

**【导读】**

公元221年，刘备称帝，诸葛亮为丞相。223年，刘备病死，将刘禅托付给诸葛亮。诸葛亮实行了一系列比较正确的政治和经济措施，使蜀汉境内呈现兴旺景象。为了实现全国统一，诸葛亮在平息南方叛乱之后，于227年决定北上伐魏，拟夺取魏的长安，临行之前上书后主，以恳切委婉的言辞劝勉后主要广开言路、严明赏罚、亲贤远佞，以此兴复汉室；同时也表达自己以身许国，忠贞不贰的思想。

《出师表》是诸葛亮出师临行伐魏前写给后主刘禅的奏章，文中以恳切的言辞，劝说后主要继承先帝遗志，广开言路，赏罚分明，亲贤远佞，完成兴复汉室的大业，表达了诸葛亮对先帝的知遇之恩的真挚感情和北定中原的决心以及效忠刘氏父子的忠心。

## 2. 口技
——清·林嗣环

京中有善口技者。会宾客大宴，于厅事之东北角，施八尺屏障，口技人坐屏障中，一桌、一椅、一扇、一抚尺而已。众宾团坐。少顷，但闻屏障中抚尺一下，满坐寂然，无敢哗者。

遥闻深巷中犬吠，便有妇人惊觉欠伸，其夫呓（yì）语。既而儿醒，大啼。夫亦醒，妇抚儿乳，儿含乳啼，妇拍而呜之。又一大儿醒，絮絮不止。当是时，妇手拍儿声，口中呜声，儿含乳啼声，大儿初醒声，夫叱大儿声，一时齐发，众妙毕备。满坐宾客无不伸颈，侧目，微笑，默叹，以为妙绝。

未几，夫齁声起，妇拍儿亦渐拍渐止。微闻有鼠作作索索，盆器倾侧，妇梦中咳嗽。宾客意少舒，稍稍正坐。

忽一人大呼"火起"，夫起大呼，妇亦起大呼。两儿齐哭。俄而百千人大呼，百千儿哭，百千犬吠。中间力拉崩倒之声，火爆声，呼呼风声，百千齐作；又夹百千求救声，曳屋许许声，抢夺声，泼水声。凡所应有，无所不有。虽人有百手，手有百指，不能指其一端；人有百口，口有百舌，不能名其一处也。于是宾客无不变色离席，奋袖出臂，两股战战，几欲先走。

忽然抚尺一下，群响毕绝。撤屏视之，一人、一桌、一椅、一扇、一抚尺而已。

【译文】

京城里有个擅长口技的人。一天正赶上有一家大摆酒席，宴请宾客，在客厅的东北角，安放了一座八尺高的围幕，表演口技的艺人坐在围幕里面，里面只放了一张桌子、一把椅子、一把扇子、一块醒木罢了。客人们一起围坐在围幕前面。过了一会儿，只听到围幕里面醒木一拍，全场安静下来，没有敢大声说话的。

远远地听到深巷中有狗叫，就有一个妇人被惊醒打哈欠，伸懒腰的声音，丈夫说着梦话。过了一会儿孩子醒了，大声哭着。丈夫叫妻子抚慰孩子喂奶，孩子含着奶头哭，妇女又哼着唱着哄他。床上另一个大孩子醒了，大声唠叨个没完。在这时候，妇女用手拍孩子的声音，口里哼着哄孩子的声音，孩子含着奶头的哭声，大孩子刚醒过来的声音，丈夫责骂大孩子的声音，同时响起，各种绝妙的效果都有了。满座的宾客没有一个不伸长脖子，斜着眼睛，微微笑着，默默赞叹，认为奇妙极了。

过了一会儿，丈夫打呼噜声响起来了，妇女拍孩子的声音也渐渐停下。隐隐听到有老鼠活动的声音，盆子、器皿歪倒了，妇女在梦中发出了咳嗽声。宾客们的心情稍微松弛下来，逐渐端正了坐姿。

忽然有一个人大声呼叫："起火啦"，丈夫起来大声呼叫，妇人也起来大声呼叫。两个小孩子一齐哭了起来。一会儿，有成百上千人大声呼叫，成百上千的小孩哭叫，成百上千条狗汪汪地叫。中间夹杂着噼里啪啦房屋倒塌的声音，烈火燃烧发出爆裂的声音，呼呼的风声，千百种声音一齐响了起来；又夹杂着成百上千人的求救的声音，救火的人们拉倒燃烧着的房屋时一齐用力的呼喊声，抢救东西的声音，泼水的声音。凡是在这种情况下应该有的声音，没有一样没有的。即使一个人有上百只手，每只手有上百个指头，也不能指出其中的哪一种声音来；即使一个人有上百张嘴，每张嘴里有上百条舌头，也不能说出其中的一个地方来啊。在这种情况下，客人们没有不吓得变了脸色，离开座位，扬起衣袖露出手臂，两条大腿哆嗦打抖，几乎想要抢先跑掉。

忽然醒木一拍，各种声响全部消失了。撤去围幕一看里面，一个人、一张桌子、一把椅子、一把扇子、一块醒木罢了。

【注释】

（1）京：京城。

（2）善：擅长，善于。

（3）者：……的人。

（4）口技：杂技的一种，用口腔发音技巧来模仿各种声音。

（5）会：正赶上。

（6）宴：举行宴会。

（7）于：在。

（8）厅事：大厅，客厅。

（9）施：设置，安放。

（10）屏障：指屏风、围帐一类用来挡住视线的东西。

（11）抚尺：艺人表演用的道具，也叫"醒木"。

（12）而已：罢了。

（13）团坐：相聚而坐。团、聚集，集合。

（14）少（shǎo）顷（qǐng）：不久，一会儿。

（15）但：只。

（16）闻：听见。

（17）下：拍。

（18）满坐寂然：全场静悄悄的。坐：通"座"。寂然：安静的样子。然：……的样子。

（19）遥：远远地。

（20）深巷：幽深的巷子。深：很长。

（21）犬吠：狗叫（声）。

（22）惊觉（读jué）：惊醒。

（23）欠：打哈欠。伸：伸懒腰。

（24）呓（yì）语：说梦话。

（25）既而：不久，紧接着。而：这里作表时间的副词的词尾。

（26）啼：大哭。

（27）抚：拍。

（28）乳：作动词用，喂奶。

（29）呜：指轻声哼唱着哄小孩入睡。

（30）絮絮：连续不断地说话。

（31）当是时：在这个时候。

（32）初：刚，刚开始。

（33）叱（chì）：大声呵斥，严厉批评。

（34）一时：同一时候。

（35）齐发：一齐发出。

（36）众妙毕备：各种妙处都具备，意思是各种声音都模仿得极像。毕：全、都。备：具备。

（37）无不：没有一个不，否定加否定表示肯定。

（38）伸颈：伸长脖子。

（39）侧目：斜眼旁视，形容听得入神。

（40）默叹：默默地赞叹。

（41）以为：认为。

（42）妙绝：奇妙极了，好极了。绝：到了极点。

（43）未几：不多久。

（44）齁（hōu）：打鼾（hān），打呼噜。

（45）渐：慢慢地。

（46）微闻：隐约地听到。

（47）作作索索：老鼠活动的声音（拟声词）。

（48）盆器：指盆一类的盛物的器皿。

（49）倾侧：翻倒倾斜。

（50）意少舒：心情稍微放松了些。意：心情。少（shāo）：同"稍"，稍微。舒：伸展、松弛。

（51）稍稍：时间副词，据《词源》释为"随即"，这里是渐渐。

（52）正坐：端正坐的姿势。

（53）忽：忽然，突然。

(54) 火起：起火，失火。
(55) 齐：一齐。
(56) 俄而：一会儿，不久。
(57) 中间（jiàn）：其中夹杂着。中：其中。间：夹杂。
(58) 力拉崩倒：噼里啪啦，房屋倒塌。力拉：拟声词。
(59) 火爆声：烈火燃烧物品爆裂的声音。
(60) 齐作：一齐发出。
(61) 曳（yè）屋许许（hǔhǔ）声：（众人）拉塌（燃烧着的）房屋时一齐用力的呼喊声。曳：拉。许许：拟声词，呼喊声。
(62) 凡所应有，无所不有：应有尽有，形容声音之杂。
(63) 虽：即使。
(64) 不能指其一端：不能指明其中的（任何）一种（声音），形容口技模拟的各种声响同时发出，交织成一片，使人来不及一一辨识。一端：一头，这里是"一种"的意思。
(65) 口：嘴巴。
(66) 名：作动词用，说出。
(67) 于：在。
(68) 是：这。
(69) 变色：变了脸色，惊慌失措。
(70) 离席：离开座位。
(71) 奋袖出臂：扬起袖子，露出手臂。奋：扬起、举起。出：露出。
(72) 股：大腿。
(73) 战战：打哆嗦；打战。
(74) 几（jī）：几乎，差点儿。
(75) 先走：抢先逃跑。走：跑。
(76) 群响毕绝：各种声音全都消失了。毕绝：都消失了。
(77) 撤屏：撤去屏风。

【导读】

本文记叙了一场精彩的口技表演，表现了一位口技艺人的高超技艺，令人深切感受到口技这一传统民间艺术的魅力。

## 经典散文

敬业与乐业　　　　　　　　　　　　　　　　——近代·梁启超

  我这题目，是把《礼记》里头"敬业乐群"和《老子》里头"安其居，乐其业"那两句话，断章取义造出来的。我所说的是否与《礼记》《老子》原意相合，不必深求；但我确信"敬业乐业"四个字，是人类生活的不二法门。

  本题主眼，自然是在"敬"字、"乐"字。但必先有业，才有可敬、可乐的主体，理至易明。所以在讲演正文以前，先要说说有业之必要。

  孔子说："饱食终日，无所用心，难矣哉！"又说："群居终日，言不及义，好行小慧，难矣哉！"孔子是一位教育大家，他心目中没有什么人不可教诲，独独对于这两种人便摇头叹气说道："难！难！"可见人生一切毛病都有药可医，惟有无业游民，虽大圣人碰着他，也没有办法。

  唐朝有一位名僧百丈禅师，他常常用两句格言教训弟子，说道："一日不做事，一日不吃饭。"他每日除上堂说法之外，还要自己扫地、擦桌子、洗衣服，直到八十岁，日日如此。有一回，他的门生想替他服务，把他本日应做的工悄悄地都做了，这位言行相顾的老禅师，老实不客气，那一天便绝对地不肯吃饭。

  我征引儒门、佛门这两段话，不外证明人人都要有正当职业，人人都要不断的劳作。倘若有人问我："百行什么为先？万恶什么为首？"我便一点不迟疑答道："百行业为先，万恶懒为首。"没有职业的懒人，简直是社会上的蛀米虫，简直是"掠夺别人勤劳结果"的盗贼。我们对于这种人，是要彻底讨伐，万不能容赦的。今日所讲，专为现在有职业及现在正做职业上预备的人——学生——说法，告诉他们对于自己现有的职业应采何种态度。

  第一要敬业。敬字为古圣贤教人做人最简易、直捷的法门，可惜被后来有些人说得太精微，倒变了不适实用了。惟有朱子解得最好，他说："主一无适便是敬。"用现在的话讲，凡做一件事，便忠于一件事，将全副精力集中到这事上头，一点不旁骛，便是敬。业有什么可敬呢？为什么该敬呢？人类一面为生活而劳动，一面也是为劳动而生活。人类既不是上帝特地制来充当消化面包的机器，自然该各人因自己的地位和才力，认定一件事去做。凡可以名为一件事的，其性质都是可敬。当大总统是一件事，拉黄包车也是一件事。事的名称，从俗人眼里看来，有高下；事的性质，从学理上解剖起来，并没有高下。只要当大总统的人，信得过我可以当大总统才去当，实实在在把总统当作一件正经事来做；拉黄包车的人，信得过我可以拉黄包车才去拉，实实在在把拉车当作一件正经事来做，便是人生合理的生活。这叫做职业的神圣。凡职业没有不是神圣的，所以凡职业没有不是可敬的。惟其如此，所以我们对于各种职业，没有什么分别拣择。总之，人生在世，是要天天劳作的。劳作便是功德，不劳作便是罪恶。至于我该做哪一种劳作呢？全看我的才能何如、境地何如。因自己的才能、境地，做一种劳作做到圆满，便是天地间第一等人。

怎样才能把一种劳作做到圆满呢？唯一的秘诀就是忠实，忠实从心理上发出来的便是敬。《庄子》记佝偻丈人承蜩的故事，说道："虽天地之大，万物之多，而惟吾蜩翼之知。"凡做一件事，便把这件事看作我的生命，无论别的什么好处，到底不肯牺牲我现做的事来和他交换。我信得过我当木匠的做成一张好桌子，和你们当政治家的建设成一个共和国家同一价值；我信得过我当挑粪的把马桶收拾得干净，和你们当军人的打胜一支压境的敌军同一价值。大家同是替社会做事，你不必羡慕我，我不必羡慕你。怕的是我这件事做得不妥当，便对不起这一天里头所吃的饭。所以我做这事的时候，丝毫不肯分心到事外。曾文正说："坐这山，望那山，一事无成。"一个人对于自己的职业不敬，从学理方面说，便亵渎职业之神圣；从事实方面说，一定把事情做糟了，结果自己害自己。所以敬业主义，于人生最为必要，又于人生最为有利。庄子说："用志不分，乃凝于神。"孔子说："素其位而行，不愿乎其外。"所说的敬业，不外这些道理。

第二要乐业。"做工好苦呀！"这种叹气的声音，无论何人都会常在口边流露出来。但我要问他："做工苦，难道不做工就不苦吗？"今日大热天气，我在这里喊破喉咙来讲，诸君扯直耳朵来听，有些人看着我们好苦；翻过来，倘若我们去赌钱去吃酒，还不是一样在淘神、费力？难道又不苦？须知苦乐全在主观的心，不在客观的事。人生从出胎的那一秒钟起到绝气的那一秒钟止，除了睡觉以外，总不能把四肢、五官都搁起不用。只要一用，不是淘神，便是费力，劳苦总是免不掉的。会打算盘的人，只有从劳苦中找出快乐来。我想天下第一等苦人，莫过于无业游民，终日闲游浪荡，不知把自己的身子和心子摆在哪里才好，他们的日子真难过。第二等苦人，便是厌恶自己本业的人，这件事分明不能不做，却满肚子里不愿意做。不愿意做逃得了吗？到底不能。结果还是皱着眉头，哭丧着脸去做。这不是专门自己替自己开玩笑吗？我老实告诉你一句话："凡职业都是有趣味的，只要你肯继续做下去，趣味自然会发生。"为什么呢？第一，因为凡一件职业，总有许多层累、曲折，倘能身入其中，看它变化、进展的状态，最为亲切有味。第二，因为每一职业之成就，离不了奋斗；一步一步的奋斗前去，从刻苦中将快乐的分量加增。第三，职业性质，常常要和同业的人比较骈进，好像赛球一般，因竞胜而得快感。第四，专心做一职业时，把许多游思、妄想杜绝了，省却无限闲烦闷。孔子说："知之者不如好之者，好之者不如乐之者。"人生能从自己职业中领略出趣味，生活才有价值。孔子自述生平，说道："其为人也，发愤忘食，乐以忘忧，不知老之将至云尔。"这种生活，真算得人类理想的生活了。

我生平最受用的有两句话：一是"责任心"，二是"趣味"。我自己常常力求这两句话之实现与调和，又常常把这两句话向我的朋友强聒不舍。今天所讲，敬业即是责任心，乐业即是趣味。我深信人类合理的生活应该如此，我望诸君和我一同受用！

**【导读】**

梁启超（1873—1929），字卓如，号任公，别号饮冰室主人、哀时客、自由斋主人等，广东新会人。中国近代著名的维新派代表人物、政治活动家、启蒙思想家、资产阶级宣传家、教育家、史学家和文学家，曾倡导文体改良的"诗界革命"和"小说界革命"。其著作合编为《饮冰室合集》。梁启超是清末民初中国文坛上影响最大的一个人物，他自1899年起提倡的文学革命开辟了近代文学理论探索和文学创作的新局面。

### 1. 泥人张 　　　　　　　　　　　　　　——当代·冯骥才

手艺道上的人，捏泥人的"泥人张"排第一。而且，有第一，没第二，第三差着十万八千里。

泥人张大名叫张明山。咸丰年间常去的地方有两处。一是东北角的戏剧大观楼，一是北关口的饭馆天庆馆。坐在那儿，为了瞧各种角色，也为捏各样的人。去大观楼要看戏台上的各种角色，去天庆馆要看人世间的各种角色。这后一种的样儿更多。

那天下雨，他一个人坐在天庆馆里饮酒，一边留神四下里吃客们的模样。这当儿，打外边进来三个人。中间一位穿的阔绰，大脑袋，中溜个子，挺着肚子，架势挺牛，横冲直撞往里走。站在迎门桌子上的"撂高的"一瞅，赶紧吆喝着："益照临的张五爷可是稀客，贵客，张五爷这儿总共三位——里边请！"

一听这喊话，吃饭的人都停住嘴巴，甚至放下筷子瞧瞧这位大名鼎鼎的张五爷。当下，城里城外最冲的要算这位靠着贩盐赚下金山的张锦文。他当年由于为盛京将军海仁卖过命，被海大人收为义子，排行老五，所以又叫"海张五"一称。但人家当面叫他张五爷，背后叫他海张五。天津卫是做买卖的地界儿，谁有钱谁横，官儿也怵三分。

可是手艺人除外。手艺人靠手吃饭，求谁？伏谁？故此，泥人张只管饮酒，吃菜，西瞧东看，全然没把海张五当个人物。

但是不会儿，就听海张五那边议论起他来。有个细嗓门的说："人家台下一边看戏，一边手在袖子里捏泥人。捏完拿出来一瞧，台上的嘛样，他捏的嘛样。"跟着就是海张五的大粗嗓门说："在哪儿捏？在袖子里捏？在裤裆里捏吧！"随后一阵笑，拿泥人张找乐子。

这些话天庆馆里的人全都听见了。人们等着瞧艺高人胆大的泥人张怎么"回报"海张五。一个泥团儿砍过去？

只见人家泥人张听赛没听，左手伸到桌子下边，打鞋底下抠下一块泥巴。右手依然端杯饮酒，眼睛也只瞅着桌上的酒菜，这左手便摆弄起这团泥巴来；几个手指飞快捏弄，比变戏法的刘秃子的手还灵巧。海张五那边还在不停地找乐子，泥人张这边肯定把那些话在他手里这团泥上全找回来了。随后手一停，他把这泥团往桌上"叭"地一戳，起身去柜台结账。

吃饭的人伸脖一瞧，这泥人真捏绝了！就赛把海张五的脑袋割下来放在桌上一般。瓢似的脑袋，小鼓眼，一脸狂气，比海张五还像海张五。只是只有核桃大小。

海张五在那边，隔着两丈远就看出捏的是他，他朝着正出门的泥人张的背影叫道："这破手艺也想赚钱，贱卖都没人要。"

泥人张头都没回，撑开伞走了。但天津卫的事没有这样完的——

第二天，北门外估衣街的几个小杂货摊上，摆出来一排排海张五这个泥像，还加了个身子，大模大样坐在那里。而且是翻模子扣的，成批生产，足有一二百个。摊上还都贴着个白纸条，上面写着：贱卖海张五。

估衣街上来来往往的人，谁看谁乐。乐完找熟人来看，再一块乐。

三天后，海张五派人花了大价钱，才把这些泥人全买走，据说连泥模子也买走了。泥人是没了，可"贱卖海张五"这事却传了一百多年，直到今儿个。

## 2. 认牙

——当代·冯骥才

治牙的华大夫，医术可谓顶天了。您朝他一张嘴，不用说哪个牙疼、哪个牙酸、哪个牙活动，他往里瞅一眼全知道。他能把真牙修理得赛假牙一样漂亮，也能把假牙做得赛真牙一样得用。他哪来的这么大的能耐，费猜！

华大夫人善、正派、规矩，可有个毛病，便是记性差，记不住人，见过就忘，忘得干干净净。您昨天刚去他的诊所瞧虫子牙，今儿在街头碰上，一打招呼，他不认得您了，您恼不恼？要说他眼神差，他从不戴镜子，可为嘛记性这么差？也是费猜！

后来，华大夫出了一件事，把这两个费猜的问题全解开了。

一天下响，巡捕房来了两位便衣侦探，进门就问，今儿上午有没有一个黑脸汉子到诊所来？长相是络腮胡子，肿眼泡儿，挨着右嘴角一颗大黑痣。华大夫摇摇头说："记不得了。"

侦探问："您一上午看几号？"

华大夫回答："半天只看六号。"

侦探说："这就奇了！总共一上午才六个人，怎么会记不住？再说这人的长相，就是在大街上扫一眼，保管也会记一年。告明白你吧，这人上个月在估衣街持枪抢了一家首饰店，是通缉的要犯，您不说，难道跟他有瓜葛？"

华大夫平时没脾气，一听这话登时火起，"啪！"一拍桌子，拔牙的钳子在桌面上蹦得老高。他说："我华家三代行医，治病救人，从不做违背良心的事。记不得就是记不得！我也明白告诉你们，那祸害人的家伙要给我瞧见，甭你们来找我，我找你们去！"

两位侦探见牙医动怒，龇着白牙，露着牙花，不像装假。他们迟疑片刻，扭身走了。

天冷了的一天，华大夫真的急急慌慌跑到巡捕房来。跑得太急，大褂都裂了。他说那抢首饰店的家伙正在开封道上的"一壶春酒楼"喝酒呢！巡捕闻知马上赶去，居然把这黑脸巨匪捉拿归案了。

侦探说："华大夫，您怎么认出他来的？"

华大夫说："当时我也在'一壶春'吃饭，看见这家伙正跟人喝酒。我先认出他嘴角那颗黑痣，这长相是你们告诉我的，可我还不敢断定就是他，天下不会只有一个嘴角长痣的，万万不能弄错！但等到他咧嘴一笑，露出那颗虎牙，这牙我给他看过，记得，没错！我便赶紧报信来了！"

侦探说："我还是不明白，怎么一看牙就认出来了呢？"

华大夫哈哈大笑，说："我是治牙的呀，我不认识人，可认识牙呀！"

侦探听罢，惊奇不已。

这事传出去，人们对他那费猜的事就全明白啦。他记不住人，不是毛病，因为他不记人，只记牙；治牙的，把全部心思都使在牙上，医术还能不高？

3. 刷子李　　　　　　　　　　　　　　　　　——当代·冯骥才

码头上的人，全是硬碰硬。手艺人靠的是手，手上就必得有绝活。有绝活的，吃荤，亮堂，站在大街中央；没能耐的，吃素，发蔫，靠边呆着。这一套可不是谁家定的，它地地道道是码头上的一种活法。自来唱大戏的，都讲究闯天津码头。天津人迷戏也懂戏，眼刁耳尖，褒贬分明。戏唱得好，下边叫好捧场，像见到皇上，不少名角便打天津唱红唱紫、大红大紫；可要是稀松平常，要哪没哪，戏唱砸了，下边一准起哄喝倒彩，弄不好茶碗扔上去，茶叶末子沾满戏袍和胡须上。天下看戏，哪儿也没天津倒好叫得厉害。您别说不好，这一来也就练出不少能人来。各行各业，全有几个本领齐天的活神仙。刻砖刘、泥人张、风筝魏、机器王、刷子李等等。天津人好把这种人的姓，和他们拿手擅长的行当连在一起称呼。叫长了，名字反没人知道。只有这一个绰号，在码头上响当当和当当响。

　　刷子李是河北大街一家营造厂的师傅，专干粉刷一行，别的不干。他要是给您刷好一间屋子，屋里任嘛甭放，单坐着，就赛升天一般美。最让人叫绝的是，他刷浆时必穿一身黑，干完活，身上绝没有一个白点。别不信！他还给自己立下一个规矩，只要身上有白点，白刷不要钱。倘若没这一本事，他不早饿成干儿了？

　　但这是传说。人信也不会全信。行外的没见过的不信，行内的生气愣说不信。

　　一年的一天，刷子李收个徒弟叫曹小三。当徒弟的开头都是端茶、点烟，跟在屁股后边提东西。曹小三当然早就听说过师傅那手绝活，一直半信半疑，这回非要亲眼瞧瞧。

　　那天，头一次跟随师傅出去干活，到英租界镇南道给李善人新造的洋房刷浆。到了那儿，听刷子李跟管事的人一谈，才知道师傅派头十足。照他的规矩一天只刷一间屋子。这洋楼大小九间屋，得刷九天。干活前，他把随身带的一个四四方方的小包袱打开，果然一身黑衣黑裤，一双黑布鞋。穿上这身黑，就赛跟地上一桶白浆较上了劲。

　　一间屋子，一个屋顶四面墙，先刷屋顶后刷墙。顶子尤其难刷，蘸了稀溜溜粉浆的板刷往上一举，谁能一滴不掉？一掉准掉在身上。可刷子李一举刷子，就赛没有蘸浆。但刷子划过屋顶，立时匀匀实实一道白，白得透亮，白得清爽。有人说这蘸浆的手法有高招，有人说这调浆的配料有秘方。曹小三怎看得出来？只见师傅的手臂悠然摆来，悠然摆去，好赛伴着鼓点，和着琴音，每一摆刷，那长长的带浆的毛刷便在墙面"啪"的清脆一响，极是好听。啪啪声里，一道道浆，衔接得天衣无缝，刷过去的墙面，真好比平平整整打开一面雪白的屏障。可是曹小三最关心的还是刷子李身上到底有没有白点。

　　刷子李干活还有个规矩，每刷完一面墙，必得在凳子上坐一大会儿，抽袋烟，喝一碗茶，再刷下一面墙。此刻，曹小三借着给师傅倒水点烟的机会，拿目光仔细搜索刷子李的全身。每一面墙刷完，他搜索一遍，居然连一个芝麻大小的粉点也没发现。他真觉得这身黑色的衣服有种神圣不可侵犯的威严。

　　可是，当刷子李刷完最后一面墙，坐下来，曹小三给他点烟时，竟然瞧见刷子李裤子上出现一个白点,黄豆大小。黑中白,比白中黑更扎眼。完了!师傅露馅了,他不是神仙,往日传说中那如山般的形象轰然倒去。但他怕师父难堪,不敢说,也不敢看,可忍不住还要扫一眼。

这时候刷子李忽然朝他说话:"小三,你瞧见我裤子上的白点了吧。你以为师傅的能耐有假,名气有诈,是吧。傻小子,你再细瞧瞧吧——"

说着,刷子李手指捏着裤子轻轻往上一提,那白点即刻没了,再一松手,白点又出现,奇了!他凑上脸用神再瞧,那白点原是一个小洞!刚才抽烟时不小心烧的。里边的白衬裤打小洞透出来,看上去就跟粉浆落上去的白点一模一样!

刷子李看着曹小三发怔发傻的模样,笑道:"你以为人家名气全是虚的?那你是在骗自己。好好学本事吧!"

曹小三学徒头一天,见到听到学到的,恐怕别人一辈子也未准明白呢!

## 经典名句

**1. 为山九仞,功亏一篑。** ——《尚书·旅獒》

【译文】

堆九仞高的山,只缺一筐土而不能完成。

**2. 耕夫习牛则犷,猎夫习虎则勇,渔夫习水则沈,战夫习马则健。**

——《关尹子·六匕篇》

【译文】

耕田的农夫在训练驶牛的过程中自己也变得粗犷,打猎的山民在猎老虎的过程中则变得异常勇敢,捕鱼的渔民因经常练习水性而可以在水底浸很久,战场上的战士因长期骑马而变得刚健。

**3. 天下之难事,必作于易;天下之大事,必作于细。** ——《韩非子·喻老》

【译文】

天下再难办的事,也得从容易处入手;天下再大的事,也得从细小处入手。

4. 锲而不舍，金石可镂。　　　　　　　　　　　——《荀子·劝学》

【译文】只要坚持不停地用刀刻，就算是金属、玉石也可以雕出花饰。

5. 跬步不休，跛鳖千里；累积不辍，可成丘阜。　　——《淮南子·说林训》

【译文】每次移动半步，不停止地前进，跛脚的甲鱼也能走上千里；堆积土石而不停止，最终可以堆积成小山。

# 第四章
# 人与社会

# 人与社会之诚信篇

 经典诗词

1. 三杯吐然诺，五岳倒为轻。　　　　　　　　　　　　　　——唐·李白

    【译文】三杯下肚，一诺千金、义气重于五岳。

2. 推诚而不欺，守信而不疑。　　　　　　　　　　　　　　——宋·林逋

    【译文】待人真诚，不骗不诈；坚守信用，不随便怀疑人。这与孔子所说的"君子坦荡荡"是一致的。

3. 自古驱民在信诚，一言为重百金轻。　　　　　　　　　　——宋·王安石

    【译文】从古至今，管理百姓在于讲信用，说到做到。以一言为重，以百金为轻。

4. 若有人兮天一方，忠为衣兮信为裳。　　　　　　　　　　——唐·卢照邻

    【译文】人若心中有他人，即使天各一方，用诚信也可以架筑彼此的友谊桥梁。

 经典名句

1. 自诚明，谓之性；自明诚，谓之教。诚则明矣，明则诚矣。　　——《中庸》

    【译文】

    由内心的真诚而自然地明白道理，这叫作天性；由明白道理后自然地做到待人真诚，这叫作人为的教育。内心真诚也就会自然明白道理，明白道理后也就会自然地做到待人真诚。

    【注释】

    （1）自诚明：由内心的真诚而自然地明白道理。自：从，由。诚：内心真诚。明：

明白，明白道理。

(2) 教：教育。

(3) 则：即，就。

2. 唯天下至诚，为能尽其性。能尽其性，则能尽人之性；能尽人之性，则能尽物之性；能尽物之性，则可以赞天地之化育；可以赞天地之化育，则可以与天地参矣。

——《中庸》

【译文】

只有天下最为真诚的人，才能充分地发挥自己的天赋本性；只要充分发挥天赋的本性，就能充分发挥人全部的本性；能充分发挥人全部的本性，就能充分发挥万物的本性；能充分发挥万物的天性，就可以帮助天地培育生命；能帮助天地培育生命，就可以与天地并列为三了。

【注释】

(1) 尽其性：最大限度地发挥人的本性。尽：充分，最大限度。

(2) 赞：赞助。化育：化生和养育。

(3) 与天地参：与天地并立为三。参：三。

3. 孔子曰："益者三友，损者三友。友直，友谅，友多闻，益矣。友便辟，友善柔，友便佞，损矣。"

——《论语》

【译文】

孔子说："有益的朋友有三种，有害的朋友也有三种。同正直的人交朋友，同诚实的人交朋友，同见识广博的人交朋友，这是有益的。同惯于走邪道的人交朋友，同善于阿谀（ē yú）奉承的人交朋友，同惯于花言巧语的人交朋友，这是有害的。"

【注释】

(1) 谅：守信用、诚实。

(2) 便（pián）辟：惯于走邪道。

(3) 善柔：善于阿谀奉承。

(4) 便（pián）佞（nìng）：善以言辞取媚于人。

【导读】

孔子认为交友要结交正直、诚信、博学的朋友，就有益；而结交谄媚、伪善、夸夸其谈的朋友则有害，这是交友时对朋友品性的要求，可以在择友时更谨慎，交到益友。

4. 是以大丈夫处其厚，不居其薄（báo）；处其实，不居其华。故去彼取此。

——《道德经》

【译文】

因此，忠信守道的人立世，为人当敦厚而不轻薄；存心朴实，而不居于虚华。所以应当舍弃轻薄虚华而采取朴实敦厚。

【注释】

（1）大丈夫：不是今天说的有气魄的男子，指的是忠信守道的人，就如"圣人"。

（2）处其厚：立身敦厚朴实。

【导读】

具有最大德性的人，根本就没有德与不德的概念，所以在别人看来，他的行为才是合乎道德的。也就是说，大道无言无名，大德同样也无言无名。一旦有名，那就进入了后天的分别之中，而具有分别心的人就是凡夫俗子。所以，那些具有下德的人，把道德看得很重，生怕失去了道德，做什么事情都要用道德去衡量。这样一来，他所做的事情也就没有真正的道德了。

5. 曾子曰："吾日三省吾身：为人谋而不忠乎？与朋友交而不信乎？传不习乎？"

——《论语》

【译文】

曾子说："我每天多次反省自己：为别人做事尽心竭力了吗？与朋友交往诚实守信了吗？对老师传授的功课，用心复习了吗？"

【注释】

（1）曾子：孔子晚年的学生，名参（shēn），字子舆，比孔子小46岁。生于公元前505年，鲁国人，是被鲁国灭亡了的鄫国贵族的后代。曾参是孔子得意的门生，以孝著称，据说《孝经》就是他撰写的。

（2）三省（xǐng）：多次反省。

（3）传：老师讲授的功课。

【导读】

曾参在孔子门中以注重修身著称，他提出了"反省内求"的修养方法，不断检查自己的言行，终使自己修养成完美的人格。这种自省的道德修养方式在今天都是令人改过迁善的最有效的方法。曾参还提出了"忠"和"信"的做人标准："忠"的特点是一个"尽"字，即办事尽心尽力；"信"是信任和信用，表现为诚实不欺，说真话，说话算数。

6. 子夏曰："贤贤易色；事父母，能竭其力；事君，能致其身；与朋友交，言而有信。虽曰未学，吾必谓之学矣。"

——《论语》

**【译文】**

子夏说:"一个人能够尊重贤者而看轻女色;侍奉父母,能够竭尽全力;服侍君主,能够献出自己的生命;同朋友交往,说话诚实、恪守信用。这样的人,即使他自己说没有学过什么,我也一定要说他已经学习过了。"

**【注释】**

(1)子夏:姓卜(bǔ),名商,字子夏,孔子的高足,以文学著称。比孔子小44岁,生于公元前507年。孔子死后,他在魏国宣传孔子的思想主张。

(2)贤贤:第一个"贤"字作为动词用,尊重的意思,贤贤即尊重贤者。易:有两种解释,一是改变的意思;二是轻视的意思,即尊重贤者而看轻女色。

(3)致:意为"奉献""尽力",这里是要尽忠的意思。

**【导读】**

这段话提出了正确的处理夫妇、父子、君臣、朋友四种关系的道德标准。子夏认为,一个人有没有良好的教育,主要不是看他的文化知识,而是要看他能不能实行"孝""忠""信"等基本道德。只要做到了这几点,即使他说自己没有学习过,也可以认为他已经是个有良好教养的人了。

7. 子曰:"君子不重则不威,学则不固。主忠信,无友不如己者,过则勿惮改。"

——《论语》

**【译文】**

孔子说:"一个君子如果不庄重,就没有威严,学习也不可能专一。要亲近忠诚而恪守信用的人,不要结交品德不如自己的人,有了过错不要怕改正。"

**【注释】**

(1)重:庄重、自持。

(2)固:专一。

(3)主:亲近。

(4)无:通"毋",不要的意思。

(5)过:过错、过失。

(6)惮(dàn):害怕、畏惧。

**【导读】**

孔子提出了君子应当庄重大方,才能具有人格的威严,庄重而威严才能认真学习。君子还要慎重交友,还要有过则勿惮改的对待错误和过失的正确态度。这一思想把君子从内到外的修养联系起来,对世人的内外在修养具有重要的指导意义。一个人内心端正庄严,会反映到气质容颜上来,神态庄重威严、大方得体,就会使人感到稳重可靠,人们自然会加以敬重、信赖。反之，一个人倘若容仪不修、散漫随意，举止轻浮，人们也就会随意待他。故人必自重而后人重之，人必自侮（wǔ）而后人侮之。

8. 子曰："弟子入则孝，出则弟，谨而信，泛爱众，而亲仁。行有余力，则以学文。"
——《论语》

【译文】

孔子说："小孩在父母跟前要孝顺，出外要敬爱师长，说话要谨慎，言而有信，和所有人都友爱相处，亲近那些具有仁爱之心的人。做到这些以后，如果还有剩余的精力，就用来学习文化知识。"

【注释】

（1）弟子：一是指年幼之人，弟系对兄而言，子系对父而言；二是指学生。此处取前义。

（2）入：古时父子分别住在不同的居处，学习则在外舍。入是入夫宫，指进到父亲住处，或说在家。

（3）出：与"入"相对而言，指外出拜师学习。出则弟，是说要用悌（tì）道对待师长，也可泛指年长于自己的人。

（4）谨（jǐn）：寡言少语称之为谨。

（5）仁：指具有仁德的人，即温和、善良的人。此形容词用作名词。

（6）行有余力：指有闲暇时间。

（7）文：指诗、书、礼、乐等文化知识。

【导读】

这段话表明了孔子希望培养的理想人格，即达到孝、弟（悌）、谨（慎）、信、泛爱、亲仁、学文七条标准。同时也表明孔子的教育是以道德教育为中心，重点在育人。孔子重视个人的修养，认为一个人最应该具备的能力首先是爱人的能力。爱人就是首先要爱父母，再次是爱兄弟，最后是朋友，其次是爱大众、爱人类，这样才能亲近仁。能做到这样的人就已经很了不起了。如果尚有余力的话，再去学习文化知识，掌握历史典籍、文献知识，以及历史的经验和现实的实践，这样在生活中就会明白掌握世事的规律，恰当地处理事情，懂得人生的道理，圆满自我的价值。

9. 有子曰："信近于义，言可复也。恭近于礼，远耻辱也。因不失其亲，亦可宗也。"
——《论语》

【译文】

有子说："讲信用要符合义，这才能实行。态度谦恭符合礼节规矩，才不会遭受羞辱。所依靠的都是关系亲密的人，这才会可靠。"

【注释】

（1）近：符合，接近。

（2）义：合理的，有道理的，符合周礼的。

（3）复：实践、履行。

（4）远（yuàn）：动词，使……远离，避免。

（5）因：依靠之意。

（6）宗：主。可宗，可靠。

【导读】

这段话讲的是儒家的交友待人之道。

有子所讲的这段话，表明他对"信"和"恭"十分看重。"信"要以义为基础，方能做到践行可复；"恭"要以周礼为标准，方能远离耻辱，也就是保持人与人之间的尊重。不符合礼的话绝不能讲，讲了就不是"信"的态度；不符合礼的事绝不能做，做了就不是"恭"的态度。这是讲为人处世的基本态度。

10. 子曰："人而无信，不知其可也。大车无輗，小车无軏，其何以行之哉？"

——《论语》

【译文】

孔子说："一个人如果不讲信誉，真不知他怎么办。就像大车的横木两头没有活輗，小车的横木两头少了軏一样，怎么能行驶呢？"

【注释】

（1）而：如果。信：信誉。

（2）大车：指牛车。輗（ní）：古代大车车辕和横木相衔接的木销。

（3）小车：指马车。軏（yuè）：古代小车车辕与横木相连接的木销。

【导读】

孔子用一个著名的比喻，阐述了诚实守信的重要性。信，是儒家传统伦理准则之一。孔子认为，信是人立身处世的基石。在《论语》中，信的含义有两种：一是信任，即取得别人的信任；二是对人讲信用。一个良好的社会环境确实应该让不守信的人无法畅行无阻。

人无信不立，丧失了被人的信任，或是对别人不讲信用，最后终将陷入孤独的焦灼之中，感觉不到任何的依恃，好比车子没有了铆钉，就不能行走天下。

11. 言必信，行必果。　　　　　　　　　　　　　　　　　　　　——《论语》

**【译文】**

说话要守信用，做事要果断。

**【注释】**

（1）信：恪守信用。

（2）果：果断、坚决。

**【导读】**

孔子观念中的"士"，首先是有知耻之心、不辱使命的人，能够担负一定的国家使命。其次是孝敬父母、友爱兄长的人。再次才是"言必行，行必果"的人。

12. 居善地，心善渊，与善仁，言善信，正善治，事善能，动善时。

——《道德经》

**【译文】**

品德高尚的人，选择居处像水一样善于避高就低，胸怀像水一样善于保持沉静，交友像水一样善于与人亲近，说话像水一样遵守信用，为政像水一样善于简洁清明，处事像水一样无所不能，行动像水一样善于随时应变。

**【注释】**

（1）地：低下、卑下的意思。

（2）渊：深沉冷漠。

（3）信：信义。

（4）正：平正、正当。

（5）能：能力。

（6）时：时机。

**【导读】**

老子声称，拥有最高德行的人就如同水一样，具有宽广的胸怀、谦逊的品格、与世无争的情操、宽厚诚实的作风，这些最接近大道的本质，是人类最应效仿的德行。具体地讲，也就是心胸要像水渊一样，宽广无边、清湛悠然；要像水的流势一样，谦虚卑下，不可处处与人争高低，要择地而居。对人要亲切自然，以诚相待，老实厚道，宁愿被人欺也绝不欺人。为人处世重诺守信，如同潮汐一般，起落守时。

13. 信者吾信之，不信者吾亦信之，德信。　　　　　　　　　——《道德经》

**【译文】**

守信的人我信任他，不守信的人我也信任他，这样一个时代的品德将同归于诚信了。

**【注释】**

此处的"信"是守信用的意思。

**【导读】**

"善者吾善之,不善者吾亦善之,德善;信者吾信之,不信者吾亦信之,德信。"对圣人来说,善良的人他们善待,不善良的人他们也善待,这也就得了善良;守信的人他们信任,不守信的人他们也信任,这也便得到了信誉。

## 14. 信言不美,美言不信。 ——《道德经》

**【译文】**

真实可信的言语不华美,华美的言语不可信。

**【注释】**

(1)信言:真实可信的话。

(2)美言:赞美、夸饰之辞。

**【导读】**

真正善良的人,绝不会与人争论是非,对自己的所作所为和功过是非不进行争辩,他们虽表现木讷但是非分明,虽看似愚钝但心如明镜,他们不善于论人,也不善于为自己争辩,一切尽在不言中。老子称这些不善于用花言巧语来争辩的人是完善的,其本质也是善良的。

## 15. 信不足焉,有不信焉。 ——《道德经》

**【译文】**

统治者的诚信不足,人民自然不会相信他。

**【导读】**

老子主张无为而治,无为的真正内涵是无不为,只有达到了这一境界,国家才能安定,人民才能富足。

## 16. 子曰:"十室之邑,必有忠信如丘者焉,不如丘之好学也。" ——《论语》

**【译文】**

孔子说:"就是在只有十户人家的小地方,一定有像我这样既忠心又守信的人,只是赶不上我这样好学罢了。"

**【导读】**

孔子以自身成就为例,强调了学习的重要性。他认为自己忠信的资质与常人一样,只是因为自己好学,所以能异于常人,故也是在勉励人们要有好学的精神。孔子自称好学,并无自夸之意,他曾经表示自己不是"生而知之者",必须努力学习才有所得。一般人中，有能做到忠信的，但很少有能做到好学不倦的，孔子唯因好学不倦，才成为博学多闻之人。

## 经典故事

**1. 陶母退鱼**

晋代名臣陶侃（kǎn）年轻时曾任浔（xún）阳县吏。一次，他派人给母亲送了一罐腌制好的鱼。他母亲湛（zhàn）氏收到后，又原封不动退回给他，并写信给他说："你身为县吏，用公家的物品送给我，不但对我没任何好处，反而增添了我的担忧。"这件事使陶侃受到很深的教育。

**2. 经营人心**

清代乾隆年间，南昌城有一点心店主李沙庚，最初，以货真价实赢得顾客满门。但其赚钱后便掺杂使假，对顾客也怠慢起来，生意日渐冷落。一日，书画名家郑板桥来店进餐，李沙庚惊喜万分，恭请题写店名。郑板桥挥毫题定"李沙庚点心店"六字，墨宝苍劲有力，引来众人观看，但还是无人进餐。原来"心"字少写了一点，李沙庚请求补写一点。但郑板桥却说："没有错啊，你以前生意兴隆，是因为'心'有了这一点，而今生意清淡，正因为'心'少了这一点。"李沙庚感悟，才明白经营人生的重要。从此以后，痛改前非，又一次赢得了人心，赢得了市场。

**3. 季札挂剑**

《史记·吴太伯世家第一》记载：季札开始出使的时候，北上途中拜访徐国国君。徐国国君喜爱季札的宝剑，口里不敢说。季札心里知道他的意思，但因为要出使中原诸国，没有将剑献给他。完成使命后，季札回到徐国，徐国国君已死，于是季札就解下他的宝剑，把它挂在徐君坟墓的树上，随从的人说："徐君已经死了，您还送给谁呢？"季札说："不能这么说。我当初在心里已经答应他了，怎能因为他死了而违背我的心愿呢？"

**4. 晏殊信誉的树立**

北宋词人晏殊，素以诚实著称。在他十四岁时，有人把他作为神童举荐给皇帝。皇帝召见了他，并要他与一千多名进士同时参加考试。结果晏殊发现考试是自己十天前刚练习过的，就如实向真宗报告，并请求改换其他题目。宋真宗非常赞赏晏殊的诚实品质，便赐给他"同进士出身"。晏殊当职时，正值天下太平。于是，京城的大小官员便经常到郊外游玩或在城内的酒楼茶馆举行各种宴会。晏殊家贫，无钱出去吃喝玩乐，只好在家里和兄弟们读写文章。有一天，真宗提升晏殊为辅佐太子读书的东宫官。大臣们惊讶异常，不明白真宗为何做出这样的决定。真宗说："近来群臣经常游玩饮宴，只有晏殊闭门读书，如此自重谨慎，正是东宫官合适的人选。"晏殊谢恩后说："我其实也是个喜欢游玩饮宴的人，只是家贫而已。若我有钱，也早就参与宴游了。"这两件事，使晏殊在群臣面前树立起了信誉，而宋真宗也更加信任他了。

## 5. 杨震拒金

东汉时，杨震在赴任途中经过昌邑（yì）时，昌邑县令王密来拜访他，并怀金十斤相赠。杨震说："故人知君，君不知故人，何也？"王密没听明白杨震的责备之意，说："天黑，无人知晓。"杨震说："天知，神知，你知，我知，何谓无知？"王密这才明白过来，大感惭愧，怏怏（yàng）而去。

## 6. 李苦禅烧画

李苦禅是我国当代著名画家，他为人爽直，凡答应给人作画，从不食言。有一次，有位老友请他作一幅画，李苦禅欣然应允。无奈，李苦禅因有事在身，未能及时完成画作。不久，当他接到老友病故的讣（fù）告后，面有愧色，即趋作画，画了幅"百莲图"，并郑重其事地题上老友的名字，盖上印章，随即携至后院，将画烧毁。事后，李苦禅还对儿子说："今后再有老友要画，及时催我，不可失信啊！"

## 7. 口惠不至，祸及其身

济阴地方有个商人渡河时翻了船，攀附在浮动着的干枯树木上，大声哭叫。有个打渔的人划船去救他，还没到跟前，商人急着喊："我是济阴地方的富家大族，如果你能救我，我将酬谢你百金。"打渔的人救他上了岸，他只给了十金。打渔的人说："你原先答应给百金，而现在只给十金，恐怕不行吧？"商人发怒变脸说："你是个打渔的人，一天能收入几个钱？现在，你突然得到十金，还不满足吗？"渔人默不作声，没精打采地走了。过了些日子，商人通过吕梁山的龙门时，船撞在大石上，又翻了，而且又被那个打渔的人碰见了。有人问打渔人："为何不去救他呢？"渔人回答说："这个家伙不守信用，上次救他，他答应给我钱，完了就赖账。"渔人在岸边袖手旁观，结果商人被淹死了。

## 8. 千金不昧（mèi）

清朝时，苏州吴县有个叫蔡林的商人，以重承诺、讲信义著称。有位朋友把千金寄存在他家，没有留下任何凭证。不久，这位朋友病故了，蔡林就把朋友的儿子叫来，交还这笔重金。朋友的儿子不愿平白无故地接受这千金之资，便说："家父生前从未对我提及这件事情。"蔡林听了，笑了笑说："字据在我心里，不在纸上，这是因为你父亲了解我的缘故，所以他没告诉你。"

## 9. 韩信报恩

韩信是我国古代一位著名的军事统帅，他身世贫贱，从小就失去了双亲。建立军功之前的韩信，既不会经商，又不肯种地，家里也没有什么财富，过着穷困而备受歧视的生活，经常是吃了上顿没下顿。他与当地的一个小官吏有些友谊，于是常到这位小官吏家中去蹭饭吃，可是时间一长，小官吏的老婆对他很反感，便有意提前吃饭，等韩信来到时已经没饭吃了，于是韩信很恼火，就与这位小官吏绝交了。

为了糊口，韩信只好到淮水垂钓，有位洗衣服的老太太见他没饭吃，便把自身带的饭菜分给他吃，如许连续几十天，韩信很感动，便对老太太说："总有一天我定然会好好报答你的。"老太太听了很生气，说："男儿膝下有黄金，不可以不靠自己养活自己，我看你可怜才给你饭吃，谁还图你报答我。"韩信听了很忸怩，立志要做出一番事业来。

后来韩信成为著名的将领，被刘邦封为楚王，他仍然惦记着这位曾经给他帮助的老人。他于是找到这位老人，将老人接到自己的府邸里，像对待自己的母亲一样对待她。

## 10. 查道吃枣留钱

宋朝人查道，一天早上和仆人挑着礼物去看望远方的亲戚。到了中午，两个人都饿了，可路上没有饭铺，怎么办呢？仆人建议从送人的礼物中拿一些来吃。查道说："那怎么行呢？这些礼物既然要送人，便是人家的东西了。我们要讲信用，怎么能偷吃呢？"结果两人只好饿着肚子继续赶路。

走着走着，路旁出现一个枣园。枣树上挂满了熟透的枣子，十分惹人喜爱。查道和仆人本来已经饿得发慌，更觉得饥饿难耐，便停了下来。查道叫仆人去树上采些枣子来吃。

两人吃完枣，查道拿出一串钱，挂在采过枣子的树上。仆人奇怪地问："这是什么意思？"查道说："吃了人家的枣子，应该给钱。"仆人说："枣园的主人不在，别人也没看见,何必这样认真呢?"查道严肃地说:"讲诚实是人应有的道德,虽然枣主人不在,也没有别人看见,但我们既然吃了人家的枣子,就应该给钱。"

### 11. 周幽王的烽火戏诸侯

在商鞅"立木为信"的地方,在早它400年以前,却曾发生过一场令人啼笑皆非的"烽火戏诸侯"的闹剧。周幽王有个宠妃叫褒姒(bāo sì),为博取她的一笑,周幽王下令在都城附近20多座烽火台上点起烽火——烽火是边关报警的信号,只有在外敌入侵需召诸侯来救援的时候才能点燃。结果诸侯们见到烽火,率领兵将们匆匆赶到,弄明白这是君王为博妻一笑的花招后又愤然离去。褒姒看到平日威仪赫赫的诸侯们手足无措的样子,终于开心一笑。五年后,西夷犬戎大举攻周,幽王烽火再燃而诸侯未到——谁也不愿再上第二次当了。结果幽王被逼自刎而褒姒也被俘虏。一个"立木取信",一诺千金;一个帝王无信,戏玩"狼来了"的游戏。结果前者变法成功,国强势壮;后者自取其辱,身死国亡。可见,"信"对一个国家的兴衰存亡都起着非常重要的作用。

### 12. 曾子杀猪

曾子原名曾参,是孔子的学生。曾参,春秋末期鲁国有名的思想家、儒学家,是孔子门生中七十二贤之一。他博学多才,且十分注重修身养性,德行高尚。一次,他的妻子要到集市上办事,年幼的孩子吵着要去。曾参的妻子不愿带孩子去,便对他说:"你在家好好玩,等妈妈回来,将家里的猪杀了煮肉给你吃。"孩子听了,非常高兴,不再吵着要去集市了。这话本是哄孩子说着玩的,过后,曾参的妻子便忘了。不料,曾参却真的把家里的一头猪杀了。妻子看到曾参把猪杀了,就说,"我是为了让孩子安心地在家里等着,才说等赶集回来把猪杀了烧肉给他吃的,你怎么当真呢?"曾参说:"孩子是不能欺骗的。孩子年纪小,不懂世事,只得学习别人的样子,尤其是以父母作为生活的榜样。今天你欺骗了孩子,玷污了他的心灵,明天孩子就会欺骗你、欺骗别人;今天你在孩子面前言而无信,明天孩子就会不再信任你,你看这危害有多大呀。"曾子深深懂得,诚实守信,说话算话是做人的基本准则,若失言不杀猪,那么家中的猪保住了,但却在一个纯洁的孩子的心灵上留下不可磨灭的阴影。

### 13. 季布"一诺千金"使他免遭祸殃

秦末有个叫季布的人,一向说话算数,信誉非常高,许多人都同他建立起了浓厚的友情。当时甚至流传着这样的谚语:"得黄金百斤,不如得季布一诺。(这就是成语

"一诺千金"的由来)"后来,他得罪了汉高祖刘邦,被悬赏捉拿。结果他的旧日的朋友不仅不被重金所惑,而且冒着灭九族的危险来保护他,使他免遭祸殃。一个人诚实有信,自然得道多助,能获得大家的尊重和友谊。反过来,如果贪图一时的安逸或小便宜,而失信于朋友,表面上是得到了"实惠",但为了这点实惠毁了自己的声誉,而声誉相比于物质是重要得多的。所以,失信于朋友,无异于丢掉了西瓜捡了芝麻,是得不偿失的。

## 经典谚语

1. 精诚所至,金石为开。

2. 人无忠信,不可立于世。

3. 以诚感人者,人亦诚而应。

4. 为人处世,以诚为本,轻易不许诺,许诺必兑现!

# 人与社会之友善篇

## 经典诗词

### 1. 木瓜 ——《诗经》

投我以木瓜，报之以琼琚。匪报也，永以为好也！
投我以木桃，报之以琼瑶。匪报也，永以为好也！
投我以木李，报之以琼玖。匪报也，永以为好也！

**【译文】**

你送我一个木瓜，我回送你一枚佩玉。这不只是回赠，而是为了永远友好！

你送我一个桃子，我回送你一块美石。这不只是回赠，而是为了永远友好！

你送我一个李子，我回送你黑色美玉。这不只是回赠，而是为了永远友好！

**【注释】**

（1）琼琚、琼瑶、琼玖：琼琚（qióng jū）、琼瑶（qióng yáo）、琼玖（qióng jiǔ），美玉美石之通称。

（2）匪（fěi）：非。

### 2. 投宋于庭翔凤 ——清·龚自珍

游山五岳东道主，拥书百城南面王。
万人丛中一握手，使我衣袖三年香。

**【译文】**

你的气魄壮阔豪迈，喜欢游访山河，仿佛是拥有三山五岳的主人一样；你的学养渊博深厚，藏书如此丰富，就像是拥有经典版图的诸侯一样。

对你景慕已久，一次短暂的会面，虽然只能匆匆交握双手，我的衣袖上却已沾染了你的香气，这香气长留岁月中，不散不消。

**【导读】** 描写对某人的敬仰尊崇，一次握手，衣袖三年留有余香。

3. 同是天涯沦落人，相逢何必曾相识。　　　　　　　　　　——唐·白居易

【译文】

我们都是遭遇不幸的人，如今在此相逢，又何必在乎我们曾经是否相识呢？

4. 丈夫志四海，万里犹比邻。　　　　　　　　　　　　　——三国·曹植

【译文】

大丈夫应该胸怀广大，万里的距离在眼中看来就像邻居这么近。

5. 人生交契无老少，论交何必先同调。　　　　　　　　　——唐·杜甫

【译文】

与朋友交往不必在乎身份、地位和年龄等之间的差异，也不必一开始就要求彼此志趣相投。

6. 友如作画须求淡，山似论文不喜平。　　　　　　　　　——清·翁照

【译文】

交朋友要保持淡定的关系，君子之交淡如水。欣赏山的美就像做文章，平平淡淡就没有韵味了。

## 经典名句

1. 樊迟问仁。子曰："爱人。"问知[zhì]。子曰："知人。"　　——《论语》

【译文】

樊迟问什么是仁。孔子说："爱别人。"樊迟问什么是智。孔子说："善于鉴别人的品行、才能。"

【注释】知：通"智"。知人：善于鉴别人的品行、才能。

2. 老吾老，以及人之老；幼吾幼，以及人之幼。　　　　　——《孟子》

【译文】

在赡养孝敬自己的长辈时，不应忘记其他与自己没有亲缘关系的老人。在抚养教育自己的小辈时，不应忘记其他与自己没有血缘关系的小孩。

3. 相逢好似初相识，到老终无怨恨心。　　　　　　　　——《增广贤文》

【译文】

人与人每次见面，如果都好像当初刚认识那样（互相有礼有节），那么即使相处到老，也始终不会相互有怨恨之心产生了。

4. 仁者爱人，有礼者敬人。爱人者，人恒爱之；敬人者，人恒敬之。

——《孟子》

【译文】

仁爱的人爱别人，礼让的人尊敬别人。爱别人的人，别人也会爱他；尊敬别人的人，别人也会尊敬他。

5. 君子敬而无失，与人恭而有礼，四海之内皆兄弟也。君子何患乎无兄弟也？

——《论语》

【译文】

君子对工作谨慎认真、不出差错，和人交往态度恭谨而合乎礼节，那么普天之下到处都是兄弟。君子何必担忧没有兄弟呢？

6. 取诸人以为善，是与人为善者也。故君子莫大乎与人为善。

——《孟子》

【译文】

吸取别人的优点来行善，也就是与别人一起来行善。君子，最重要的就是要与别人一起来行善。

7. 勿以恶小而为之，勿以善小而不为。 ——《三国志》

【译文】

不要以为坏事小就去做，不要以为好事小就不去做。

8. 子贡问曰："有一言而可以终身行之者乎？"子曰："其恕乎！己所不欲，勿施于人。"

——《论语》

【译文】子贡问道："有没有可以终身奉行的一个字呢？"孔子说："那大概就是'恕'字吧！自己不喜欢的事物，不要强行加于别人身上。"

9. 子曰："君子不失足于人，不失色于人，不失口于人。是故君子貌足畏也，色足惮也，言足信也。"

——《礼记》

【译文】

孔子说:"君子的举止要不失体统,仪表要保持庄重,言语要谨慎。所以,君子的外貌足以使人敬畏,仪表足以使人感到威严,言语足以使人信服。"

【注释】

不失色于人:指重视修身养性,经常保持气定神闲的姿态,无论仪容、应对都是庄重大方,有规律,不轻率。不失口于人:指说话谨慎,不寻人之短,不伤人之痛,也不讽刺挖苦。惮:(dàn)威严。

10. 不迁怒,不贰过。　　　　　　　　　　　　　　　　　　——《史记》

【译文】

自己有什么不顺心的事,有什么烦恼和愤怒不发泄到别人身上去;知错就改,不犯两次同样的错误。

# 经典故事

## 1. 舜帝以德报怨

五帝中的舜的母亲去世以后,他的父亲又娶了一个妻子。舜的父亲、继母、继母生的弟弟,三人都不喜欢舜,时不时的挑刺、找碴,总想置他于死地。可是,每一次,舜都先是躲起来,然后再出现,而且对待家人更加友善、谦恭、有礼。面对家人的百般刁难,舜可以如此大度,不计小怨,更没有得理不饶人,化干戈为玉帛。正是因为他的友善,加上才能,才让尧下定决心让他做自己的接班人。

## 2. 负荆请罪

蔺相如因为"完璧归赵"有功而被封为上卿,位在廉颇之上。廉颇很不服气,扬言要当面羞辱蔺相如。蔺相如得知后,尽量回避、容让,不与廉颇发生冲突。蔺相如的门客以为他畏惧廉颇,然而蔺相如说:"秦国不敢侵略我们赵国,是因为有我和廉将军。我对廉将军容忍、退让,是把国家的危难放在前面,把个人的私仇放在后面啊!"这话被廉颇听到,主动负荆请罪,从此两人成为生死之交,共同保卫赵国。蔺相如的友善,不是懦弱,而是为了国家利益,团结同僚。

【注释】同僚(tóng liáo):旧时称同朝或同官署做官的人。

### 3. 友善的力量

一天，太阳和风争论究竟谁比谁更有力量。风说："你看下面那个穿着外套的老人，我打赌可以比你更快地让他把外套脱下来！"说完后，便使劲儿向老人吹去，想把老人的外套吹下来，但它越吹，老人将外套裹得越紧。后来，风累了，没力气再吹了。这时，太阳从云的背后走出来，将温暖的阳光洒在老人身上，没多久，老人就开始擦汗了，并把外套脱了下来。于是，太阳笑着对风说："其实，友善所释放的温暖比强硬更有力量。"

## 经典谚语

1. 劝人终有益，挑唆害无穷。

2. 打人两日忧，骂人三日羞。

3. 击水成波，击石成火，激人成祸。

4. 只可救苦，不可救赌。

5. 只有修桥铺路，没有断桥绝路。

6. 只有千里的名声，没有千里的威风。

7. 宁可明枪交战，不可暗箭伤人。

8. 良言一句三冬暖，恶语伤人六月寒。